KB203793

믿음이란 한 알의 밀알이 땅에 떨어져 죽음으로 많은 열매를 맺음과 같이
진리의 열매를 위하여 스스로 죽는 것을 뜻합니다. 눈으로 볼 수는 없으나
영원히 살아 있는 진리와 목숨을 맞바꾸는 자들을 우리는 믿는 이라고 부릅니다.
「믿음의 글들」은 평생, 혹은 가장 귀한 순간에 진리를 위하여 죽거나 죽기를 결단하는
참 믿는 이들의, 참 믿는 이들을 위한, 참 믿음의 글들입니다.

부끄러움으로부터, 자유

구유선
–
엄진용
지음

사랑하는 나의 가족과 친구들,
이웃들에게 이 글을 바칩니다.

차례

프롤로그

11월 14일, 난동 "FC(Financial Consultant)님, 들이파 보면 다 알아요. 솔직히 얘기하세요. 대필하셨죠?"

전화기를 통해 들려오는 주임의 목소리는 마치 형사가 죄인을 취조하듯 앙칼지고 공격적이었다. 순간 끓는 물에 뚜껑이 열리듯 화(火)가 치밀어 올라왔다. 소리를 냅다 지르고 욕을 해주고 싶었지만, 감정을 누르고 쌀쌀맞고 차갑게 되물었다.

"주임님, 뭐하시는 겁니까? 주임님이 경찰이십니까?"

존칭을 해주는 것도 아깝다는 생각이 스쳐갔다. 주임은 둥글 넓적하게 생긴 얼굴의 터질 듯한 붉은 볼따구니에 심술이 가득 묻어 있는 스물세 살의 젊은 아가씨였다. 어린 주임의 성질머리를 받아주기에는 사십대 중반의 내 성질머리 또한 만만찮았다. 결국 나는 막말을 하고 말았다.

"주임, 너 기다려!"

집 전화를 끊자마자, 재킷을 대충 걸쳐 입고 신발을 구겨 신은 채, 아파트 현관문을 쾅 소리가 나게 힘껏 닫아 버리고는 스타지점으로 출발했다. 엘리베이터를 타고 내려가는 동안, 나의 얼굴은 이미 벌겋게 달아올라 있었다.

씩씩거리며 아파트 단지를 빠져나왔다. 곧이어 마을 공원이 펼쳐졌다. 플라타너스 가로수 사이를 속도를 내며 걸을 때, 힘차게 걷는 발자국 소리보다 쿵쾅거리는 심장 소리가 내 귀에 더 크게 들려왔다. 하늘을 뒤덮은 붉게 물든 플라타너스의 나뭇가지, 초원처럼 펼쳐진 공원의 가을 잔디조차 눈에 들어오지 않았다. 그 어떤 소리도 들려오지 않았다. 단지 걸어가고 있는 내내, 눈에 보이듯 내 살 속에서부터 활화산처럼 끓어오르는 것은 분노뿐이었다.

나지막한 둔덕 위에 조성된 마을 공원을 거쳐 내리막길을 따라 내려갈 때, 내 발걸음은 걷는 게 아니라 달리는 수준이었다. 보험회사 건물 내에 있는 스타지점에 도착하기까지 단지, 10분이었다. '정당한' 나는 용기 있게 적진을 향해 돌진하고 있었다. 화를 낼 일인지, 화를 내면 불리한 일인지 계산을 해야 함에도 불구하고 계산할 수가 없었다. 계산하기에 스타지점은 너무 가까웠다.

금요일 오후 6시 45분경, 지문인식을 할 필요도 없이 스타지점 현관문은 열려 있었다. 나는 저잣거리 패거리처럼 싸움을 불사하고서라도 스물세 살밖에 안 된 박 주임에게 회사가 준 권력을 박살내 버리고 싶었다. 50평 남짓한 스타지점 맨 앞자리에 지점장보다도 더 우위에 선 책임자인 듯, 자기 영역을 확보하고 수장처럼 앉아 권력을 행사하는 주임. 단지 1초였다. 주임의 책상 앞에 놓인 상담고객용 의자를 발로 걷어찼다. 의자는 요란한 소리를 내며 나동그라졌다. 나는 소리쳐 말했다.

"야, 주임! 어디 들이파 봐. 들이파? 네가 뭔데? 형사니?"

분노는 극에 달해 결국 탁상 의자를 손으로 들어 올리려는 순간이었다. 주임은 살기 어린 내 두 눈과 광선처럼 쏘아대는 분기충천한 눈빛에, 겁을 잔뜩 집어먹은 생쥐처럼 몸뚱아리를 쪼그라뜨린 채 양손으로 얼굴을 가리고 있었다. 나를 쳐다보지도 못했다. 꽥 소리 한마디에 저리 기가 죽을 거면서, 어린 사람이 스무 살이나 위인 FC들에게 말을 함부로 하며 기고만장하게 갑질을 해대고 있었다. 순간, 나는 웃음이 터질 뻔했다. 그런데 웃을 수가 없었다. 웃으면 해프닝이고 코미디가 될 것 같았다. 지점의 FC들을 대표해서라도 주임을 언제고 한 번 정도는, 혼을 내주고 싶었다. 그러니 때는 이때다 싶었다.

그런데 6시 50분 즈음, 빨간 원피스를 즐겨 입는 CM(Coaching Manager) J가 혜성처럼 달려와 내 앞에 서 있었다. J는 그날, 분명 본사 교육센터 출장 중이었다. 그런데 교육센터에서 로켓을 등에 달고 날아온 것인지, 의자든 학용품 집기든 눈앞에 보이는 것이면 무엇이든 집어던져서라도 주임의 기를 죽이려고 몸부림치는 나를, 키도 크고 덩치도 있는 그녀가 남장을 하고 다니는 김 지점장과 다가와 더 이상 발광하지 못하도록 말리고 있었다. 순간, 이목구비가 선명한 귀여운 얼굴에 다른 사람보다 유난히 눈동자가 맑은 J가 눈에 들어왔다. 순간 스치듯이 '이 난동을 멈춰야 하는 것인가? 이 퍼포먼스를 계속해야 하는 것인가?' 하는 갈등이 일었다. 갑자기 "죄송합니다!" 하고 멈추기에는 일을 너무 크게 벌인 것 같았다. 나의 전두엽이 말하고 있었다. '왜 하필 J 네가 와 있는 거야. 왜 하필?' 화산 밖으로 터져 나온 용광로가 되돌아가지 못하고 흘러가듯, 정당한 분노는 사그라지고 어디론가 숨어 버리고 싶은 수치스러움이 밀려왔다.

J는 자신이 소속된 중앙지점으로 나를 데리고 갔다. 나의 두 눈을 똑바로 쳐다보며 물었다.

"무슨 일이야? 무슨 일이기에 이 난리를 치는 거야?"

나는 씩씩거리며 말했다.

"대필을 했대. 주임이 들이파 보면 다 안다고, 취조하듯이 말하는 데 열이 받은 거였어."

"열 받을 만은 하네. 계약 한 건이라도 더 들어가면 본인도 수수료로 도움이 될 텐데 왜 그러는 거야? 대필[1]했어?"

순간, 멈칫했고 망설였다. J의 눈을 똑바로 볼 수가 없었다. 하지만 무덤까지 갖고 가야 할 비밀이 되리라! 나는 말했다.

"안 했어!"

J는 나의 말을 의심 없이 그대로 믿는 것 같았다. 그러더니 중앙지점 구석에 있는 회의실로 나를 데리고 들어갔다. 나는 거짓말을 한 것을 숨기고 싶은 마음에 오히려 J에게 퉁명스럽게 되물었다.

"오늘 교육 간 거 아니었어?"

"집에 가려다가 마감 날이라 왔어."

반관리자인 J 역시 마감해야 한다는 압박에 신경이 곤두서 있는 것 같았다. 나 또한 이 '마감' 때문에 짓지 않아도 될 죄를 지었고 이 수치감을 느껴야 하는 것이 아닌가! 심장 속에서 용광로가 다시 끓어올랐다. 어떤 부분을 미화하고 어떤 부분에 격정을 담아야 하는지 무방비 상태로 마치 신부님께 고해하듯 생각나는 대로 J 앞에 털어놓기 시작했다.

"양 지점장이 나와 남양주에 있는 고객 집으로 동행을 했어. 양 지점장은 오늘이 금요 마감 날이니까, 누구라도 계약을 성사시켰으면 하는

---

[1] 보험회사의 모든 계약은 서명란에 자필 서명을 원칙으로 한다. 대필은 대신 사인을 해주는 것으로, 불완전 판매가 되어 계약이 취소된다. 보험금 지급 심사 시에도 자필 서명 여부는 중요한 기준이 된다.

마음 때문에 동행을 자처한 모양이야. 고객 집에 도착한 후, 고객은 상품 설명을 듣고서는 만족했어. 하지만 청약서에 사인은 받지 못했어. 생각해 보겠다고 하더라구. 양 지점장이 계약서에 고객 사인을 받지 못한 것이 아쉬웠던지, 물었어.

'마감 날인데 혹시 오늘 계약을 넣을 게 있어요? 주임이 한 건의 계약도 들어오지 않았다는데, 들어갈 계약 없을까요?'

지점장이 눈꼬리가 축 처진 채 걱정을 잔뜩 머금은 표정으로 말하는 거야. 나는 월요일 날 넣으려는 계약이 있었고 사인도 다 받아 놓은 상태였어. 그런데 금융감독원에서 공시하는 공시이율이 바뀐다는 거야. 새로 청약서를 출력해서 사인을 다시 받아 와야 하는 상황이었어. 사인만 다시 받으면 문제 될 게 없는 청약이었으니까, 지점장 말대로 애를 쓰면 오늘 넣을 수 있을 것 같았어. 하지만 스타지점에 도착해 보니 고객에게 사인을 받아 와야 하는 시각까지는 불과 한 시간 남아 있었어. 마감이 여섯 시였잖아. 고객 직장이 안산 쪽이라 수인 산업도로를 타고 가면 안 막히면 20분이면 도착하고 회사 문 앞에서 사인을 받는 즉시 출발하면 20분이면 지점에 도착할 수 있겠다 싶었어. 그래서 5시에 청약서를 새로 출력을 했고, 5시 10분경 나는 출발했어. 청약서 전체 자필 서명이 원칙이지만 상품설명서에는 부분 대필이 허용되는 것으로 알고 있었던 터라, 그 부분은 대충 내가 그리고, 서명란에만 자필을 받아서 서둘러 돌아왔어. 그리고 나는 5시 55분에 청약서를 주임에게 제출했던 거야."

언제 난동을 벌였냐는듯, 일어난 일을 털어 내는 동안 깊은 친밀감을 느끼게 하는 J의 목소리는 해 좋은 날 바라보는 바다 햇살처럼 따사로웠다. J와 함께 있는 나는 엄마 등에 업혀 있는 것처럼 안정적이고 평화로웠다. 자초지종을 얘기하는 동안 내 속에 치밀어 올라왔던 분노가 눈 녹

듯이 사그라들어 사라져 가고 있었다.

'동조'와 '책임' 사이 한쪽 회의실에서 J에게 사인을 받아온 과정과 내가 왜 분노하여 난동을 피웠는지를 쏟아 내는 동안, 상황은 발 빠르게 움직이고 있었다. 파트장이 중앙지점의 김 지점장과 나를 유치한 FC P를 불러다가 앉혀 놓고 과거 고객의 사인과 현재의 사인을 비교해 주었다는 것이다. 파트장이 "대필한 것 맞죠?" 하고 묻자, P가 "대필한 게 맞네요." 하고 대답을 하고 내려왔다는 것이다. P의 한마디로, 파트장은 아주 간단히 나를 '대필'을 한 사람으로 결론을 내버렸다. 한순간에 나는 부적합한 계약을 한, 불완전² 판매를 한 사람이 되어 버렸다.

J와 회의실에서 얘기를 나눈 후, 슈퍼팀장 SM을 통해 전화로 상황을 전해 듣고 나서 집에 도착하자마자, 파트장에게 문자를 남겼다.

'본인이 경찰도 아니면서 FC를 죄인 취급하는 주임의 불손한 태도에 불쾌했으며 저 또한 정식으로 본사 감사팀에 민원을 제기하겠습니다. 자필을 받아 왔는지 안 받아 왔는지, 감사팀에서 시시비비 여부를 가리면 되겠네요.'

그날 하루동안 내가 벌인 난동의 파장들을 조각조각 이어 붙이느라, 나는 밤새도록 잠을 이룰 수가 없었다. 나를 보호한 사람들, 나를 보호하지 않은 사람들로 인물군을 나누어 정리했다. 나를 보호한 사람 J, 나를 보호한 듯하지만 음해한 사람 김 지점장, 유치자 P, 나를 방치한 사람 양 지점장, 방관한 사람 슈퍼팀장 SM.

2　고객에게 금융상품을 판매할 때 상품에 대한 기본 내용 및 투자위험성 등에 대한 안내 없이 판매한 것이나 청약서에 자필 서명이 아닌 대필을 하였거나, 상품 설명이 미비하여 고객에게 민원이 들어와 계약이 해지된 부적합한 계약들을 불완전 판매 계약이라고 한다.

이들 중 궁금한 두 사람이 있었다. 나의 스타지점 양 지점장과 중앙지점 김 지점장이었다. 대필을 했는지 안 했는지 가리는 일에 왜 타 지점의 지점장이 끼어들었으며, 나의 스타지점 양 지점장은 빠져 있었는가. 슈퍼팀장을 통해 한 가지 더 알게 된 사실은, 김 지점장이 파트장과 상의를 한 후 자신의 중앙지점으로 돌아와서는 평소 말 많은 FC에게 허스키한 목소리로 돌멩이를 툭, 던지듯 "대필한 거 맞네요." 하고 당당히 한마디 던졌다는 것이었다. 김 지점장의 한마디가 J의 중앙지점과 나의 스타지점 FC들에게 입에서 입으로 삽시간에 전달되었다고 했다. 그렇다면 양 지점장은 어디에서 무엇을 하고 있었을까? 머리 아프도록 양 지점장의 행동을 추적해 보았다.

"양 지점장이 1시간 안에 사인을 받아 오라 했어요", "양 지점장이 대필해서 청약서를 제출하라 했어요"라는 말을 할까 봐 양 지점장은 불안했을 것이다. 평범한 FC에서 지점장이 된 지 두 달밖에 안 된 그녀는, 나의 말 한마디가 지점장 자리에서 중도 하차할 수 있는 증언이라고 느꼈을지도 모른다. 나 스스로를 위로하기 위해서라도 양 지점장 입장에 서서, 나도 그 상황이라면 그렇게 피해 있었을 것이라고 나름 이해를 시도해 보았다. 하지만 일을 조작해 놓고 책임을 져야 하는 상황에서, 양 지점장의 책임자로서의 태도는 무책임하기 짝이 없었다.

또 한 사람, 얼굴 골격이 뚜렷하여 광대뼈가 툭 튀어나온, 여자 지점장임에도 불구하고 남장을 하고 다니는 김 지점장 또한 용서하고 싶지 않았다. 타 지점 일에 왜 끼어들었느냐는 것이었다. 상관도 없는 사람이 왜 나서서 불법을 저지른 사람으로 나를 낙인찍는 데 선두 주자가 되었는지도 궁금했다. 지역단 단장의 애인이라는 무성한 소문 속에 지점장이 된 양 지점장. 파트장과 친밀한 관계를 유지하고 있는 김 지점장. 어쩌면 두 지점장 사이에서 '나'는 고래 싸움에 등 터진 새우 꼴이 되었던 것인가?

이해가 되지 않는 또 한 사람이 있었다. 유치자 P였다.

전화를 통해, 내가 대필한 것을 인정하고 지점으로 내려왔다는 얘기를 아무 부끄러움 없이, 고스란히, 천연덕스럽게 말하는 P를 어떤 사람으로 보아야 하는가? 고객과의 계약이 성사된 후, 고객이 청약서에 빠뜨리고 미자필한 부분을 P가 직접 대필을 해준 적이 한두 번이 아니었다. 아무 렇지도 않은 일인 것처럼, 대필을 해준 후 주임에게 청약서를 제출하도 록 한 것은 언제나 P였다. 그런 P가 전화로 죄인 취급하듯이 나에게 던 진 말은 "대필했던데요⋯"였다. 뻔뻔했다. 나는 어떤 항변을 해야 할지 말문이 막혔다. P는 내가 계약을 성사시킬 때마다, 나의 환산 수수료에 서 40%씩 떼어 이익으로 가져가는 사람이었다. 그럼에도 불구하고 자신 에게 불이익이 될 상황이 되니 어떤 죄의식도 없이 아주 멋지게, 배신을 하고 빠져나가고 있었다. 배신이 쉬웠다. 영화 속 갱처럼 죽음을 자초하 면서까지 의리를 지켜줄 것을 기대한 것은 아니었지만, 자기에게 책임이 돌아올까 봐 나를 후려치고 빠져나가는 모습은 과히 본능적이었다. 심장 속에 있는 양심을 쉽게 빨아먹는 차가운 뱀을 키우고 있는 모양이었다. 나의 머릿속에 세 어절의 단어가 떠올랐다. 뱀꼬랑지 같은 여자!

난동이 벌어진 후 이틀이 지난 토요일 오전, 지점에서 나는 양 지점장 을 만났다. 붉은 티셔츠의 칼라를 세우고 나타난 양 지점장에게서 토요 일이 물씬 느껴졌다. 이틀 동안 복잡한 일에 얽혀 주인공이 된 일로 잠 한숨 못 자고 끙끙거리며 지낸 나와는 다르게 양 지점장은 여유로워 보 였다. 출근하는 FC들 없이 양 지점장과 독대를 할 수 있어서 오히려 다 행이다 싶었다. 나는 나름 평소 친절했던 양 지점장의 성품대로라면, 나 에게 위로의 한마디라도 해줄 것이며, 내 하소연을 들어주리라는 기대 를 갖고 있었다. 하지만 양 지점장은 얼굴색 하나 흐트리지 않고 나에게 말했다.

"FC님이 대필을 할 사람으로 보이지 않아요. 대필을 하지 않았다는 FC님 말을 믿습니다."

이 말을 듣는 순간, 나는 머릿속이 그을려지듯 새까매지며 생각이 복잡해졌다. 한 시간 안에 대필을 해서라도 청약서를 제출하도록 종용한 사람이 하루아침에 재판관이 되어 나타난 것이었다. 이 말은 '네가 혹 대필을 했더라도 그것은 너의 문제고 너의 책임이지 내 책임이 아니다'라는 의미를 정확이 전달하고 있었다. 그러면서도 양 지점장은 진심 어린 표정을 지으며 정중히 사과하는 것도 잊지 않았다.

"한 시간 안에 사인을 받아 오라고 해서 미안해요. 그만큼 계약이 급했어요. 엊그제 FC님을 보호했어야 했는데, 빠져 있었던 것도 미안해요. 저도 어쩔 수가 없었어요. 이왕이면 끝까지 도와줘요!"

양 지점장의 말은 나름 진심인 듯 보였다. 책임감을 전혀 느끼지 못하는 P보다는 괜찮은 사람이지 싶었다. 하지만 '대필자'로 낙인찍힌 상황은 일파만파로 퍼져 있지 않은가? '끝까지 도와 달라'는 말의 의미 안에는 죄인인 듯, 죄인이 아닌 듯 벌인 이 상황은 이제 전적으로 나의 몫이고 내가 짊어지고 가야 한다는 것이었다. 결국, 대필을 해서라도 청약서를 조작하여 제출하는 일에 동조를 했든지 안 했든지, 지점장에게까지 '나는 대필을 하지 않았다'고 혼자 증명해야만 하는 상황이 되어 버렸다. 어느 누구에게도 말할 수도 말해서도 안 되는 일이 된 것이다. 그렇지 않으면 배신이었다. 양 지점장의 화술이 대단하다고 여겨지면서도, 나는 P와 같은 인간은 되기 싫었다. 끝까지 의리를 지키고 싶었다. 결국 나는 책임질 수 없는 말을 하고 말았다.

"CCTV를 확인해서라도 대필을 안 했다는 것을 밝혀 낼 테니 파트장님과 함께 월요일 날 뵙죠!"

양 지점장의 표정이 밝아졌다.

"나도 FC님의 의사를 파트장한테 잘 전할게요."

양 지점장은 정말 한 시간 만에 서명란에 빠짐없이 자필 사인을 받아왔다고 믿는 것 같았다. 어차피 이렇게 저지른 이상 끝까지 밀어붙이는 것이 '거짓말'을 정당화할 수 있는 거짓말의 법칙이 아닌가. 진실이 묻히도록 하는 것, 나의 한마디에 누군가의 생존이 걸려 있는 것이라면, 또한 내 이미지를 회복하기 위해서라도 거짓이 진실인 듯 대필을 하지 않은 것으로 끝까지 밀어붙여 주장하는 일 외에는 다른 길이 없었다. 양 지점장은 코맹맹이 소리로 "FC님, 저는 나가 봐야겠어요." 하고는 약속이 있다며 먼저 나가 버렸다.

나 또한 스타지점 밖으로 나와 양 지점장의 뒷모습을 보면서 길게 숨을 토해냈다. 계약 넣기를 간절히 바랄 때는 언제고, 하루아침에 표정 하나 흐트리지 않고 율법선생처럼 처신하는 꼬락서니와 그럼에도 불구하고 끝까지 도와주기를 바라는 불쌍한 척, 상황마다 팔색조처럼 변하여 '나'를 들었다 놨다 하는 처세술이 대단하다고 느끼면서도, 양 지점장 앞에서 깨끗한 척을 해야 하는 내 꼴이 징그럽게 싫었다. 나의 성격상 사실 여부를 정확히 따져 명쾌하게 밝히면 될 일이었고, 나는 보험사를 그만두면 될 일이었다. 지점장의 사회적 지위가 뭐 그렇게 대단해서 모든 상황을 솔직하게 끄집어내서 잘잘못을 가리지 못했는지… 나는 사업자 등록증을 낸 사업자가 아닌가? 관리자일 뿐인 양 지점장이 왜 갑이라고 느껴지는지… 을이었을 뿐인데, 왜 잘 보이고 싶었는지… 불명예를 안고 그만둬야 하는 상황이 싫었던 것인지… 텅 빈 지점을 빠져나오는데 또다시 머릿속에 단어 하나가 떠올라 사라지지 않았다. 신인 FC를 후려쳐 이익만 챙기고 책임은 지려고 하지 않은 채 빠져나가는 저 뱀꼬랑지들!

월요일 아침, 출근하고 싶지 않았다. 아이를 학교에 보내 놓고, 내가 벌인 일이니까 수습해야 한다는 생각에 평상복 차림으로 대충 옷을 차려입고 집 밖으로 나왔다. 스타지점까지 가는 10분 동안 발에 돌덩어리를 매달아 놓은 것처럼 내 발걸음은 무거웠다. 스타지점에 도착하자, 혹시나 했지만 역시나 지점은 쌀쌀하고 냉소적인 분위기가 감돌았다. FC 한 사람 한 사람이 눈꼬리 쪽으로 나를 흘끔거리며 흘겨보았다. 게다가 살벌한 눈총들, 독기 어린 눈총은 사체(死體)에 감도는 냉기가 연상될 만큼 진짜 총을 들이대고 있는 것 같았다. 온몸이 오싹해지면서 몸이 움츠러들었다. FC들의 사나운 기세에 내가 잡아먹힐 것 같은 공포감이 스며왔다. 기세에 눌린 나는 스타지점 FC들의 눈길을 피해 스타지점을 서둘러 빠져나왔다. 스타지점 바로 옆에 있는 중앙지점으로 J를 보러 갔다. J는 신인 FC들과 동행을 했는지 자리에 있지 않았다. 중앙지점의 FC들 또한 나를 바라보는 눈빛이 살벌했다. 순간 나는 집으로 돌아가 골방 구석에 처박혀 숨고 싶었다.

그런데 거드름을 피우며 어깨에 힘을 잔뜩 주고 다니는 파트장을 만나 한 시간 안에 내가 어떻게 사인을 받아 왔는지 과학적으로 증명을 해내야 했다. 이 상황을 어떻게 끌고 가야 하는가? 경찰서에서 CCTV를 확인하려면 대필이 범죄여야 했다. 그런데 대필이 범죄인가? 금융감독원과 회사가 정해 놓은 원칙을 어긴 것일 뿐, 그렇다면 영업 정지를 하면 될 일이었다. 하지만 회사 입장에서 신인 FC 한 사람을 영업 정지시키면 계약 성사로 인해 들어오는 보험료를 막는 일이라 손해일 뿐이었다. 어떤 방식으로든 계약이 한 건이라도 성사되어 보험료가 들어오고, 회사로 들어오는 보험료로 돈놀이를 하여 이익을 내는 게 회사 입장에서는 이익일 것이었다. 게다가 수수료의 수혜를 받는 관리자들에게도 이익이었다. 이런 현실에서 관리자들이 문제의 여부를 정확히 따질지도 의문이었다. 중요한 것은 사실 여부를 정확히 해야 나의 구겨진 이미지를 회복할 수 있다는 사실이었다. 어떤 뱀꼬랑지 말에도 흔들리지 않고 양 지점장에게 그 책임을 돌리겠다고 마음을 굳게 다졌다. 그런데, 오전 10시에 양 지점장으로부터 전달된 파트장의 문제 처리는 아주 간단했다. 양 지점장은 표정이 활짝 펴져 미소를 한가득 안고 내게 말했다.

"모든 일을 없던 일로 하자고 하네요!"

지점에서 생난리를 친 것으로 인해 구겨진 나의 이미지는 중요하지 않은 모양이었다. 양 지점장의 조작이었을까? 파트장의 조작이었을까? 두 사람이 암암리에 묵인한 일처리였을까? 궁금했다. 다행이다 싶기도 했고, 조용히 넘어가는 것이 순리이고 지혜인 것 같았다. 마음이 얽힌 실타래처럼 복잡했다. 진실을 밝히면 내 부정한 행위는 드러나겠지만, 그 책임은 관리자들에게 돌려지니 구겨진 이미지는 살아날 수 있을 것 같았다. 분명 본사 감사팀에 민원을 넣으면 재판관의 위치에 섰던 파트장과 양 지점장은 하루아침에 직장을 잃을 만큼 리스크가 크기에 모든 상황은 반전이 이루어질 수 있었다. 게다가 책임을 지고 회사를 떠나야 하는 사람은 정직원이 된 지 얼마 안 된 양 지점장일 것이었다.

하지만 모든 것을 밝힌다 한들 일파만파로 떠돌아다니고 있는 나에 대한 소문이 얼마나 수습이 될까 싶었다. 어떤 선택을 하든 이미 사람들 사이에서 대필을 하여 불완전 판매를 한 사람으로 '낙인'이 찍혔다는 것이 사실이었다. 인상이 밝으면서도 성실하게 소신껏 일을 펼쳐 나가는 신인 FC라는 좋은 이미지는 다 깨져 버렸다. 사람들을 일일이 찾아다니면서 내 입장을 설명할 수도 없는 노릇이었다. 보험사에서 대필은 FC들이 일상적으로 필요에 따라 하는 일이었음에도 불구하고 능구렁이처럼 융통성 있게 넘어가지 못한 것이 후회스러웠다. 주임의 갑질에 분노를 견디지 못하고 벌인 난동의 결과가 참으로 참혹한 것 같았다. 정말 아주 더러운, 어떻게 풀어야 할지 알 수 없는 이 상황이, 잡을 수 없는 뱀꼬랑지 같았다.

그들이 마음에 하나님 두기를 싫어하매 하나님께서 그들을 그 상실한 마음대로 내버려 두사
합당하지 못한 일을 하게 하셨으니 곧 모든 불의, 추악, 탐욕, 악의가 가득한 자요
시기, 살인, 분쟁, 사기, 악독이 가득한 자요 수군수군하는 자요 비방하는 자요
하나님께서 미워하시는 자요 능욕하는 자요 교만한 자요 자랑하는 자요 악을 도모하는 자요
부모를 거역하는 자요 우매한 자요 배약하는 자요 무정한 자요 무자비한 자라
그들이 이같은 일을 행하는 자는 사형에 해당한다고 하나님께서 정하심을 알고도
자기들만 행할 뿐 아니라 또한 그런 일을 행하는 자들을 옳다 하느니라

(롬 1:28-32)

부끄러움이 없다!

세
상
모방

비교와 경쟁

    스타지점 중앙 정면에 벽걸이처럼 걸려 있는 스크린에서 보험사 교육방송이 중계되고 있었다. 방송에서는 베르디의 '축배의 노래'가 흘러나왔다. 경쾌한 리듬이 새롭게 하루를 열어 주는 것 같았다. 고액계약을 성사시킨 FC들의 사진과 이름이 방영되었다. 〈대구지역단 사망보장 20억, 월납 2500만 원, 김영광 FC님〉〈대전지역단 사망보장 10억, 월납 1000만 원, 김희열 FC님〉〈강남지역단 사망보장 15억, 김세 FC님〉

    계약 한 방에 1, 2억씩 수수료를 챙겨 가는 저 빵! 터지는 계약들, FC들은 부러운 듯한 눈길로 방송에 몰입했다. 고액계약 건의 방송은 명인급[3] FC를 인터뷰한 내용으로 바뀌었다. 성실하고도 꾸준한 영업활동, 정성과 사랑이 담긴 고객관리의 중요성을 전했다. 뻔한 내용이다 싶은지

---

[3]   영업 실적을 잘 내어 연봉 1, 2억을 받아 가는 사람으로서 MDRT, TOT라 칭하는 사람.

어느새 FC들은 자신들의 컴퓨터를 들여다보면서 사무를 보고 있었다. 방송은 방송대로 스마트해 보이는 보험 전문 아나운서가 등장하여 상품에 대한 세세한 정보들을 전달하면서 15분간 이어졌다. 아나운서가 낭랑한 목소리로 행복한 하루가 되시라는 친절한 한마디를 남기자 방송은 끝이 났다. 방송이 종료되자마자, 작달막한 키에 프라다 꽃무늬 슈트를 화려하게 차려입은 양 지점장이 환한 미소를 지으며 50명이나 되는 FC들 앞으로 나왔다. 개인 사무를 보던 FC들은 그제야 정자세를 하고 양 지점장을 바라보았다. 스크린에는 스타지점으로 고액계약을 끌어온 FC들의 이름이 비춰졌다. 양 지점장은 한 톤을 높여 씩씩하게 한 사람 한 사람씩 불러가며 말했다.

"1등, 종신 월납 1000만 원 윤승리 FC님, 축하합니다. 2등, 종신 월납 350만원 최경미 FC님, 축하합니다. 3등, 종신 100만 원 정소리 FC님, 축하합니다!"

양 지점장은 축하한다는 말을 연발하고 있었다. 상당한 가격이 나가는 고급 생활용품 독일제 전자레인지가 프로모션[4] 경품으로 걸렸고, 고액계약을 성사시킨 FC들[5]은 희열에 차서 얼굴에 만연한 미소를 띠고 경품을 받기 위해 앞으로 나갔다. 스타지점 FC들은 선망의 눈길을 보내며 박수를 쳐주었다. 양 지점장은 박수를 치는 FC들을 독려하며 말했다.

"수수료를 두둑이 채워 주는 고액계약 성사로 인해 FC님들 모두 부자 되기를 소망합니다. FC님, 당신도 할 수 있습니다!"

---

[4] 고객들이 제품을 구매하게 하거나 유도할 목적으로 경품을 내걸거나, 제품을 사용해 보도록 하며 홍보와 판매를 촉진하는 일체의 활동.

[5] 보험계약은 고객과 보험사 간의 계약으로 이루어진다. FC들은 전반적인 재무 설계를 해주고 고객과의 보험계약을 성사시켜 보험사에 계약을 넣는 중개자 역할을 한다. 중개를 해준 대가로 수수료를 받아 가는 것이다.

독려하는 분위기에 심취되어 FC들의 얼굴은 상기되어 있었다. 어쩌면 FC들의 머릿속에는 고액보험료에 책정된 환산 수수료[6]에 곱하기 340%를 하면 납입 기간에 따라 환산의 차이가 있겠지만, 적어도 다음 달은 1000만 원 이상의 월급을 받아갈 수 있다는 것을 계산하고 있는지도 몰랐다. 달마다 채워야 할 2000만 원이나 되는 스타지점의 월 목표 매출을 월초에 1450만 원이나 채워놓았으니 양 지점장은 만족스런 눈빛이었다. 양 지점장은 고액계약을 성사시켜 갖고 온 FC들을 그지없이 사랑스러운 눈길로 바라보았다.

아침 교육이 끝난 후, FC들은 팀별로 1팀은 회의실에서, 2팀은 간식 테이블에서, 3팀은 지점장실에서 삼삼오오 모여 앉아 간식을 먹으며 담소를 나누었다. FC들은 고액계약을 갖고 온 FC들에게 영업 전략을 듣고 싶어 했다. 영업 전략은 FC들 사이에서 화젯거리였고, 팀 회의가 끝나면 화젯거리는 50명이나 되는 FC들의 입에서 입으로 거짓을 진실처럼 가장하여 진지하고도 빠르게 타 지점까지 전달되어 갔다.

"지인 계약이라네."

"누군데? 월납 천만 원씩 보험료를 내?"

"사촌동생이 사업을 크게 한다네…. 부자 동생이 가까이 있으니 부럽다!"

"그렇지. 가족이니까 저리도 쉽게 계약을 갖고 오지."

"회사에서 준 관심고객[7]에서 계약 갖고 왔대."

"정말? 대단하다. 고객관리를 어떻게 했기에?"

---

6   보험계약을 성사시켜 보험사로 끌어오는 대가로 주는 요금으로서, 계약된 금액에 따라 환산된 수수료는 차등적으로 적용되어 지급된다.

"고객관리가 별거 있겠어. 꾸준한 관리지. 그 FC가 워낙 성실하잖아."

"우린 성실하지 않아? 그래서 고액계약을 성사시키지 못하나? 그 사람 운이지!"

"상품 설명을 워낙 잘하나 봐!"

"상품 설명 잘해서 계약을 갖고 오면, FC 10년 이상 하면 상품 박사들인데… 고액 계약 못 갖고 올 사람 없겠다."

"대납을 6개월씩 해주기로 하고 갖고 왔대. 그럼 수수료 뭐가 남아?"

"그러게 말이야. 해약되면 완전 밑지는 장사네."

"해약이라도 되면 수수료가 환수돼서 압류 들어오지 않을까?"

"그렇잖아도, 자식들 유학 보냈다고 하던데… 다 뻥이라고 하더라고. 작은 오피스텔에서 살고 있다나 봐."

"FC G와 H 법인 계약이었다네. 세금 줄이려고 했겠지. 상속세나 퇴직금 마련… 납입 기간이 어느 정도야?"

"10년 납이래."

"사망보장을 12억 넣은 거래. 사망보장을 위한 위험보험료하고 사업비 7% 월 100만 원씩 빼면 회사도 수익을 엄청 갖고 가네. 그걸 다 알고도 계약해 주는 고액은 어떤 사람이야?"

"그러게, 나도 그런 계약자 좀 내 옆에 있었으면 좋겠다!"

FC들의 대화에는 보일 듯 말 듯 시기 어린 질투가 섞여 있었다. 1000

---

7   보험사와 보험계약을 한 후 오랜 시간 계약을 유지해 오고 있는 고객으로서, 보험사가
     관심을 갖고 관리해 주는 고객.

만 원에서 1억까지 고액수수료를 받아 가는 것을 안다면, 알고도 계약해 주는 마음씨 좋은 고객이 누가 있겠냐는 것이었다. 고액수수료 때문에 고객과 FC 사이에 리베이트가 있는 것은 당연했다. 하지만 리베이트를 주는 것도, 고객의 보험료를 대납해 주는 것도, 고마움의 표시로 고객에게 고가의 선물을 해주는 것도 모두 불법이었다. 불법적인 행위를 하지 않고 원칙대로 계약을 성사시켜 갖고 올 수 있는 FC가 누가 있겠냐는 것이었다. FC들의 무궁한 뒷담화는 여기에서부터 시작되었다. 그리고 확실한 것은, 농도 짙은 뒷담화는 고액수수료를 받는 명인 FC와 가장 친밀한 관계를 맺어 가는 누군가를 통해 새로운 소문으로 또 퍼져 나간다는 사실이었다.

"10년 동안 산악회 활동하다가 만난 중소기업 사장이래. 10년 관리했으면 친구 이상이지."

'친구 이상'이라는 말은 가히 애인 관계라는 의미였다. 수군거리는 말들과 말들 속에는 어느새 고액 수수료를 받는 FC의 진실은 사라져 버렸다.

6개월이 못 가 고액계약이 해약이라도 되면, FC들은 웃음을 띠면서 오히려 공격적으로 비아냥거리기 시작했다.

"해약됐다며? 너무 계약을 쉽게 갖고 오더라."

"아무리 애인 사이여도⋯ 한 달에 천만 원씩 넣기가 어디 쉬워?"

"압류가 들어왔대? 그래서 FC를 그만둘 모양이야?"

"계약을 왜 그런 식으로 갖고 와⋯ 그런 사람 하나 때문에 FC들이 바람둥이 취급을 받는다니까."

"어쨌든 안쓰럽네!"

"안쓰러운 감정을 느껴 주는 것도 사치야. 우리같이 평범하게 계약을 갖고 오는 게 최고야!"

· FC들은 뒤처지는 줄 알았던 자신들의 처지를 안타까워하면서도, 비교 경쟁에서 이겨 앞서가는 줄 알았던 고액수수료를 받는 FC가 다시 원점으로 돌아온 것은 더 이상 부러워할 필요가 없는 몹시 다행스러운 일로 여겼다. FC들은 진심으로 안도했다.

경쟁적 모방[8]

FC들이 고액계약을 성사시켜 갖고 올 때마다, 나는 지점의 투명

---

8 시장경제 체제에서는 대부분의 사람들이 진정한 가치인 사용가치를 추구하는 것이 아니라 비진정한 가치인 교환가치를 추구함으로써, 교환을 위한 이용가치로 볼 뿐이다. 이용가치로서의 가치가 사라지면 의미는 사라진다. 결국 가짜 가치의 지배를 받는다. 그것은 주인공이 자연 발생적인 욕망의 지배를 받는 것이 아니라 중개자에 의해 암시된 욕망을 모방하여 품는 것과 동일한 구조이다.

아마디스는 돈키호테가 만날 수도 없는 전설적인 가공의 인물일 뿐인데도, 돈키호테는 아마디스를 통해 이상적인 기사가 되고자 하는 간접적인 욕망을 품는다. 산초판사 또한 작은 섬 하나를 소유하는 것, 딸에게 공작부인의 칭호를 갖게 하는 욕망을 품는다. 그런데 이 욕망은 자연발생적으로 품게 된 욕망이 아니라 그의 주인인 돈키호테에게 암시를 받은 간접적인 모방욕망이라는 사실이다. 모방욕망은 사용가치에 따라 욕망을 품는 것이 아니라, 타자(중개자)와의 경쟁관계가 성립됨으로써, 생겨난다. 이 모방된 욕망이 과연 진정한 존재가치를 만들어 줄까? 교환가치에 따라 욕망의 욕망을 생산하는 시장경제 체제의 사회구조와 맞물린다. 사람의 욕망도 중개자와의 비교 경쟁을 통해 중개자의 욕망을 모방함으로써, 완벽하게 교환가치로 교환되고 사물화됨으로 가짜 가치를 욕망하는 것이다. 그리고 그 허상의 욕망을 위해 본능적으로 삼각관계를 형성하는 것이다. 경쟁적인 삼각관계는 역학관계이다. 하지만 이 역학관계들에게 미션처럼 주어진 이들에게 쌓여져 가는 욕망이 가짜라고 판명되는 순간, 서로의 관계가 필요 충분한 조건이 되지 못한다고 판명되는 순간, 이들은 서로가 서로를 기다려 주지 않는다. 쉽게 배신하고, 쉽게 떠나간다. 르네 지라르 《낭만적 거짓과 소설적 진실》 1장 삼각형 욕망 pp.21-45.

유리 문에 붙어 있는 수수료 명세서를 유심히 들여다보았다. 환산 30만 원×240%, 환산 50만 원×270%, 환산 100만 원×290%, 환산 150만 원×320%, 환산 200만 원×340%. 관심이 없으면 수수료는 숫자에 불과하지만 관심과 동기가 생기는 순간 나에게도 수수료는 돈덩어리들이었다.

이뿐인가? 보험사는 사람을 유치하면 그것 또한 돈덩어리였다. 유치자가 한 사람을 리쿠르팅[9]을 하여 유치한 신인 FC가 계약 건을 갖고 올 때마다 신인 FC가 갖고 온 계약에서 CM이 40%, 팀장이 30%, 유치자가 40%였다. 혹 두 사람을 리쿠르팅하여 유치한 FC가 계약을 끌어오기라도 하면 똑같은 조건으로 유치자는 1년 동안 매월 80%나 수수료를 갖고 가는 방식이었다.

보험사에서 돈을 벌기 위해서는 고객과의 계약을 열망해야 했고, 리쿠르팅을 열망해야 했다. 이 열망을 이루기 위해서는 사람을 철저히 이용해야 했다. 나의 마음을 팔아 지극정성을 다해 사람들의 마음을 홀려 그 마음을 사야 했다. 그리고 보험사로 인도한 후, 유치한 신인 FC들이 영업활동을 잘할 수 있도록 도와야 했다. 그리고 유치한 신인 FC가 능력이 좋아 고액계약을 성사시켜 갖고 오면 유치한 신인 FC가 받는 환산수수료에 40%를 받아 가는 것이었다. 보험회사로 사람을 잘만 유치하면 앉아서 돈을 버는 일이기도 했다. 실제로 지점마다 한두 사람씩 계약을 갖고 와 환산수수료를 300만 원 이상씩 채워 매월 1000만 원씩 벌어들이는 명인 FC들이 존재한다는 사실이었다. 명인 FC들은 모든 FC들이 열망을 이루고 싶도록 동기를 심어 주는 모델이었고, 중개자였다. 나

---

[9]   인원채용활동, 구인활동.

또한 마찬가지였다.

그래서였을까? 이 모델들처럼 부자가 되고 싶은 열망이 내 안에 차곡차곡 쌓여져 갔다. 나는 샤넬 향수, 구찌 가방, 프라다 정장, 스와로브스키 반지와 팔찌 등 머리부터 발끝까지 명품으로 치장하고 다니는 모델들을 그대로 모방했다. 월급 수수료를 받으면 한 달에 한 번씩은 백화점으로 가서 고가의 명품 옷과 가방과 신발을 사들였다. FC들의 차림새가 모두 화려한 것처럼, 마치 잘나가는 사람처럼 보이기 위해 화려하게 하고 다니며 나의 용모를 변신시켜야 한다고 생각했다. 명인 FC들을 흉내 내어 그대로 행동하면 정말 성공의 상징이 될 수 있다고 믿었다. 그리고 이 모델들과의 경쟁에서 이기고 싶었다. 그래서였을까? 모델들처럼 성공의 상징이 되기 위해서, 나는 내적 열망을 생존욕망으로 자연스럽게 변환시켜야 했다. 그들과의 경쟁에서 살아남아야 한다는 너무도 정당한 열망! 그 열망을 채우도록 동기가 되어 주는 이 중개자들 덕분에, 나는 시장에 나가 공격적인 영업활동을 펼치고 싶었다.

〈삼각구도의 모방욕망〉

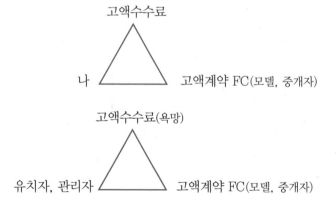

신인 FC였던 나는, 실력을 갖추는 것이 우선이라고 생각했다. 그래서 보험교육을 끝까지 받고 설계사 자격증을 취득했다. 이 외에도 변액 자격증과 투자상담사, AFPK(국내 공인 금융자산관리사) 자격증까지 취득했다. 재무 설계 쪽의 전문가가 되리라는 각오! 게다가 관리자들에게 배운 상품판매 전략들과 처세술, 감성영업의 스킬들을 고객들과 보험 상담을 할 때 그대로 모방하여 적용했다. 그리고 실질적으로 시장에 나가 영업 활동을 펼치기 시작했다.

집과 가까운 한 낯선 상가를 보험활동을 위한 시장으로 정해 놓고, 상가에서 근무하는 상점 점원들과 떡볶이와 치킨 가게, 부동산, 옷가게 등 상점 사장들과 중소기업 대표, 교사, 청소부 등 보험이 필요한 사람들을 찾아다녔다. 고객들과 친밀한 관계가 이루어지면 고객들은 보험 상담을 요청했고, 고객들의 형편에 맞게 보험설계를 해주면, 상품 PT를 할 때마다 그 자리에서 계약이 성사되었다. 구설만 무성한 고액계약이 아닌, 소박하고 평범한 계약들이었다.

신인 FC로서 두 달이 지나면서부터 한 달에 열 건이 넘는 계약을 성사시켰다. 계약으로 인한 환산 수수료가 300만 원을 넘었다. 곱하기 340%를 하면 매월 1000만 원 이상 수수료를 챙길 수 있었다. 계약이 성사된 날이면 제일 먼저 다가오는 관리자[10]들에게 달려가 소식을 전했고, 함께 기쁨을 나눴다. 관리자들은 FC를 지원했던 사람들의 80%가 6개월이 못되어 떨어져 나가는 현실에서, 적극적으로 영업활동을 펼치는 나를 지지했고 격려해 주었다. 게다가 나를 모델 삼아 신인 FC들에게 자랑하고 다니며 성공의 상징처럼 보여지도록 분위기를 띄워 주었다. 특히 나의 담당 CM J의 격려와 칭찬은 나를 더욱 영업활동에 몰입하도록 해주었다.

FC들에게 선망의 대상이 된다는 것은 유쾌하고 기분 좋은 일이었다. 전문적인 능력을 바탕으로 영업활동을 열심히 하면 수억씩 벌어들이는 고액연봉자가 되는 길이 멀지 않은 것 같았다.

하지만, 신인 FC로서 1년이 지나가는 어느 날, 나를 담당했던 CM
J가 중앙지점으로 발령이 나고 말았다. 스타지점과 중앙지점, 두 개의
지점을 겸하여 신인 FC들을 담당하다가 중앙지점만의 전속 CM이 된 것
이었다. 나는 당황스러웠다. 보험설계를 할 때 더 이상 J에게 코칭을 받
을 수가 없었다. 어쩌다 코칭을 받으려면 중앙지점 짝패들의 눈치를 봐
야 했다. J와 늘 상의를 하며 보험설계를 했는데 이제 모든 것을 혼자 해
야만 하는 상황이 벌어졌다. 얼마 후, 다시 새로운 CM이 왔지만 스타지
점에 신인 FC들이 리쿠르팅되지 않자, 본사 인사팀은 신인이 없다는 이
유로 두 달 만에 CM을 다른 지점으로 발령을 내버렸다. 게다가 1년 동
안 함께 있으면서 나를 전폭적으로 지지해 주었던 L 지점장조차 발령
이 나고 말았다.

　보험사는 지점이 실적을 채우지 못하거나, 지점의 효율이 떨어지면

10　영업 실적이 높은 FC들 중에서 선발된 CM(Coaching manager), 팀장(manager),
　　　SM(Super manager), 임직원인 지점장을 의미한다. CM, 팀장, SM은 임직원이 아닌,
　　　일반 FC들처럼 사업자 코드를 갖고 있는 특수 FC로서 반관리자들이다. 자신의 영업활
　　　동을 하면서 동시에 보험사의 인력을 관리할 수 있는 지위와 권한을 부여받은 사람들
　　　이다. 임직원인 지점장은 지점의 실적에 따라 본사에서 주는 사업비를 관리하는 책임
　　　을 갖고 있으며, 한 지점을 독립적으로 운영한다. 지점장은 지점에 채워진 사람 수에 비
　　　례하여 연봉이 책정된다. 반관리자들은 리쿠르팅을 통해 유치된 신인 FC들이 고객에
　　　게서 가져오는 계약들을 통해 수수료를 받는다. 신인 FC들이 영업활동을 잘 할 수 있도
　　　록 재무지식과 상품지식을 전달해 주며, 실질적인 영업스킬들을 가르쳐 주고, 보험사
　　　에 잘 정착할 수 있도록 인력을 유지 관리하는 것이 이들의 일이다. 다시 말해 FC들을
　　　독려하여 계약을 성사시켜 갖고 오도록 도와주는 역할이다. 또한 FC들이 성공에 대한
　　　내적 동기를 잃지 않도록 분위기를 띄우고 조장한다. 모든 관리자들은 FC들이 영업활
　　　동을 해서 갖고 오는 계약, 실적의 비율에 따라 성과급을 받아 간다. FC들이 보험사를
　　　빠져나가면 유지율이 깨져 관리자들 또한 큰 손해를 보게 된다. 그래서 관리자들은 FC
　　　들이 보험사를 빠져나가지 못하도록 짝패를 형성하기도 한다. 따라서 보험사에 유치된
　　　신인 FC들은 관리자들에게도 수수료에 대한 욕망을 채워 주는 중개자들이다.

지점장과 CM 등 영업 관리자들을 빠르게는 6개월, 길게는 2년, 대부분 1년 이내에 발령을 내버렸다. 게다가 새롭게 투입된 새 지점장은 팀 개편을 통해 분위기를 한순간에 바꿔 버렸다. 그동안 지지해 주었던 관리자들이 모두 빠져나간 현실에서 어떻게 살아남아야 할지 나는 고민스러웠다.

나를 유치한 FC P도 본인의 영업활동으로 바빴다. 나의 소속 SM 또한 새로운 FC를 유치하기 위한 리쿠르팅 활동과 자신의 영업활동, 반관리자로서 신인 FC들의 영업 관리까지 겸하느라 바빴다. FC 경력 1년 차밖에 되지 않은 나로서는 누구를 의지해야 할지 알 수가 없었다. 의지할 곳이 없으니 서서히 영업활동에 탄력이 사라져 가고 있었다.

게다가 FC에서 시작하여 SM을 하다가 지점장으로 발탁되어 스타지점으로 발령이 나서 온, 성공의 상징 양 지점장과 경력 FC들 간의 팽팽한 기 싸움은 눈에 보일 정도로 심각했다. 양 지점장에 대한 시기와 질투였는지, FC들은 출근을 하지도 않았을 뿐만 아니라 리쿠르팅에 동조해 주지도 않았다. 게다가 영업 실적을 올리려는 의지들을 보이지 않았다. 이런 분위기에서, 양 지점장은 FC들의 마음을 얻기 위해 웃음을 흘리며 부지런히 다가가고 있었다. 반관리자들과 함께 짝패가 되어 다시 스타지점을 가족 같은 분위기로 만들려고 애를 쓰고 있었다. FC들의 영업활동을 활성화시키기 위해 FC들이 좋아하는 프로모션으로 페라가모 스카프와 입센로랑 가방을 경품으로 내걸었다. 게다가 FC들 한 사람 한 사람에게 개인적으로 다가가 관계를 맺으려고 했다. 하지만 FC들은 양 지점장의 노력에도 불구하고 무심하리만큼 반응하지 않았다. 때문에 양 지점장은 주 마감 때가 되면 추가 계약이 없어 애달아 했다.

기 싸움을 하는 것이 영업활동을 하는 데 있어 시간 낭비였고, 손해임에도 불구하고 특별한 이유 없이 지점장의 기를 죽이고 싶어 하는 스타지점 FC들을 나는 이해할 수가 없었다. 동조해 줄 것은 동조해 주고 협력할 수 있는 것은 협력해야 하는 것 아닌가? 그래야 서로가 윈윈을 할 수 있는 것이 아닌가? 발령이 나서 온 지 2개월이 지나면서, 양 지점장은 FC들과의 팽팽한 기 싸움에서 서서히 지쳤는지 FC들에게 흘리고 다녔던 미소가 점점 사라져 가고 있었다. 나는 양 지점장이 안쓰러웠다. 나만이라도 따뜻하게 양 지점장을 지지해 주어야 한다고 생각했다.

영업활동에 탄력이 사라져 가고 있었던 나는 다시 한 번 양 지점장과 상의해 가면서 보험설계를 해나가기로 했다. 그동안 고객을 방문할 때 L 지점장과는 동행을 하지 않았지만, 양 지점장과는 동행을 하기 시작했다. 덕분에 여자 지점장만의 감성적인 화술과 포인트만 잡아 상품을 설명하고 30분 안에 보험 상담을 끝내는 깔끔한 영업 스킬을 양 지점장에게서 배울 수 있었다. 어느새 양 지점장과 나는 제법 가까워졌다.

11월 14일, 그날도 양 지점장은 동행을 하자고 했다. 하지만 남양주에 사는 고객과는 첫 만남이어서 친밀한 관계가 더 필요했다. 보험 계약을 얘기할 상황이 아니었다. 그래서 양 지점장과 동행을 할 필요가 없었다. 하지만 남양주까지는 한 시간 반 이상 걸리는 거리였고 양 지점장이 자신의 BMW로 운전을 해서 간다면 굳이 거절할 이유가 없었다.

한 주 마감을 해야 하는 금요일, 양 지점장과 나는 동행했다. 남양주 고객에게 계약을 성사시키지 못한 채, 지점으로 돌아오는 동안 양 지점장은 주임과의 전화 통화를 통해 한 건의 계약도 들어오지 않았다는 것을 확인했다. 전화를 끊은 후, 양 지점장은 차 안에서 내내 끙끙거렸다. 영업 실적 때문에 스트레스를 받는 관리자로서의 입장이 안타깝게 여겨졌다. 진심으로 도와주고 싶었다. 그러나 그것이 얼마나 잘못된 생각이었는지 파악하는 데 오랜 시간이 걸리지 않았다. 오후 7시에서 10시 사이, 단지 3시간이었다. 3시간 만에 지점장을 비롯해 반관리자들, 짝패들의 벌거벗은 실체를 확연히 알아 버렸다.

짝패들은 나의 계약 성사로 인해 받아간 수수료의 혜택을 생각한다면 분명 나를 보호했어야 했다. 또한 의리를 지켰어야 했다. 그런데 한순간에 모두 돌아서 버렸다. 의리라는 말이 무색할 만큼 '나'라는 존재가 내동댕이쳐졌다. 경력 FC들처럼 처음부터 짝패들을 의지하거나 신뢰하지 말았어야 했다. 지점장이 안타까워 연민했던 감정이 필요 이상의 오지랖이었다는 것을 좀더 일찍 알아챘어야 했다.

그들은 단지 계약과 계약을 통해 수수료, '돈'을 벌어 가는 것에만 관심이 있었다. 그 무엇도 누구도 책임지지 않는다는 것을 알지 못했던 신인 FC 14개월 차인 나는, 스타지점 전대미문의 난동을 벌이고 말았다.

부끄러움이 없는 분노 나는 대필을 했다는 사실을 인정하고 싶지 않았다. 불명예였기 때문이었다. 단지 지점장의 요청으로 도와주었을 뿐이었다. 그런데 일의 결과는 여지없이 내 책임으로 돌아왔다. 어느 누구에게도 나의 비밀스러운 상황을 얘기할 수가 없었다. J에게는 그럴싸한 거짓말을 했고, 양 지점장에게는 그녀의 이미지를 지켜 주기로 약속을 했다. 알리고 싶었고, 알리면 안 되었다. 보험사의 짝패들에게 알린다 한들, 끼리끼리를 형성하는 짝패들 가운데 그들의 관행이라고 얘기할 사람들이 과연 몇이나 될까 싶었다. 정글 늪에 빠진 것처럼 미궁 속에 빠져버린 후, 누구에게 화를 내야 하는지 알 수가 없었다. 결국 나의 심정을 건드리는 누구라도 걸리면 분노를 터뜨렸다. 분노를 터뜨리는 것을 나는 부끄러워하지 않았다. 특히 짝패들에게 고상함과 품위를 지켜야 할 가치조차 생각하고 싶지 않았다. 고객과 통화를 할 때도 고객이 말이 안되는 행동과 쌍욕을 해올 만큼의 공격을 해오면 나 또한 여지없이 쌍욕을 해가면서 싸워 지점의 책임자인 양 지점장을 곤경에 빠뜨렸다. 양 지점장이 고객을 편드는가 싶으면 나는 과감히 표현했다.

"고객과 섹스하십니까? 지금 누구 편을 드십니까? 쌍욕은 그쪽에서 먼저 했습니다."

양 지점장에게 인신공격을 하고 비아냥거렸다. 새로 발령 온 CM과도 부딪혔다. 고객 상담을 위해 함께 동행을 했을 때 FC가 한 계약을 본인이 애를 써서 갖고 온 듯 사람들 앞에서 갖은 생색을 낼 때 나는 CM이 얄미웠다.

"생색낼 데가 없으십니까? 신인 계약 하나 갖고 자기가 다 설명하여 갖고 온 듯 행동을 하시고 뭐하시는 겁니까? 계약이 그렇게 한 방에 뚝딱 나옵니까? 계약을 갖고 오기 위해 공을 들인 나는 허수아비입니까? 자신이 없으십니까? 실력이 없으십니까?"

지점의 문을 박차고 나오는 것도 관리자들에게 말을 하는 것도 거칠었다. 계약 때문에 끙끙거리는 관리자들의 상황과 감정을 신경 쓰지 않았다. 더 이상 보험사 짝패들이 만드는 분위기에도 동조조차 하고 싶지 않았다. 가족 같은 분위기를 만들다가도 이익이 없으면 한순간에 배신을 하는 분위기에 무슨 예의가 필요하랴 싶었다. 나는 점점 무뢰한이 되어가고 있었다.

계약에 대한 모든 책임은 법적으로 '나'에게 부여되어 있다는 사실을 인지한 날로부터, 나는 더욱 원칙적인 계약을 넣기 위해 애를 썼다. 나이 어린 주임이 FC들을 차별하고 자신의 임의대로 계약을 받아 넣을 때 나는 오히려 따져 물었다.

"누구는 대필을 해서 넣어도 오케이고 누구는 대필 한 자락을 안 했는데도 대필을 한 것처럼 의심을 하십니까? 그 자리가 감사팀 자리입니까? 감사팀에 연락해서 한번 제대로 조사하라고 할까요?"

FC들은 나의 입바른 소리에 얼굴 표정을 구겼다. 나에 대한 소문은 5분 안에 지척에 있는 스타지점 FC들을 거쳐, 옆의 중앙지점으로, 옆의 중앙지점을 거쳐 나의 동기들이 있는 지점으로까지 퍼져 동기들에게 전화가 걸려 올 정도였다. 나는 대필을 하지 않았다고 동기들에게조차 못을 박았다. J를 보러 가는 날이면 J는 이미 나의 소식을 알고 있었다. J가 말했다.

"좀 조용히 사셔! 왜 맨날, FC님 이름을 하루도 안 듣는 날이 없어!"

나는 원고지 5매는 나올 정도로 J에게 문자 폭탄을 퍼부으며 옳고 그름을 따졌다. 상대가 믿든 안 믿든 나를 변호하는 데에도 내가 스스로 지칠 정도로 할 얘기를 다 쏟아 놓았다. 거짓말을 했을지언정 J만이라도 내 진심을 알아주었으면 하는 마음이 간절했다. 게다가 대필로 인해 벌어진 모든 일이 내 책임만은 아니라는 사실을 간접적으로 알리고 싶은 나의 몸부림이기도 했다.

그럼에도 불구하고 내 이미지를 회복하기 위해 가장 빠르게 내 자리로 돌아가는 방법을 나는 무의식적으로 찾고 있었다. 짝패들은 FC가 불명예를 안고 가든 말든, 손해를 보든 말든 아무 관심이 없었다. 계약을 갖고 오지 못하는 FC들은 여지없이 찬밥이었고, 계약을 갖고 올 수 있는 FC들에게는 진심 어린 관심과 친절을 무기로 FC들의 가족이나 되는 것처럼 위장하고 부지런히 쫓아다니기 바빴다. 계약에 미친 사람들처럼, 짝패들에게 계약은 곧 '인격'이었고 '신'이지 않은가!

서로가 서로에게 이용가치로서의 의미만을 저울질할 뿐, 그 이상의 의미가 없는 관계라면, '나'의 최선의 선택은 계약을 성사시켜 스타지점 짝패들에게 이익을 가져다주면 되는 일이었다. 나 또한 무슨 짓을 해서라도 계약을 넣고 수수료만이라도 챙겨 가면 되는 것이었다. 짝패들의 욕망을 채워 주면 지점의 분위기를 조장하는 짝패들에 의해 나의 박살 난 이미지는 다시 부활할 것이라고 굳게 믿었다.

그런데 대필 사건 이후, 영업활동에 탄력을 잃은 나는 적극적으로 영업활동을 하고 싶은 내적 동기가 이미 사라져 버렸다. 평범하고 소박한 계약 외에 모두를 놀라게 할 만큼의 갖고 올 '고액계약' 건이 없었다. 그런데도 여전히 나는 욕망에 휩싸인 잘못된 기도일지언정 간절히 기도를 했다. 주님, 제게 고액을 주옵소서!

불법, 돈, 돈, 돈!

10월 중순 어느 날, 새벽 3시쯤이었다. 스마트폰에서 벨소리가 울렸다. 잠이 덜 깬 채로 전화를 받았다. 중학교 동창 B였다. B는 흐느끼며 울고 있었다.

"B야, 왜 그래? 뭔 일이 있어?"

B는 계속 울기만 할 뿐, 말을 이어 가지 못하고 있었다. B는 진지하게 말했다.

"남편이 어제 검찰로 구속됐어."

덜 깬 잠이 순간 확 달아나 버렸다. 누워 있던 나는 몸을 일으켜 앉으며 물었다.

"구속! 왜?"

B는 계속 울기만 할 뿐, 나는 답답해서 물었다.

"사업하여 잘나가고 있는데 무슨 문제로 구속이 돼? 검찰은 또 뭐고?"

B가 말을 이어갔다.

"아침 일찍 나한테 와줄 수 있겠니?"

"알았어, 뭔 일인지 모르겠지만 너무 걱정하지 말고, 너도 잠 좀 자. 오전에 보자."

전화를 끊고 나자 '남편이 구속되었다'는 B의 말 때문에 나는 한참을 잠을 이룰 수가 없었다. B는 월 20만 원짜리 연금보험을 계약해 준 나의 고객이기도 했다. 고객이 어려움에 처했는데 달려가서 도움을 주는 것은 당연한 일이라고 생각했다. 게다가 중학교 동창이지 않은가!

불과 1년 전까지만 해도 B는 의료기기 사업뿐만 아니라 홈페이지 제작을 하던 남편이 사업에 실패한 후, 67평 아파트를 팔고 15평 다가구 주택으로 이사 와서 아이 둘을 데리고 살아가고 있었다. 의료기 사업자 명의를 B의 이름으로 한 후 세금을 내지 못해 압류와 차압이 들어온 상황에서 직장을 구해 취직조차 할 수가 없었다. B의 남편은 새로운 사업을 벌이느라 집에도 간헐적으로 들어왔고, 남편에게 생활비를 받지 못해 B는 힘들었다.

당시에 나는 신인 FC로서 한 명이라도 더 많은 고객을 만나기 위해 다리품을 엄청나게 팔고 다니던 때였다. 보험 하나를 들 수 없는 현실에 있었던 B였다. 하지만 10개월 후, B는 남편이 사업에 다시 재기하여 강남에 큰 사무실을 차렸기에 강남으로 집을 옮긴다는 한마디를 던지고 어느 날 이사를 가버렸다. 얼마나 성공했기에 강남으로 진출을 한 것인가 싶었지만… 강남에 가보니 B의 말은 사실이었다.

B는 아이들과 함께 고급빌라에 살고 있었다. 게다가 아직 나이 어린 자녀들을 돌보면서 남편이 시작한 명품관의 책임자가 되어 있었다. 10개월 만에 다시 재기했다는 것만으로도 박수를 쳐주고 싶었다. 나는 직원들 앞에서 사장님 부인의 얼굴을 세워 줄 겸 통 크게 250만 원짜리 구찌 가방을 사주지 않았던가? 정말 빠르게 재기하는 재주 많은 남편을 둔 B가 부러울 뿐이었다. 그런데 다시 10개월 후, 남편이 검찰에 구속되었

다는 것이다. 보험사의 영업 세계만큼 B의 남편도 변화무쌍하게 살아가고 있는 것 같았다.

아침 일찍, 나는 서둘러 강남 서초동 고급빌라에 살고 있는 B에게 갔다. 초인종을 누르자, B가 문을 열어 주었다. 움푹 들어간 눈에 거무스름해진 눈자위를 보니 B가 잠을 한숨도 못 이룬 것 같았다. 집 안에 불은 꺼져 있고, 얼굴이 초췌해진 채로 눈빛이 불안해 보였다. B의 두 아들은 친정으로 보내 놓은 모양이었다. B는 나를 보자마자 눈인사를 하는데 금세라도 울 것 같았다.

"왔어?"

"어떻게 된 거야? 괜찮니? 천하를 다 얻은 듯 잘나가더니 웬 구속이야?"

"나도 몰라. 아침 일찍 검찰이 들이닥쳐서 남편은 그냥 쇠고랑 차고 붙들려 갔어. 나도 무섭고 정신이 없어."

"왜 구속된 거야? 무슨 죄가 적용되었기에?"

"법인체를 만든 후 투자를 받았어야 했는데 법인체 설립을 하지 않은 상태에서 투자금을 받아 사업을 벌인 게 사기 행위에 해당되는 문제였나 봐. 회사가 너무 잘나가고 있으니까 누군가 검찰에 신고를 한 거야. 내가 뭘 알아야지…."

나는 B를 위로했다.

"큰 문제 없으면 나오겠지. 걱정하지 마. 밥은 먹었냐? 밥이나 먹고 고민하자!"

집 밖으로 나가고 싶어 하지 않는 B를 설득해서 데리고 나왔다. B는 도로 주변 도로의 오고 가는 사람들을 살피며 걷고 있었다. B와 나는 서초동 상가 골목으로 들어갔다. 골목 초입에 순댓국집이 있어 들어가 앉자마자 순댓국을 시켰다. 순댓국이 나오자 몇 숟가락을 뜨는데 B가 몇 숟가락을 뜨다가 또다시 눈물을 흘리며 울고 말았다. B가 눈물을 멈출 때까지 모른 척하고 나는 순댓국 한 그릇을 뚝딱 해치웠다. 전에도 절망스러운 나락을 경험한 B에게 힘내라고 밥을 사줬는데, 다시 그 상황이 재현되고 있는 것이었다.

B의 남편은 지난번에도 사이트를 통해 의료기기와 홈페이지 분양 사업을 하다가 사기죄로 고소를 당했었다. 하지만 집을 처분하고, 회사도 모두 처리하여 투자한 돈을 깔끔히 다 돌려준 후, 집행유예로 풀려나온 사람이었다. 이번에 또 고소가 들어간 경우라면 쉽게 풀려나오기는 어렵겠구나 싶었다. 10개월 만에 재기하는 재주 많은 남편을 데리고 산다고 부러워했는데… 재주 많은 남편과 살려면 속이 썩어야 하는 모양이었다.

순댓국을 먹은 후 순댓국집에서 나와 서둘러 B와 함께 B의 집으로 돌아왔다. B의 집은 고급빌라 중에서도 해가 들어오지 않는 안쪽에 위치하고 있어서인지 한낮인데도 어두웠다. 전등 스위치를 올리려는데 B가 전등을 켜지 말라고 했다. B는 나에게 차를 내주고서는 30분가량 아무 말 없이 소파에 앉아 있기만 했다. 두 번이나 이런 일을 겪는 상황에서 어떻게 위로를 해야 할지 알 수가 없었다. B는 나를 쳐다보지 않고 멍하니 베란다 쪽을 바라보며 생각 속에 푹 빠져 있었다. 한쪽 정신이 나간 사람 같았다. 나는 걱정스러웠다. 그러더니 B가 진지한 표정으로 툭 내뱉었다.

"너에게 보여 줄 게 있어."

"뭔데? 심각해? 지금이 중대하고 심각한 상황이긴 하지."

"혼자 비밀을 간직하기에는 너무 버거워! 남편이 구속되기 전날 밤에 잘 간직하라고 나한테 주고 간 거야."

B는 베란다 쪽에 있는 쪽방으로 가서 한참을 뒤적뒤적하더니 뭉툭하게 뭔가가 잔뜩 담긴 한 말 정도의 쌀자루만 한 까만 비닐 봉투를 들고 나왔다. 그것을 소파에 앉아 있는 내 옆으로 가져오더니 꽁꽁 묶여 있는 까만 비닐을 풀고 나서 비닐을 한 겹 벗겨 내었다. 비닐 봉투를 한 장 한 장 벗겨내니 하얀 종이의 실체가 보였다. 하얀 종이는 100,000원, 500,000원, 1,000,000원짜리 자기앞수표 다발이었다. 금액이 얼마나 되는지 알 수 없었다. 덩어리로 따지면 열 덩어리 정도 되는 돈덩어리였다.

입이 벌어질 만큼 너무 놀란 나머지 수표 다발과 B를 번갈아 보며 물었다.

"웬 수표야? 너희 남편 회사 돈이야?"

나를 응시만 하던 B는 고개를 조심스럽게 끄덕였다.

"너 이거 액수가 얼만지는 알아?"

B가 말했다.

"나도 몰라. 남편이 구속되고 난 후 심장이 떨려서 세볼 수가 있어야지. 게다가 검찰이 또 들이닥칠까 봐 겁이 나서 아무것도 할 수가 없었어. 이 돈은 투자자들이 남편 회사에 투자한 거야."

"이걸 어떡하려구? 그런데 왜 이 돈을 회사 법인 계좌에 입금을 안 했어? 법인 밖으로 돈이 빠져나와 있는 것은 횡령죄에 속하는 거야."

대기업 수장들이 구속될 때마다 TV를 통해서 들어왔던 횡령이라는 단어가 나의 뇌 속에 저장되어 있었다는 사실에 나 스스로도 놀라웠다. 내 인생에서 처음으로 써보는 단어였다. 죄에 속한다는 말을 내세우니 B의 얼굴색이 변했다.

"사업설명회를 하루이틀 했어야지. 계좌에 입금할 시간이 없었을 거야. 그사이 구속된 것이라… 잘 간직하고 있으라고만 했어. 나도 다음 날 남편이 구속될 줄은 꿈에도 생각을 못 했으니까. 회사 직원들이 정황을 파악하고 있어."

수표 다발을 떠들어 보니 50만 원, 100만 원, 1000만 원짜리 자기앞 수표들이었다. 나는 한 가지 궁금한 게 생겨 B에게 물었다.

"현금 얼마 빼고는 다 수표들이네! 왜 다 수표뿐이야? 투자설명회를 했으면 투자할 때 법인 계좌로 직접 입금하면 되었잖아. 왜 다 직접 갖고 와? 이렇게 직접 수표로 가져다주는 것은 위험한 거잖아?"

B는 나의 의문에 답하지 않았다. B는 수표 다발을 빨리 처리하고 싶은 마음뿐이었는지 어렵게 얘기를 꺼냈다.

"이 돈을 옮겨야겠어. 얼만지도 알아야겠고. 애 아빠는 고소가 지방에서 들어온 것이라 영월구치소에 수감됐어. 거기도 가봐야 하고, 불안하고 심장이 떨려서 혼자서는 못하겠어서 너한테 전화한 거였어."

B의 심정을 충분히 이해했다. 하지만 이런 상황에서 우선적인 선택이 무엇인지 말해 주고 싶었다.

"옮기는 게 중요한 게 아니라 그 돈을 되도록 빨리 법인 계좌에 입금하는 게 우선순위이지 않아? 그래야 빨리 혐의가 풀리지."

"남편이 잘 갖고 있으라 했어. 나도 어떤 선택을 내려야 할지 잘 모르겠어."

자칫 하면 횡령죄를 도운 공범이 되는 상황이라는 것을 나는 모르지 않았다. 하지만 망설여졌다. B는 운전을 할 줄 아는 친구가 아니었다. 남편이 가져다주는 돈으로 살림만 했을 뿐, 서양화가 전공이었던 B는 한동안 디자인을 배워 남편 회사의 디자인 일을 도와주면서 아이들을 키우는 가정주부였다. 남편이 시키면 시키는 대로 여성스럽고 순종적인 여자로서만 살아온 친구였다. B에게 터진 사건이 얼마나 당황스러운 일인지 묻지 않아도 B의 심정을 느낄 수 있었다. 일단 수표 다발을 큰 가방에 쟁여 넣고 B를 집 밖으로 데리고 나왔다. 수표 다발은 차의 트렁크 구석진 곳에 숨겨 놓고 B를 차에 태우고 강남을 벗어나 아이들이 있는 B의 친정집이 있는 산본으로 방향을 잡았다. 운전을 하고 가는데 B가 움푹 들어간 피곤해 보이는 눈으로 나를 바라보며 말했다.

"아무래도, 영찬 아빠를 만나러 영월에 가야겠어. 돈에 대해 물어봐야 할 것 같아!"

B는 구치소에 가서 남편을 먼저 면회하기를 바랐다. 나는 군말 없이 도로 한쪽에다가 차를 정차시켜 놓고 내비게이션 검색창에다가 영월구치소를 입력했다. 내비게이션이 영월구치소로 방향을 잡아 주자 영월로 출발했다. 나는 B에게 물었다.

"도대체 어떤 사업을 벌였기에, 이렇게 많은 투자금이 몰려 온 거니?"

"우리 신랑이 너한테도 한 번 설명했잖아. 미디어 사이트를 만들어 놓고 일자리를 창출하려고 했어. 그것을 통해서 사람들에게 실질적인 일자리를 만들어 주려고 조합단체를 만든 거야. 투자를 해서 조합단체 일원이 되면 회사의 수익을 공동 분배해 가져가는 거였어."

"그래서 일자리들을 창출했어?"

"투자금이 모아지니까 그 돈으로 명품 사업도 벌이고, 물류 사업도 벌이고 이것저것 많이 벌이고 있는 상황이었어. 그리고 수익이 나면 사람들한테 돌려주기도 하고… 오프라인 사업을 펼쳐 일자리를 만들어 주었어. 게다가 고객들이 투자한 만큼 비례해서 실제로 수익을 돌려주니까 입소문이 나서 더 많이 투자한 거겠지."

나는 몇 달 전에 B의 명품관에 들러서 가방을 하나 사주었던 기억이 났다. 명품관에서 일하는 직원들 또한 투자자들이었던 것이다. 명품관 또한 그렇게 탄생한 것이었다.

"10개월 만에 명품 사업과 물류 사업을 벌였다고? 가능해? 혼자 이 일을 다 벌이진 않았을 테고, 투자할 사람들을 누군가 모아 줘야 가능한 일 아냐?"

"교회 목사님이셔…."

'목사님'이라는 말에 나는 또 한 번 놀라고 말았다. 격앙된 목소리로 물었다.

"목사님들이 왜? 교회와 투자자가 무슨 관련이 있다고?"

B는 내가 격분해서 물어보니 기가 죽었는지 툴툴거리며 결론만 말했다.

"나도 몰라! 우리 신랑은 사업가잖아. 조합단체를 만들자고 제안한 것은 그 목사님이니까. 목사가 만들어 놓은 밥상에 밥을 차려 주는 일꾼일 뿐이었어. 사실 몸통은 그 목사님이야."

"목회하는 사람들한테 조합이 왜 필요한데?"

나의 파고드는 질문에 B는 짜증스럽게 대답했다.

"나도 몰라! 예수 믿는 네가 더 잘 알겠지. 협동조합을 사업화하는 데 사업가인 우리 신랑이 필요했고, 우리 신랑은 그들의 요구에 따라 사업을 펼쳤던 것 같아."

'예수 믿는 너'라는 말에 적의감이 느껴졌다. 나는 더 이상 B에게 묻지 않았다. 이미 벌어진 일이었다. 일 벌여 놓은 사람이 주워 담아야 하는 일이었고, 도움의 손을 내밀 때 손을 잡느냐 안 잡느냐는 내 선택이었다. 그런데 이미 B를 내 차에 태운 채 영월구치소로 향하고 있었다. 영월은 3시간이나 운전을 해서 가야 할 만큼 꽤나 멀었다. 며칠째 잠을 이루지 못한 B는 내내 창가 쪽으로 몸이 쏠릴 정도로 깊은 잠을 자고 있는 것 같았다. 운전을 하는 동안 나는 B를 설득해서 자기앞수표들을 법인 계좌에 입금해 놓도록 해야 한다고 생각했다.

목사들이 투자한 돈이라면 그 돈은 목사 개인들의 돈이라기보다는 분명 헌금일 확률이 높았다. 나에게 헌금은 하나님의 영광을 위해 성스럽게 쓰여야 하는 성물이었다. 그것을 함부로 쓰면 하나님께 심판을 받는다는 의식이 뿌리 깊이 박혀 있었다. 어린 시절 친정 엄마는 지폐를 다리미로 다려 빳빳하고 탱탱하게 만들어 헌금을 드렸다. 교회 목사님은 헌금이 어려운 이웃을 위해 쓰이고 있음을 강조하고 강조했다. 나는 헌금이 투자를 하는 용도로 쓰인다는 것과 내가 십일조로 낸 헌금이 이런 식으로 굴러 간다는 사실에 기가 막혔다. 세상이 참 말도 안 되게 돌아가고 있는 것 같았다.

어려서부터 개척 교회를 주로 다닌 나로서는, 개척 교회가 얼마나 어려운지 잘 알고 있었다. 50명 정도의 성도에게서 들어오는 헌금은 언제나 기초수급자 수준의 금액밖에 되지 못했다. 50명이 모인다는 말은, 20명이 고정으로 다니고 나머지는 뜨내기이며 고정 20명에서 10명 정도만이 헌금을 낸다는 의미였다. 헌금은 한 달에 불과 100만 원이 들어오지 않았다. 개척 교회 목회자들은 월급 생활자도 아니었고, 기초수급자로서의 혜택도 볼 수 없는, 법적으로도 보호를 받지 못하는 사각지대에 놓인 사람들이었다. 이런 현실에서도 이웃에게 위로와 나눔을 행하는 사람들이었다. 가난한 현실 속에서 '거룩'을 전해야 하는 사람들. '예수 믿으면 복을 받는다'고 전해야 하는, '예수는 부활하셨다고 지금도 살아 계신다'고 전해야 하는 사람들이었다.

교회만큼 빈익빈 부익부가 심한 세계가 또 있을까? 잘나가는 목회 세계와 그렇지 못한 목회 세계. 그렇지 못한 세계의 사람들이 조합을 만들었다는 것은 나름 현실적인 돌파구를 찾으려는 몸부림이었을 게 분명했다. 목회를 하는 것도 아니고 목회를 안 하는 것도 아니고, 목회를 하기 위해 거쳐야 하는 과정에 있는 부류들, 목회 시스템이 안정화되지 않는 부류들. 개척 교회 목사들은 어느 축에도 끼지 못하는 또 다른 사각지대에 놓인 사람들이 아니었던가? 현실적인 뒷받침을 따질 수 없이, 사명만 있는 세계의 사명으로 뭉친 사람들이 투자한 돈다발이 내 차 트렁크에 있다는 사실이 두렵기도 하고 놀랍기도 했다.

영월IC를 빠져나오자, 아주 쉽게 영월구치소를 찾을 수 있었다. B는 면회를 신청했다. 10분 정도 기다리다가 구치소 면회실로 들어갔다. 하지만 30분도 못 돼 면회를 끝내고 나왔다. B는 더 새까맣게 타들어 가는 듯 얼굴에 근심이 묻어 있었다. 눈에 눈물이 가득 차 다시 또 울 지경이었다. B는 내가 묻는 말에 간단히 답을 할 뿐이었다.

"면회소에서 대화 내용을 녹취하는 것 같아 눈치가 보여서 저 수표에 대해 물을 수가 있어야지. 금세 풀려날 거라고 말하더라구. 회사에 고문 변호사들이 있으니까, 알아서 할 거니까 신경을 쓰지 말라는 거야. 자꾸 눈물이 나와서 말을 이어 갈 수 있어야지. 애들이나 잘 키우래. 그렇지 뭐, 나는 애들이나 잘 키우면 되지."

남편의 말에 B는 자존심이 상한 것 같았다. 오후 5시가 지났기에 영월의 한 식당에서 어묵을 시켜 간단히 끼니를 때우고 나왔다.

나는 부지런히 B를 태우고 산본에 있는 B의 친정집을 향해 와야 했다. 아이들도 걱정이었다. B는 못 잔 잠을 다시 채우기라도 하려는 듯 운전하고 오는 내내 차 안에서 곯아떨어졌다. 서울에 도착할 무렵 잠에서 깬 B는 친정집에 들어가기 싫다고 나의 집으로 가자는 것이었다. 하는 수 없이 나는 지쳐 있는 B를 안양에 있는 나의 집으로 데리고 들어왔다. 저녁 11시가 다 되어 가고 있었다. 아이들은 엄마를 찾지도 않고 벌써 밥을 챙겨 먹고, 잠이 들어 버렸다. 남편은 당직 근무여서 회사에서 퇴근하지 않은 상태였다. 다행이다 싶었다. 나는 B에게 물었다.

"B야, 돈을 어떻게 할래? 이렇게 계속 수표를 들고 다닐 수는 없잖아.

투자자들이 이 돈을 찾을 테고 빨리 이 돈을 법인에 넣어야 너희 신랑도 쉽게 풀려날 텐데… 내 판단에 수표가 얼마인지 우선 밤새도록 세서 금액을 알아본 후, 내일 오전에 은행에 가서 법인 계좌에 입금하는 게 어때? 그게 옳은 일이야."

B는 나의 제안을 생각보다 쉽게 응해 주었다.

"그렇게 하자. 어차피 우리 돈이 아니잖아."

B의 승낙에 힘을 받아 가방에 담긴 돈다발을 거실 바닥에 쏟아 냈다. 돈덩어리는 마치 작은 둔덕처럼 수북이 쌓여져 있었다.

새벽 2시까지 나와 B는 50만 원, 100만 원, 1000만 원, 2000만 원짜리 자기앞수표를 분류해 냈다. 그러고는 B가 돈을 세고 나는 스프링 노트에 금액을 적어 넣었다. 1억짜리 수표는 있지 않았다. 자잘한 10만 원, 50만 원, 100만 원 정도의 자기앞수표들이었다. 계산기를 옆에 두고 돈을 더해 가며 금액을 합산해 갔다. 돈을 계산해 가면서 나는 이 돈이 소액 투자자들의 투자라는 사실을 확연히 알 수 있었다. 이렇듯 계좌 입금이 아닌 현찰을 갖고 와서 직접 투자한 돈이라면, 사기를 당할 수 있다는 의심을 전혀 하지 않은 순수한 사람들일 가능성이 높다고 추측했다. 그리고 대한민국에서 10명, 20명, 50명 안팎의 성도를 모아 작은 목회를 하는 개척 교회 목사들의 투자가 맞을 거라고 다시 한 번 확신 아닌 확신을 했다. 안타까웠다. 현금은 불과 2000만 원 정도가 전부였다. 모두 근 20억에 가까운 돈이었다. 돈을 계산하고 새벽 3시가 될 무렵, 피곤에 지친 B와 나는 웃을 수 있는 여유가 생겼다.

"이 돈이 다 내 돈이었으면 좋겠다. B야, 내가 언제 이 만큼의 돈을 세어 보겠냐? 네 덕분이다."

"긍정적으로 생각하니까 좋다. 나도 이 돈이 다 내 돈이었으면 좋겠다."

"그러게… 내 보니 이 돈은 개척 교회 목사님들이 투자한 돈이 맞는 것 같아. 이게 헌금일 거야. 내가 지금 헌금을 밤새도록 세고 있구나!"

B는 나의 의견에 반박을 하고 싶은지 표정이 일그러지며 말했다.

"꼭 교회 헌금이라고는 볼 수 없어. 전국 지방에 지사를 모집해서 지사를 통해 지방을 다니면서 설명회를 했으니까."

"하루 전날까지 교회에서 설명회를 했다면서… 어쨌든 나 같은 사람은 의심이 많아서 절대 이렇게 현찰을 직접 가져다주고 투자를 하지는 않을 것 같아. 도대체 너희 신랑과 목사님은 어떤 아이템을 갖고 개척 교회 목사님을 이 사업에 끌어들인 거야?"

피곤에 지친 B는 눈이 반쯤 감긴 상태에서 더 이상 말하는 것도 힘이 드는지 점점 말의 속도가 느려졌다.

"그러게… 1인 네트워크 창업이라나….."

"내가 정리할 테니 방에 들어가서 자."

아침 7시 즈음, 일어나자마자 서둘러 아침 식사를 준비했다. 아이들을 깨워 씻게 하고 아침 식사를 차려준 후 학교에 보냈다. B와 나도 세수를 하고 얼굴에 화장을 대충 하고 옷을 차려 입은 후 집 밖으로 나왔다.

10시 즈음 B와 나는 강남으로 출발했다. 돈은 18억 9871만 원. 이 돈 중 현금 2000만 원은 B의 생활비로 남겨 두고 나머지 돈을 모두 법인 계좌로 입금하기로 했다. 자기앞수표에는 은행에서 찍어준 수표 넘버가 있어서 수표는 넘버를 갖고 찾으면 추적에 의해 금세 찾을 수 있는 돈이었다. 어쩌면 그래서 투자자들은 현금보다는 수표를 선택했을 것이다. 그렇다면 수표는 돈이 아니고 종이 뭉치였다. B는 이제 수표덩어리를 빨리 처리하고 남편이 하루라도 빨리 구치소에서 돌아오기만을 바라는 눈치였다.

B와 나는 강남의 한 은행을 선택해 들어갔다. 은행 직원들이 수표를 보더니 눈이 휘둥그레졌다. 은행 직원들이 어떤 수표인지 여부를 묻지 않아서 참 다행이었다. 법인 계좌에 입금하는 것이 확인되자, 그들은 충분히 그럴 수 있다고 판단하는 것 같았다. B와 나는 주변 사람들의 눈치가 보였다. 어서 입금을 하고 은행을 빠져나가고 싶은 마음이 간절했다. 1시간 동안 마치 죄인이 된 듯 부끄러웠다. 이 시간이 지나면 부끄러움에서 자유로워질 수 있을 거라는 믿음. 감정이 복잡했다. 어서 이 시간이 지나가길 바랐다. 입금기가 두루루룩. 마지막 수표덩어리를 세는 것을 멈추었다. 밤새 몇 시간 동안 세어 계산한 돈과 은행 입금기가 센 돈은 미세한 차이가 있었을 뿐 거의 일치했다.

B와 나는 수표덩어리를 모두 법인 계좌로 입금한 것이다! 은행을 빠져나오는 순간, 마치 해방된 듯 개운하고 상쾌했다. 18억을 갖고 있는 동안은 욕망이 어슬렁거렸지만 입금해 버리니 18억은 숫자에 불과했다. 하룻밤이 꿈만 같았다.

B를 설득해서 밖에 나와 있던 돈을 회사 법인으로 넣어 두고 나니 평안이 밀려왔다. 다행이다 싶었다. 이제 법을 다스리는 검찰과 법인 회사가 알아서 할 일이라고 B를 다독였다. 계좌에 입금하는 순간 B도 굉장히 후련한 모양이었다. 게다가 성물인 헌금이 제자리로 돌아간 듯하여 개척 교회 목사님들에게 엄청 좋은 일을 한 듯 뿌듯함이 몰려왔다. '가이사의 것은 가이사에게 하나님의 것은 하나님에게 돌리라'는 예수님의 말씀을 실천한 듯… B에게 도움을 준 나는 할 일을 다 했다는 생각이 들었다. 나는 B에게 말했다.

"해야 할 일을 했으니 하나님이 네 남편이 하루라도 빨리 석방되는 복을 주실 거야. 복이 눈앞에 있다."

B가 쓸쓸하게 미소 지었다.

나름 거사를 치른 후, 집으로 돌아온 이틀 동안 B에게는 아무 소식이 없었다. 재주 많은 남편을 만나 다양한 일을 겪고 사는 B가 안타까웠지만, 나 또한 내 일도 보지 못하고 B를 쫓아다니며 도와주느라 너무 피곤하여 먼저 전화하고 싶지 않았다. 하지만 B와 헤어진 후, 사흘째 되는 새벽 3시 즈음, B에게 다시 전화가 왔다. 남편이 깰까 봐 슬쩍 거실로 나와 전화를 받았다. B의 목소리는 지난번처럼 울먹이지 않았다. B가 담담하게 말했다.

"자니? 잠이 잘 안 와."

나는 곤경에 빠진 B가 측은했다.

"잠 안 올 만하지. 수면제 먹지 그랬어."

"먹었어. 그런데도 잠이 잘 안 와."

"큰일이다! 옆에 있어 줄 수도 없고, 친정 언니라도 부르지 그랬어"

"그냥, 가족들한테 이런 얘기를 어떻게 해. 걱정만 하게."

"그래도 가족이 최고지. 누가 나서서 자기 일처럼 도와주겠어?"

"너 있잖아."

"나도 너무 믿지 마. 나도 별거 없어."

나를 믿고 의지한다는 말에 기분은 좋았지만, 부담스럽기도 했다.

"B야, 잠 좀 더 자. 잠이 안 오면 기도해 봐. 하나님 만날 시간이다!"

전화를 끊고 좀더 자야 할 것 같아 대화를 마무리하려고 하는데 B가 서둘러 말했다.

"나 있잖아. 너한테 말하지 않은 게 한 가지 또 있어."

B에게는 미안했지만, 졸려서 더 자야 할 것 같은데 귀찮다는 듯이 말했다.

"B야, 하나님도 놀랄 일 아니면 좀더 자고 나서 듣자. 내가 전화할게."

"있잖아. 나 수표가 또 있어!"

B는 서둘러 그리고 조심스럽게 기어들어 가는 목소리로 말했다. 조용한 정적 속에서 나는 남아 있던 잠이 확 깨고 말았다.

"수표가 또 있다고?!"

내가 목소리가 커지자, 내 큰 목소리에 B도 목소리가 커졌다.

"응. 또 있어! 그래서 어떻게 해야 할지 모르겠어!"

B는 울음을 터트리고 말았다. 울면서 말을 이어 갔다.

"왜 나한테 이런 일이 생겼나 몰라."

"B야, 그게 어느 정도인데?"

"… 네가 그때 본 검은 수표 다발의 두 배는 돼."

"두 배?"

조금 진정된 B가 설명을 하기 시작했다.

"며칠 전에 본 수표는 남편이 구속되기 전 설명회를 하고 갖고 온 돈이었고, 지금 너한테 말한 수표는 열흘 전에 설명회를 하고 갖고 온 수표야. 어디서 설명회를 했는지는 나도 몰라. 그런데 법인 계좌에 입금을 못한 거야."

이성적으로 말하려다가 위로가 먼저인 것 같았다.

"다시 세서 법인 계좌에 입금을 하면 되지. 뭐가 문제야?"

B는 다시 흐느껴 울면서 말했다.

"지난번에 너하고 같이 가서 수표 입금한 후, 그게 알려지고 나서 전국에 있는 소액 투자자들이 돈 달라고 회사로 떼를 지어 몰려왔어. 지금 회사 앞에 진을 치고 난리도 아냐. 우리 집까지 찾아올까 봐 겁이 나!"

투자자들이 떼로 몰려왔다는 말에 나 또한 놀라고 말았다.

"그랬구나. 그래서 사흘 동안 연락 한 통이 없었구나! 아이참, 어쩌냐? 그래도 법인의 돈이니까 법인 계좌에 넣어 놓는 게 맞아. 회사 담당자들이 알아서 하겠지."

선한 일을 했다고 믿었는데 B에게는 더 큰 화를 불러들인 일이 된 것 같았다. 점점 복잡한 상황이 되어 가고 있었다. 나는 B에게 최후의 방법을 제안하듯 직접적으로 말했다.

"그냥 다 검찰에 갖다줘 버려. 그러면 되잖아. 어차피 너희 돈도 아니고…."

B는 눈물을 멈추고 현재의 상황을 말해 주었다.

"그렇게 간단한 문제가 아냐. 그럼 남편과 동업을 했던 목사님까지 구속이 돼서 일이 일파만파로 커져. 벌여 놓은 사업체들은 어쩌라고? 회사 일을 봐주던 집안 사촌 형한테 수표를 잘 갖고 있으라고 연락이 왔어. 그런데 갖고 있으려니 심장 떨리고 무서워서 견딜 수가 없어. 네가 좀 갖고 있어 줘."

나는 뭐라고 답해야 할지 알 수가 없었다. 돈을 갖고 있어 달라는 말인지, 종이덩어리를 갖고 있어 달라는 말인지… 돈이었지만 쓸 수 없는 돈을 맡아 달라는 얘기였다. 이런 경우 어떤 선택을 내려야 하는지, 거절을 해야 하는지 알 수가 없었다. 공범이 된 것 같은 불안감이 밀려들었다.

"알았으니까, 전화로 답을 할 얘긴 아닌 것 같아. 나도 네 남편 사업이 어떤 형태였는지 자세히 알고 나서 도움을 주든가 말든가 해야지. 오전에 강남으로 갈 테니 만나서 얘기하자."

"고마워!"

도와주겠다고 결정을 하지도 않았는데 고마워라는 말을 해버리는 B를 어떤 식으로 도와야 하는지 알 수가 없었다. 잠은 다 사라졌고, 생각은 꼬리에 꼬리를 이어 갔다. 왜 수표를 법인 계좌에 입금을 안 한 것인지? 아무리 바빠도 열흘이면 충분히 입금하고도 남을 시간인데…. 정말 사기를 칠 마음이 있었던 것인지? 단순 횡령인지? 도대체 무슨 사업을 벌인 것인지? 그리고 왜 모두 계좌 입금을 하지 않고 수표나 현찰로 갖고 와서 투자를 하는지? 인터넷 검색을 통해 죄에 대해 검색해 보기 시작했다. 횡령죄, 사기죄, 공모죄, 무고죄, 명예훼손죄…. 정말 사기 횡령에 속하는 죄라면 이것은 분명 경찰에 가서 신고를 해야 하는 일이 아닌가? 친구, 우정, 의리 이런 단어들이 내 현실에 실제적으로 눈앞에 와 있는 상황이었다. 거절을 하고 모른 척해야 하는가? 도와야 하는가? 어디까지 계속 도와야 하는가? 돕지 않으면 배신인가? 비합리적 세계! 나는 어떤 선택을 내려야 하는지 고민이 되어 더 이상 잠이 오지 않았다.

10시 즈음, B의 집으로 가서 B를 만났다. B는 해가 들어오지 않는 집 안에 불도 켜놓지 않고 어둑한 상태로 남편 회사 직원과 단 둘이 있었다. 인상이 좋아 보이는 두 사람의 얼굴에 긴장과 불안이 감돌았다. 서류들이 널브러져 있는 채로 두 사람은 얘기를 나누고 있었다.

얘기를 들어 본즉, B의 남편은 의료기기 사업은 물론 명품 사업에, 의류 사업도 이미 시작하여 사이트를 통해 판매를 하고 있었다. 화장품 사업과 물류 사업까지 해보겠다고 계약을 해놓은 상태였다. B에게 생활비도 제대로 가져다주지 못했던 B의 남편은 자본금이 거의 없었던 것으로 아는데, 어떻게 10개월 만에 이 많은 사업을 펼칠 수 있었을까? 한마디로 남의 돈을 끌어다가 사업을 펼치고 있었던 것이었다. B의 남편은 보험사의 다단계 시스템[11]을 온라인에서 펼쳤던 것이었다. 그것을 보기 좋게 '네트워크 마케팅'[12]이라고 표현한 모양이었다. 직원은 논리적으로 조리 있게 쉽게 풀어 B의 남편 사업 형태를 전해 주고 있었다.

"대표님이 만든 사이트에서 홍보하는 물건들을 본인이 직접 사거나 누군가에 소개해 주거나 기사를 올려 주는 등 무엇인가 일을 하는 행위를 하면 시간당 시급으로 돈을 준 거예요. 그 자체가 1인 네트워크 창업인거예요. 우리 사이트에 회원가입을 하면 1인 네트워크 창업자가 되는 거였어요. 1인 네트워크 창업자가 누군가를 소개하여 회원가입을 하면 시급 일당을 더 올려 주었어요. 1년 회비는 120만 원씩이었고요, 조합에 가입을 하려면 프랜차이즈 보증금처럼 300만 원씩 보증금을 내야 해요. 이 조합에 가입을 하여 실제로 물건 구입을 하면 1포인트당 돈을 쌓아 주는 거예요. 실제로 한 포인트당 계산해서 돈을 돌려주니까, 많은 회원들이 1인 네트워크 창업을 해보겠다고 회원가입을 한 거였어요. 지난번에 벌였던 의료기기나 홈페이지 분양 사업 형태와 비슷한 거예요."

B는 직원의 자세한 설명에 고개를 끄덕였다. 가장 친분 있는 직원인 모양이었다.

"의료기기 사업 때 실패한 경험을 바탕으로 다시 확장해서 그런 식으로 벌인 거였구나. 그때도 투자금을 돌려주고 사업을 접을 때 굉장히 안타까워했었어요."

"1인 네트워크 창업이라는 타이틀을 내걸고 설명회를 하러 다니시고, 동시에 모아진 투자금으로 회원들에게 실제로 일자리를 주고 투자금으

---

11 다단계란 특정 제품을 판매하는 데 있어서 상위단계에서 하부단계로 피라미드 형식으로 조직을 구성하여, 최하위 단계에서 판매한 수익금을 전체 구성원이 그 직급과 기여도에 따라 나눠 가지는 형태이다. 피라미드 형식이기 때문에 일정 직급으로 올라갈수록 점차 판매(영업)보다는 교육과 관리 능력이 보다 중요시되며, 무엇보다 조직 관리에 많은 역량을 투자해야 하는 구조이다. 대표적인 업종으로는 보험회사와 자동차판매회사를 들 수 있으며, 자영업을 제외한 모든 기업체는 이와 같은 다단계 구조로 수익을 극대화한다. 현행법상 다단계는 불법이 아니다. 현재 한국에서 합법적으로 운영하고 있는 다단계 회사는 약 70개 정도이다. 다단계 회사들은 반드시 공제조합에 가입해야 한다. 법을 교묘하게 피해서 다단계 회사를 만들어 놓고 사업자(소비자)들에게 성공이라는 단어를 주입해서 사업자는 손해를 보게 하고 회사가 불로소득을 챙겨 가는 경우가 흔하다.

12 네트워크 마케팅이란 회사가 기존의 중간 유통 단계를 배제해 유통 마진을 줄이고 소비자에게 보다 싼 값으로 제품을 공급함으로써 수익의 일부를 소비자에게 돌려주는 것을 말한다.

로 다시 이익을 돌려주면서 사업을 벌이는 과정이었어요. 그 무렵에 최 목사님을 만난 거예요. 최 목사님은 개척 교회가 어려우니까, 개척 교회 목사님들끼리 힘을 합쳐 조합을 하나 만들어서 수익을 내면 선교비를 마련하고 헌금 강요를 하지 않고도 교회 재정에도 도움을 줄 수 있다고 본 거예요. 그러니까 최 목사님 쪽은 조합을 사업화시켜서 할 수 있는 사람이 필요했던 거예요. 1인 네트워크 창업과 협동조합의 뜻이 서로 맞은 거예요. 그래서 개척 교회를 하는 분들을 모아 최 목사님과 대표님은 설명회를 하기 시작한 거였어요."

B도 남편 사업에 대해 몰랐던 것을 그제야 알았다는 듯 응수를 했다.

"그랬구나. 이 과장님, 전국에 지사가 있잖아요. 현재 그들이 투자한 돈은 뭐야? 이번에 고소가 들어온 것도 지방 지사에서 한 고소잖아요."

"교회 목사님들만 1인 창업을 하는 게 아니고 대표님은 일반인들도 1인 창업자를 할 수 있도록 지사 모집을 하신 거예요. 그래야 그 지사는 유통을 통해 물건을 판매하니까요. 그런데 문제가 됐던 것이 물건은 없는데 우선 투자설명회를 한 거였어요. 물건을 빨리 받지 못하고, 일자리를 창출할 수 있는 구조가 형성되지 않은 상태에서 투자금이 엄청 들어왔고, 투자 받은 돈으로 법인을 만들었는데 그 단계에서 대표님이 구속되신 거예요."

나는 옆에서 끼어들어 처음 보는 직원에게 망설이지 않고 중요한 질문을 던졌다.

"상품이 있고, 상품이 판매가 되어서 매출이 창출되어야 그 수익을 돌려주는 것인데, 무슨 수로 투자 수익을 몇 달 만에 돌려줬어요? 한 기업이 성장하여 배당을 주기까지도 십몇 년이 걸리는데 10개월 만에? 상식적으로 이해가 안 가서 물어보는 거예요. 도대체 1인 네트워크 창업을 위한 회원으로 가입을 하고 얼마를 내면 얼마를 돌려주는 거예요?"

직원은 내 얼굴을 또렷이 쳐다보지 못하고 표정을 찌푸렸다. 그러더니 설명을 해나갔다.

"유통 마진이죠. 기업마다 MOU 협약을 통해 물건 수주를 받고 팔아 마진을 먹는 거죠."

"그 마진이 얼마나 되는데요?"

점점 파고들어 물어보니 직원은 더 이상 말하고 싶어 하지 않는 눈치였다. 하지만 대표 부인의 친구라는 사실 때문인지 B의 얼굴을 살피고는 자세히 설명해 주기 시작했다.

"저도 유통 마진은 구체적으로 자세히는 몰라요. 그냥 대충 들은 얘기로는 120만 원 정도를 내고 본인이 물건을 판매하면 포인트가 적립되어요. 1포인트당 7,000원씩 적립을 해줬어요. 명품을 구입하면 포인트가 엄청 쌓이죠. 게다가 다른 누군가를 소개하여 또 회원가입하도록 하면 그 사람의 포인트를 받는 수수료율이 30% 정도 올라가요. 데려온 사람이 또 다른 사람을 소개하여 회원가입을 하게 되면 최초로 회원가입을 한 1인 창업자한테 30%를 또 주니까 60%가 올라가는 구조예요. 그 사람들이 물건을 판매하면 또 포인트가 계속 쌓여 가니까 1인 네트워크 창업자는 매달 100만 원 가까운 돈을 받아 가요… 실제로 대표님은 사업설명회대로 그 돈을 돌려주었어요. 그러니까 입소문이 나서 너도나도 투자를 한 거겠죠. 짧은 시간 사업의 규모가 너무 빠르게 확산되고 있는 상황이었어요."

"이 모든 것이 인터넷 쇼핑 사이트를 통해 구매가 이루어진 것인가요?"

"맞아요. 구매했을 때 포인트 적립을 해서 돌려주는 사업 아이템이에요. 우리나라 법률상 사이버다단계법이 불모지 상태라 법원이 어떻게 판단할지 저희도 알 수가 없어요."

나는 보험사의 다단계 수수료 제도 설명을 듣고 있는 것 같았다. 이마트라든가 홈플러스에서 물건을 사면 포인트를 적립해 주는 것처럼, 포인트를 이용한 사업 설명을 듣는 것 같기도 했다. 이마트에서는 몇만 포인트나 되어야 겨우 7, 8천 원이 적립이 되는데 1포인트에 7,000원은 상식을 벗어난 적립이었다. B의 남편은 1인 네트워크 마케팅이라는 자신의 사업과 최 목사의 협동조합이라는 아이디어를 융합하여 새로운 아이디어를 창조해 낸 창조 사업가 같았다. 그렇지 않으면 B의 남편은 숫자에 대해 현실적인 개념은 없이 숫자 놀이에만 능한 사람으로서, 망상가였는지도 몰랐다. 게다가 자신의 망상을 현실화시키려고 하지 않았던가! 나는 직원에게 말했다.

"7천 원이면 일반 대기업이 주는 포인트에 수만 배나 되는 금액이니 투자를 안 할 수가 없었겠네요."

직원은 말없이 고개를 끄덕였다. B의 남편이 머리 좋은 사람이다 싶었다. 하지만 나는 구멍이 보였다. 화장품이든 명품이든 눈에 보이는 실물 상품들이 있고 그 판매를 통해 매출이 형성되고, 영업 관리를 하면서 회사의 자산을 확보한 후, 주식처럼 투자금에 배당을 주는 형태인데, 단지 10개월이라는 시간으로 투자한 돈의 배의 배로 수익을 돌려주었다는 것은 투자자를 끌어 모으기 위해 다른 꼼수를 쓴 것이나 마찬가지였다. 투자 받은 돈으로 투자를 더 유치하기 위해 그 돈을 돌려주었을 것이 분명했다. 투자 받은 돈을 갖고 '돈 돌리기'를 한 것이다.

B의 남편 입장에서는 자본금이 없었기 때문에 돈을 끌어모으기 위해서 그렇게 할 수밖에 없었을 것이다. 그리고 어느 정도 자본금이 확보되니까 그제야 법인을 세우고 오프라인 사업을 펼쳤을 것이라고 추측할 수 있었다. 구속 없이 사업이 승승장구하여 모든 일이 뜻한 대로 이루어졌다면 B의 남편은 대기업 회장님이 되었을 수도 있었을 것이다. 은행

빚 끌어들여서 사업을 펼치는 문제 많은 대기업들처럼, 투자라는 형태를 만들어 과거의 기업 행태를 그대로 답습했다고 볼 수 있었다. 이렇게 쉽게 벌 수 있는 것이 돈이라면 얼마나 좋을까? 어쩌면 B의 남편은 타인의 돈으로 돈놀이를 해서 수익을 갖고 가는 보험이나 은행 같은 금융 회사를 차렸어야 옳았다.

나는 직원에게 수표 다발에 대해서도 물어보고 싶었지만, B가 직원에게까지 말한 것 같지는 않았다. 더 파고들어 자세히 물어볼 수가 없었다. 직원은 B에게 계약서 서류와 직원들 월급 현황, 변호사 선임 등등 상황을 전달하고는 갔다. 나는 B에게 물었다.

"B야. 남은 수표에 대해서 조금 전에 왔던 그 직원도 아니?"

"응, 알아. 그런데 겁나고 무섭다고 자기는 빠지겠대."

"네 남편이 구치소로 들어가면서 아주 큰 근심덩어리를 안겨 주고 갔구나. 금액이 어느 정도 되는지는 알아?"

"현금 조금 있고, 거의 수표 뭉치들이야."

B는 피곤한 듯 짜증스럽게 말했다. 나는 B에게 좀더 현실감을 갖게 하고 싶었다.

"아마 네 남편 구속된 거 알면 투자자들이 은행을 통해 수표 정지를 걸어놓을 거야. 너희 쪽은 쓸 수도 없는 무용지물이 되는 거고. 갖고 있어 봐야 가치가 없는 종이덩어리야. 그냥 얼만지 파악해서 법인 계좌에 넣어 놓는 게 제일 속 편한 일이지 싶다."

법인 계좌에 넣어 놓으라는 한마디 때문인지 B가 짜증스러운 듯 말했다.

"그런데 그냥 건드리지 말라잖아! 지난번에도 한 달 만에 나왔거든. 혹 한 달 만에 집행유예로 나오면 자기가 알아서 하겠지."

B는 필요 이상의 기대를 갖고 있었다. 한 번은 실수를 인정하지만 현행법상 두 번째는 중죄로 보기 때문에 인정하지 않는다는 것을 나는 상식적으로 알고 있었다. 그런데 B의 희망사항에 초를 치고 싶지 않았다. 하루라도 빨리 아무 문제 없이 나와야 한다고 나 또한 B처럼 믿었다.

"그럼, 지난번처럼 일단 우리 집에 가서 그게 얼만지 세어 보기나 하자."

돈을 세어 보자는 나의 말에 B는 커다란 비닐 봉투에 담긴 수표 뭉치들을 힘겹게 질질 끌고 나왔다. 지난번 돈 뭉치보다 두세 배는 더 되어 보였다. B가 말했다.

"검찰이 또 들이닥칠까 봐 겁나서 못 갖고 있겠어. 네가 좀 갖고 있어 줘."

"덕분에 엄청난 돈덩어리를 또 만져 보게 생겼구나! 검은 돈. 나도 겁난다. 일단 알았으니까, 갖고 있어. 나도 상담 때문에 고객 만날 일이 있어. 일 보고 저녁에 올게."

뒤돌아서서 문을 열고 나오는 나의 뒤에다 대고 B가 말했다.

"나 무서워. 빨랑 와야 해."

나는 고개를 끄덕였다. 그리고 손을 흔들어 주었다. 하루 종일 멍하게 수표를 바라보며 수표를 어떻게 해야 하나 고민하고 있을 B를 상상하니 안타까웠다. 빨리 고객 상담을 끝내고 B의 짐짝 같은 고통의 덩어리를 해결하는 것을 도와주고 싶었다.

그날, 고객을 만나 보험상품 설명을 하고 다니다 보니 금세 하루가 다 가버렸다. 오후 6시가 넘어서야 B의 집에 도착했다. 둘이서 그 많은 돈을 어찌 세나 걱정했는데 다행히 B의 집에 언니가 와 있었다. B는 키가 작은데 언니는 키도 크고 눈이 시원시원하게 아주 예쁜 분이었다. 언니는 동생이 지금 무슨 일을 겪고 있는지 대충 얘기만 듣고 동생을 따라왔다고 했다. 언니가 은행 출신이라 돈 세는 데 선수라는 것이었다. B와 언니, 검은 돈다발을 내 차에 태우고 산본으로 출발했다. 집에는 남편이 퇴근을 하고 와 있을 것이었다. B의 언니도 산본에 있는 친정집 근처에 살고 있었다. 작은 중소기업에서 영업 관리를 담당하고 있는 B의 형부는 다행히 출장 중이었다. 21평 형의 아파트에 살고 있는 B의 언니 집에 도착했다. 정리정돈이 잘 되어 있는 아주 깔끔한 집이었다. B와 B의 언니 그리고 나는 언니의 자녀들이 눈치 채지 못하도록 한참 수다를 떨었다. 아이들이 잠드는 것을 본 후, 세 명의 모사꾼이 돈을 세기 시작한 것은 저녁 10시 무렵이었다.

내 인생에서 그날은 정말 잊을 수 없는 날이었다. 지난번 18억도 내 생전에 만져볼 수 없는 돈을 만져보았으니 대박이었지만, 이번에는 더 큰 대박이었다. 5평 남짓 되는 B의 언니네 안방 바닥에 검은 비닐에 있는 돈뭉치를 쏟아내자, 산더미처럼 수표와 현금이 뒤섞여 나왔다. 침대와 장롱 사이 빈 공간을 다 채울 정도였다. 우리 모사꾼들은 눈이 휘둥그레 졌다. 큰 한숨이 나올 정도로 이것을 다 언제 세나 싶었다. 나를 포함한 모사꾼 세 명은 우선은 1만 원짜리부터 골라내 세기 시작했다. B의 언니는 은행 출신답게 돈을 세는 데 손놀림이 보이지 않을 정도로 재빨랐다. 세 사람이 100만 원씩 세면 B의 언니가 준비해 온 노란 고무줄로 묶어 놓기를 두 시간가량 하고 나니 1만 원 짜리 현금이 1억 6천 정도 되었다. 검은 봉투에 담아 한쪽에 치워 놓고는 자기앞수표를 구분하기 시작했다. 10만 원, 50만 원, 80만 원, 100만 원, 300만 원, 500만 원, 800만 원, 1000만 원, 1500만 원, 2000만 원, 3000만 원, 5000만 원짜리… 방바닥에서 침대 위까지 하얀 수표가 흩어지고 널브러져 곳곳에 펼쳐져 있었다. 마치 돈방석에 앉아 있는 것 같았다. 새벽 4시경, 잠을 거의 못 자 눈이 흐릿한 B가 돈을 세다가 중간에 잠이 들어 버렸다. B의 언니와 나는 수표를 분류해 내어 장장 8시간을 쉬지도 않고 돈을 셌다. 총 30억에 가까운 돈이었다. 대지 100평에 건평 200~300평 정도의 중심지 상가 하나를 살 수 있는 돈이었다. B의 언니가 말했다.

"10년 가까이 은행을 다니면서 내가 센 돈만 해도 100억은 될 거야."

돈을 세는 게 뭐 그렇게 큰 의미가 있냐는 말이었다. 쓸 수도 없는 돈을 세느라 밤새 고생하고 있다고… B의 언니는 투덜거렸다. 일당이라도 받아야 하는 거 아니냐고 농담을 했다. 나 또한 계속해서 조건 없이 친구를 돕고 있는 것에 대가를 받아야 할 것 같았다. B의 언니 말에 웃고 말았다.

"1억은 남편 변호사 선임하는 데 계약금으로 써야 할 거야. 나도 사실 박서방한테 받을 돈이 있는데…."

"받을 돈요? 그게 얼만데요?"

"제부한테 돈을 꿔줬는데 안 갚더라고. 초반에는 조금씩 주더니 돈을 아예 안 주는 거야. 그게 5천가량 되지."

B의 언니는 5천을 받고 싶은 것 같았다. 돈덩어리가 눈앞에 있으니 B의 언니는 흔들리는 모양이었다. 본능적으로 일어날 수 있는 감정이라고 나는 생각했다. 나는 말했다.

"제부가 나오면 달라 하세요. 지난번에 2000만 원 정도는 챙겼는데… 남편 없는 동안 살아갈 생활비는 좀 있나요? 거의 없는 것 같던데… B가 회사 직원으로 등재되어 있어서 회사에서 300만 원 정도 월급 나온다던데… 그게 전부라고 하더라구요."

아침 해가 뜨는지 베란다 밖에서 환하게 빛이 들어왔다. 5시 30분 즈음 B를 깨웠다. B가 놀란 듯 벌떡 일어났다. 그러더니 돈부터 챙겼다.

"돈은? 다 셌어?"

내가 총 29억 7700만 원이라고 말해 주니 B가 다시 물었다.

"현금은 얼마니?"

B가 가장 궁금히 여기는 질문이었다. 쓸 수 있는 돈이었기 때문이었다.

"1억 6천 정도야."

B의 표정이 다행이다 싶은 눈치였다. 돈을 중앙에 두고 B와 B의 언니와 나, 셋은 잠시나마 여유롭게 음료수를 마시며 돈방석을 깔고 앉는 기적을 맛봤다며 즐거워했다. 돈이 우리의 돈이길 바라는 욕망을 여지 없이 드러냈다. 하지만 검은 돈이었다. 쓴웃음을 지을 수밖에 없었다. 나는 B에게 물었다.

"29억을 어떻게 할래? 다 네가 선택해야 해."

"현금 1억은 오늘이라도 변호사 선임비를 내야 해서 일단 챙겨야 하고… 법인에서 일단 계약금을 줬는데 먼저 주고 법인에서 비용처리를 하면 될 것 같아."

B의 언니가 B를 똑바로 쳐다보며 물었다.

"나머지 현금 5천은?"

언니에게 줄 돈이 있다는 것이 생각났는지 미안하다는 듯이 말했다.

"5천은 내가 갖고 있을래. 애들하고 살아야 하잖아."

언니는 재차 물었다.

"수표?"

"수표는 언니가 갖고 있어 줘. 내가 영월구치소를 다시 갔다 오든가 직원을 통해서 남편의 의중을 물어본 후, 수표를 어떻게 해야 할지 결정할 수 있을 것 같아."

B는 나의 눈치를 살피지 않았다. 친구라는 이유로 날밤을 새가며 도와

주는데 순수하게 돕기를 원하는 B에게 서운한 감정이 밀려들었다. B가 고맙다는 말을 할 여유가 없는 것을 알고 있었지만, 그럼에도 불구하고 고맙다는 말은 해야 한다고 생각했다. 수고한 것에 대한 대가를 받고 싶은 마음은 나 또한 어쩔 수 없었다. 수표덩어리가 B의 돈은 아니지 않은 가? 나는 B에게 정확히 말했다.

"오래도록 갖고 있지 말고, 하루라도 빨리 법인에 넣어. 최 목사 교회에서 설명회 끝내고 갖고 온 돈이면 개척 교회 헌금이 확실해. 나는 어려서부터 개척 교회를 다녔기 때문에 개척 교회 하시는 분들이 굉장히 어렵다는 걸 잘 알아. 선교하는 데 일조하겠다고 투자라는 형태를 선택한 것 같은데… 어쨌든 그것은 성도들이 낸 헌금이야. 알았지?"

B는 고개를 끄덕였다.

"알았어. 애 아빠한테 오케이 떨어지면 그날로 입금할게."

30억이나 되는 돈을 법인에 입금할 것인지 확실하지는 않았지만, 수표 정지 때문에 수표는 점점 쓸 수 없는 돈이 된다는 것을 B의 남편도 알고 있을 것이었다. 6시가 넘어가면서 B의 언니는 출근을 해야 한다고 수표를 비닐 봉투에 차곡차곡 담아 장롱 속에 숨겨 두었다. 그리고 아이들 밥을 차려 주기 위해 주방으로 갔다. B의 언니는 30억을 챙긴 사람처럼 표정이 흥겨웠다. B는 언니의 흥겨움이 불안한 모양이었다.

나 또한 아이를 깨워 학교에 보내야 했다. B의 언니 집에서 일찌감치 서둘러 나왔다. B 또한 나를 따라 나왔다. B는 자신의 아이들이 있는 친정집으로 자기를 데려다 달라고 말했다. B의 친정집으로 방향 잡고 운전을 하고 가면서 피곤에 지쳐 있던 나는, 망설거리다가 B에게 말했다.

"B야, 내가 너를 무작정 도울 수는 없어. 너를 쫓아다니느라 영업 실적을 하나도 못냈으니 보험 하나 가입해."

나는 친구이기 이전에 FC로서의 모습을 여실히 드러냈다.

"생각해 볼게. 그런데 너도 알다시피 지금은 내 명의로 할 수 있는 게 아무것도 없어."

"아이들 교육보험이라도 하나 들어. 아니면 네 언니나 동생 이름으로 가입하면 되지 않아?"

"알았어. 그런데 변호사 비용을 다 지불하고 나면 남편이 돌아올 때까지 생활비 하는 것도 빠듯해."

B는 순순히 대답했다. 분명 고마워하고 있었다. 금세 서운한 감정이 사라졌다. 역시 나는 여자였다. 왜 이런 일들이 어느 날 어느 순간 찾아와 나에게 벌어졌을까? 이유를 따질 새도 없이 내 의지가 아닌 누군가의 의지에 이끌려 나는 B를 도와야만 하는 입장이 되어 버린 것이었다. 이런 것이 우정이라면 우정이었다. 하지만 김빠진 콜라를 마신 것처럼 찜찜한 것 또한 사실이었다. 나의 지나친 호기심과 오지랖 넓은 행동이 엄청난 일을 벌이고 있는 것은 아닌지… 마치 내가 하와처럼 금단의 열매를 눈앞에 두고 있는 것 같았다. 옆자리에서 조용히 숨소리만 내던 B가 친정집이 가까워질 무렵 말했다.

"수표를 2, 3억 정도 현금화할 수 있는 방법이 없을까?"

"수표를 현금화하면 계좌가 다 드러나서 누구한테 돈이 있는지 다 드러날 터인데 뭔 방법이 있겠어? 빨리 가져다가 입금해! 자칫 너도 구속돼!"

"나는 구속 안 돼. 부부는 한쪽만 구속되게 되어 있어."

B의 눈을 똑바로 쳐다보며 말했다.

"B야, 숙맥인 줄 알았더니 잘 아네."

나의 말에 B는 당황스러운 눈빛을 드러냈다. 그러고는 조심스럽게 말했다.

"수표 깡이라는 게 있대… 한번 알아봐 줄래?"

수표 깡이라는 말에 나는 고개를 갸웃거리며 말했다.

"깡? 그게 뭐야?"

B가 생각보다 무언가 많이 알고 있다는 사실이 의외였다. 살림만 한 친구가 상황이 급박하니 여기저기 알아본 모양이라고 생각했다.

"수표를 원가에 받는 게 아니고 20~30% 싸게 해서 현금화 해주는 거야!"

"그런 세계가 있어? 합법적이야?"

"예전에 어음을 생각해 봐. 불법이지만 돈이 급한 사람은 그렇게 하는 모양이야."

나는 B의 눈을 빤히 쳐다보았다. B의 눈빛이 흔들렸다. 나는 순간, B가 불법적인 일을 직접 하기 싫으니까 모든 것을 잘 알고 있음에도 불구하고 나를 이용하는 것이 아닌가 하는 의구심이 들었다. 하지만 B의 눈동자에는 두려움이 가득 담겨 있을 뿐이었다. 나는 B를 도와야 하는지 말아야 하는지 망설였다. B가 말했다.

"네가 그 깡인지 뭔지 하는 세계를 알아봐 주면, 연금이든 종신보험이든 내 앞으로는 할 수 없지만 언니 이름으로 하나 가입하면 어때? 그럼 나도 저 돈덩어리 때문에 고민 안 해도 좋구."

B는 완벽하게 거래할 것을 제안했다. 우리는 모두 생존을 위해 하루하루 살아야 하는 사람들이지 않은가? 이래저래 시간을 낭비하며 B를 쫓아다닐 수는 없었다. B의 제안은 매력적인 거래였고, 영업 세계에서 모두에게 환영받을 수 있는, 나의 박살 난 이미지를 쇄신시킬 수 있는 고액 계약을 넣을 수 있는 기회였다. 하지만 넣으면 안 되는 계약이었다. 돈을 숨기기 위한 계약일 뿐, 보장을 받기 위한 정당한 계약은 분명 아니었다. 동시에 온 집안 사람들의 계좌를 추적이라도 한다면 돈덩어리가 세상 밖으로 드러날 수밖에 없는 위험한 계약이었다.

B의 친정집 앞에 도착하자, B가 현금 1억 6천이 담긴 가방을 챙겨 들고 내렸다. 1억 6천이 담긴 검은 돈 봉투를 안고 걸어가는 B의 뒷모습은 축 처져 있었다. B가 나를 보며 한껏 웃으며 손을 흔들어 주는데 역시 중학교 3학년 때 만난 짝꿍, 30년 지기 친구가 맞았다. B에게 왜 이런 일들이 일어났는지… B는 자신의 남편이 사기꾼일 수 있다는 생각을 하지 않았다. 늘 아이디어가 넘치고 세상에 기여를 하고 싶은 사명과 비전이 있는, 언제나 꿈을 꾸는 멋진 남편이라는 그 기대를 놓지 않았다. 이번 일도 그 꿈을 펼치다가 사람들의 시기와 질투로 남편이 모함에 빠진 정도로만 여겼다. B는 금세 해결될 것이라고 굳게 믿고 있었다. 어쩌면 그 믿음이 나에게까지 전이되어 친구를 도와주고 싶었는지도 몰랐다.

내가 아는 B의 남편은 영악한 사람이 아니라 순박한 사람에 더욱 가까웠다. 이 도움이 과연 정당한 도움인지, 답을 알 수 없는 모호한 상황에서 발생한 모호한 선택들, 불안하지는 않았지만 그렇다고 평안하지도 않았다. 거절했어야 할 일이었음에도 불구하고 오지랖이 넓어 나는 친구를 도왔다. 우정이었다. 도움을 주었기에 18억의 돈을 법인에 입금하게 하지 않았는가? 그것 하나로 만족하기로 했다. 나머지 30억의 돈은 B의 가족이 법인 계좌에 넣을 것이라고, 그리고 알아서 할 것이라고, 내가 알 바가 아니라고 관심의 줄을 자꾸 밀어내었다.

안양 집을 향해 속도를 내었다. 현관문을 열고 집에 들어가자, 아이들은 곤히 자고 있었다. 남편 또한 여전히 잠들어 있었다. 하룻밤 동안 나는 30억이라는 타인의 돈을 세보고 천지가 개벽할 일을 벌인 거였다. 큰아이가 눈을 비비며 부스스한 얼굴로 방문을 열고 나왔다. 나는 순간 자식이 있는 엄마로서 무엇인가 하면 안 되는 일을 한 것 같았다. 아이들에게 미안하기도 하고, 표현할 수 없는 부끄러움이 파고들었다.

피곤에 지쳤지만, 나는 앞치마를 두르고 된장찌개를 끓이고 아침 식사를 준비했다. 둘째 아이도 깨우고 남편도 깨웠다. 남편은 내가 늦게 들어와 거실 소파에서 잔 줄 아는 모양이었다. 아이를 씻도록 한 후, 식탁 위에 아침을 차리고 둘러앉아 온 가족이 아침을 먹었다. 아침을 먹는데 남편이 꿈을 꿨다고 하며 말했다.

"자기야, 당신이 돈방석에 앉아 있는 거야. 좋은 꿈이지. 꿈속의 당신이 나이지 않을까? 오늘 복권을 사야겠어! 애들아, 아빠가 복권 당첨되면 전원주택으로 이사 가자!"

나는 깜짝 놀랐다. 돈방석에 앉아 있다 온 것은 사실이었다. 나는 웃으며 말했다.

"정말 그런 꿈을 꿨어? 나 진짜로 30억 깔고 앉아 있다 왔는데."

남편이 농담이 지나치다며 하하거리며 말했다.

"자기야. 진짜 30억 깔고 앉아 있게 해줄게. 좀 기다려 봐. 30억 생기면 세계 여행 가는 거다!"

30억이 생긴다는 말에 아이들도 신나 했다. 남편은 출근이 늦었다며 서둘러 옷을 챙겨 입고 나가 버렸다. 언제나처럼 학교 준비물 때문에 아침마다 하는 승강이를 한바탕 벌인 후, 아이들 또한 서둘러 현관문을 열고 학교를 향해 출발했다. 나는 아이들이 엘리베이터를 잘 탔는지 확인하고 집으로 들어왔다. 30억을 세느라 정신없는 하룻밤이었고, 분주한 아침이었다. 힘이 빠졌다. 식탁 위에 있는 반찬 그릇들을 치우고 나자, 나는 그제야 잠이 오기 시작했다. 침대에 누운 나는 정신없이 꿈도 꾸지 않고 잠 속으로 침몰해 들어갔다. 여섯 시간 정도 깊은 잠을 자고 나서야, 오후 늦게 맑은 정신으로 보험사에 출근할 수 있었다.

돈다발의 영광을 맛본 지 하루가 지났다. 또 하루가 지났다. 하루하루의 일상이 물 흐르듯이 흘러가고 있었다. 하루 종일 열 통 정도의 전화를 고객들과 주고받았다. 하지만 하룻밤 동안 30억의 돈을 지치도록 세게 한 B에게서는 전화가 오지 않았다.

뱀꼬랑지 나의 유치자 P에게 지난 며칠 동안 드라마나 소설, 무협지에서나 나올 법한 일을 겪은 이야기를 해주었다. 쇼킹할 만큼 은밀한 이야기라고 생각했는데 풀어내니 별일이 아닌 것 같았다. 그리고 나는 웃을 수 있었다. 하지만 P는 진지한 표정으로 물었다.

"그럼 수표가 어떻게 됐어요?"

"언니가 다 갖고 갔어요. 수표 넘버 때문에 쓰지도 못할 수표였지만, 아무튼 나는 하룻밤에 수십억 돈방석에 앉아 봤다는 거예요."

"수표를 20~30% 깡하면 현금으로 돌려받아 쓸 수 있어요."

나는 P가 수표 깡의 세계를 알고 있는 것 같아 귀가 솔깃했다. 나는 재차 질문했다.

"깡의 세계를 잘 알아요?"

"카드 깡 하듯이 수표 깡이라는 게 있어요."

P의 남편이 신용회사를 하고 있다고 들었다. 신용회사는 신용불량자나, 채무자, 채권자의 권리관계를 파악하여 돈을 받아내는 곳이니까, 충분히 깡의 세계를 알 수 있겠다 싶었다. P는 나에게 물었다.

"친구에게 연락이 있어요?"

"글쎄 며칠 지났는데 연락이 없네요. 궁금하긴 해요. 수표가 현금화만 된다면 보험 가입도 하나 하겠다고 으스대면서 약속도 하고 갔으니까요."

P는 B에 대해 자세히 알고 싶어 하는 눈치였다. B의 돈이 현금화되면 나에게는 사망보장 5억 정도의 고액계약이 쉽게 들어올 것이라고 믿은 것을 보면 나 또한 마음속으로는 B에게 연락이 오길 기다리고 있었다. 돈은 내 속에 욕망을 스멀스멀 자리 잡게 했다. 망상이라 하여도 10억이

든 100억이든 1000억이든, 꿈꾸는 자의 것이지 않은가?

밤늦게까지 남아 고객정보 파일을 정리하고, 지난 달 계약 넣은 것으로 인해 받은 프로모션 경품들을 포장했다. 9시가 넘어가고 있었다. 그런데 의외의 전화가 왔다. P였다. P는 나지막하고 감성이 물씬 묻어나는 목소리로 말했다.

"아직도 퇴근을 안 했어요? 열심히 하시네요. 아까 친구분 얘기가 걸리네요. 남편도 구치소에 가 있어서 생활도 어려울 것 같은데… 제가 전화번호 하나 드릴 테니 그 친구 분한테 줘보세요. 도움이 많이 될 거예요."

P의 목소리는 내 친구를 진정으로 걱정하는 목소리였다.

"친구에게 아무 도움도 못 주는 게 아닌가 싶었는데… 고마워요! 그런데 궁금한 게 있어요. 수표에 넘버가 있어서 계좌 추적이 들어오면 걸릴 텐데… 깡을 하고 현금을 주면 그 수표를 받은 사람들은 그걸 어떻게 하는 거예요? 걸리지 않아요?"

P는 나에게 말을 해줘야 하는지 말아야 하는지 망설이고 있는 듯했다.

"우리 애 아빠도 사기에 연류되어서, 변호사 비용을 쓸 수 없을 정도로 돈이 묶여 있었어요. 그때 도움을 준 분이에요. 한번 연락처 줘보세요. 인터넷 검색하면 수표 깡 카드 깡에 대해 다 나와요. 흔히들 수표를 받아 직접 주식시장에 투자를 한다고 하는 거 같아요. 이미 사망한 사람들의 차명을 쓰든가. 저도 자세히는 몰라요."

뱀꼬랑지라고 생각했던 P에게도 B와 같은 그런 아픔이 있을 거라고는 생각해 본 적이 없었다. 왜 P가 자기를 쉽게 오픈하지 않았는지 이해할 수 있을 것 같았다. P와 통화를 끝내자마자, 서둘러 B에게 전화를 걸었다. B의 전화에는 컬러링이 없었다. 일반 전화 벨소리만 흘러갔다. 벨이 10번이 넘게 흘러갔지만 받지 않았다. 하는 수 없이 나는 친구에게 P에게 온 문자를 전달하기를 통해 복사를 눌러 문자를 붙여 넣어 보내주었다. 문자는 간단했다.

"깡인지 한다는 사람 전화번호다. 010-××××-××××."

B에게 한 시간이 안 돼 답이 왔다.

"고마워!"

너무나 간단한 문자였다. 이제 B는 필요할 때만 전화를 하고 있었다. 다시 한 번 나는 이용당하고 있는 것 같은 의심이 들기 시작했다.

흔적들 열흘이 지났다. 열흘이 지나도록 B에게는 아무 연락이 없었다. 하지만 정확히 2주 후, 내 앞에 나타난 것은 B가 아니었다. B의 언니가 찾아왔다. B의 언니는 아주 다정하게 너무나 고마워하는 눈빛으로 나를 바라보며 서글서글한 눈매로 나에게 인사를 건넸다.

"잘 지냈어? 너무 고마워!"

나는 왜 언니 혼자 나타났는지 궁금했다.

"B는요? 잘 지내요?"

B의 언니는 대답했다.

"남편도 그렇고 정신이 없지. 밖에 나가는 것을 두려워해. 전화도 잘 안 받고. 그런데 보험을 하나 들어주겠다고 약속했다며… 그래서 내가 왔지."

B가 지킨 약속의 순간 나는 우정이 느껴졌다. 나의 수고가 헛되지 않은 것 같은 감동과 B가 혹 나를 이용하는 게 아닌가 하는 의심을 한 것이 B에게 미안했다. B의 언니는 본인 명의로 보험을 가입하는데 어떤 상품이 돈을 지키면서 안정적으로 환급율을 올릴 수 있는지 가장 좋은 상품을 제안해 달라고 요청했다. 변액자격증을 갖고 있는 상담사로서 나

는 보장과 저축을 함께 거머쥐고 갈 수 있는 상품을 권했다. 납입 기간도 5년이었다. 월납과 추가 납입을 하여 자유로이 돈을 적립할 수 있는 상품으로 제안했다. 몸이 건강했던 B의 언니는 병원 한 번도 간 적이 없어 진단을 받은 후 계약이 들어갈 필요가 없었다. 계약서에 사인한 후 곧바로 계약이 들어가면 될 일이었다. 5년 납에 사망보장 10억은 월납으로 500만 원씩 보험료를 내야 했다. 추가 납입은 한 달 뒤에 해야 하는 것이기에 우선 월납으로 계약이 들어갔다. B의 언니는 웃으면서 나에게 말했다.

"아무 문제 없겠지? 잘 관리해 줘!"

'아무 문제 없겠지?'라는 물음에는 나도 확신할 수가 없었다. 계약을 넣으면서도 마음 한구석이 찜찜한 것은 어쩔 수 없었다. 30억이라는 수표를 어떻게 했는지 묻고 싶었지만, 감히 물어볼 수가 없었다. 하지만 언니가 먼저 나의 궁금증을 파악하고 말해 주었다.

"법인 계좌에 입금했어. 고생했어."

B의 언니의 간단한 한마디에 다행이다 싶었다. 하지만 1억 6천만 원의 현금을 들고 간 B에게 1억은 변호사 수임료고, 6천은 남편 없는 동안 B가 아이들과 살아갈 생존 자금일 것이고 나머지는… 일부분만 수표 깡을 했을 가능성이 높다고 생각했다. B의 언니의 얘기를 믿는 수밖에 없었다.

B의 언니가 계약을 넣고 돌아간 후, 한 달이 지나도 B에게는 연락이 없었다. 간간이 B는 정신과 치료를 받고 있고, B의 남편은 여전히 소송 중이라는 소식을 B의 언니를 통해서만 들을 뿐이었다.

또 강남 집을 처분하고 이사를 했다고 전해 주었다. B가 어디에서 사는지조차 B의 언니는 말해 주지 않았다. B의 남편의 사건은 너무나 복잡한 사안이라 언제까지 구치소에 있을 것인지 아무도 예상하지 못했다. 한 달 후 B의 언니가 선납을 하러 왔다. 언니는 신경 쓰기 싫다고 2년치를 한꺼번에 내고 가버렸다. 그리고 월 100만 원씩 들어가는 연금을 또 하나 가입하고 갔다. 다시 한 달 후 보험회사에 와서 1년치를 추가 납입을 하고 갔다. 보험 유지율을 걱정할 필요 없이 선납과 추가납을 통해 보험료로 납입된 돈은 총 6000만 원이었다. 대략 B의 언니가 B의 남편에게 받아야 할 돈이었다. B의 언니 입장에서 받아야 할 돈이었기에 정당한 돈이라고 볼 수 있었다. 하지만 과연 정당한 돈이었을까?

나의 지점은 연일 1등을 달리고 있었다. 한 달 후 B의 동생이 와서 월 100만 원씩 납입하는 연금을 가입하고 돌아갔다. 그것 또한 1년치를 선납했고 추가 납입으로 2000만 원을 입금시켜 놓았다. 그제야 나는 B의 가족들이 수표를 법인에 입금하지 않았을지 모른다고 생각했다. 언제 또 와서 고액을 보험에 넣어 놓을지 기대가 되기도 했다. 분명한 것은 현금이 있다는 것은 수표 깡을 했다는 것이었다. 그런데 30억 전체를 한 것인지, 아니면 일부 금액만을 한 것인지 몹시 궁금했다. 종이 뭉치에 불과했던 수표가 현금이 되는 것은 아주 쉬운 일인 것 같았다.

보험회사에서 나는 3개월 연속 고액을 치는 FC가 되었다. 모두가 부러워했다. 다시 한 번 선망의 대상이 된 것이다. 연일 나의 이름이 지역단에 있는 FC 세계에서 오르내렸다. 지점에 매출을 맞춰 주고 사업비를 충분히 채워 주었기에 FC들이 나를 바라보는 눈길은 따사로웠다. 나는 계약이 잘 유지되고 아무 문제가 없기를 기도했다. 환급금이 빠른 시간에 쌓여 B의 상황이 순조로이 풀렸을 때, 남편이 없는 동안 B의 생존자금으로 쓰이기를 진심으로 바랐다.

하지만 검찰이 B의 가계 전체를 수사할 경우, 돈줄이 어디로 흘러갔는지 금세 알 수 있었다. 돈만이 문제겠는가? B의 가족들이 모두 소환될 것이고, 나조차도 소환될 것이다. 내가 받아 가는 수수료 또한 모두 환수될 것이 뻔했다. 내심 불안한 것 또한 사실이었다.

하루 종일 '흔적'이라는 단어가 나의 뇌리를 스쳐 갔다. B의 가족 중 누구의 명의로라도 고액 보험이 가입된 것이 알려진다면, 소액의 투자자들의 돈이 어디로 흘러들어 왔는지를 알려주는 것이 아닌가? B의 가족들이 남겨놓은 '흔적'은 꼬리표를 남겨 놓는 일이기도 했다. 하지만 모든 것이 밝혀질 경우, 내가 받은 수수료는 털어놓으면 되는 일이었고, 검찰 소환이 있을 경우, 나는 모든 것을 솔직히 말하리라고 다짐했다. 하지만 내가 B라면 어찌했을 것인가? B는 나를 위해 약속을 지켜 주었다. B와의 우정을 지키기 위해서 나는 어떻게 해야 하는가? 이 흔적을 남길 것인가? 이 흔적을, 흔적을!

B의 언니가 나에게 당부했다.

"B에게 전화해 봐야 받지 않을 거야. 되도록 전화하지 마!"

B의 언니에게 알았다고 말해 주었지만, 보험계약이 4건이나 들어와 있는 상황에서 통화를 한 번 정도는 하고 싶었다. B의 언니가 계약한 것이지만, 어떤 방식이었든 결국 B에게 도움을 받은 것이 사실이지 않은가? 한 달이 지난 후, 전화를 걸었지만 B는 전화를 받지 않았다. 고맙다는 문자를 간단히 남겼는데 답이 없었다. 모든 것을 알고 있고, 수표 깡을 했다는 사실을 아는 유일한 사람이 나이지 않은가! 어쩌면 가장 피하고 싶은 사람이 나일 수 있었다.

하지만 보험계약을 해주고 연락을 끊는 것은 이해할 수 없는 행동이었다. 나까지 꼬리표가 달리는 것 같아 불안했다. 3개월이 지나면서, 연락이 두절되자 나는 서서히 화가 나기 시작했다. 오히려 검찰에 가서 내가 먼저 고소를 하고 싶은 감정에 시달렸다. 집안 전체를 압수수색을 하면 돈의 여부는 금세 알려지는 것이 아닌가? 하지만 또 한쪽의 감정은 친구로서 할 일이 아니었다. 얼마 후, 나는 TV 뉴스 보도를 통해 B의 상황을 알 수 있었다.

스캔들

사기를 치다 "사이버 다단계 사기 1400억 원 소액 피해자들 수십만 명! 소액 투자자들 줄 이은 피해 소송"

B의 남편 이름이 매 방송마다 거론되었다. TV 뉴스 사회면에 다뤄질 만큼 큰 사안이었다. 신문사 타이틀 기사 또한 B의 남편의 사기 행각보다 1400억 원 사기에 초점이 맞춰져 있었다. 나는 방송기사를 믿을 수가 없었다. 돈의 규모 차이가 너무 커서 그 대형 사기 사건과 아무런 관련이 없는 것 같았다. B가 갖고 있었던 돈은 50억 원이었다. 그렇다면 나머지 엄청난 돈은 누가 갖고 있었단 말인가? 최 목사가 갖고 있었다는 말인가? 그래서 모두 수표뿐이었는가? 내가 아는 한 명품 사업, 화장품 사업, 물류 사업 등 사업을 벌이기 위해 투자한 돈은 50억 안짝에 불과했다. B의 남편이 갖고 움직였던 돈은 70억 정도였다. 그런데 1400억 원에 가까운 엄청난 돈은 누가 갖고 있다는 말인가? B의 남편은 시키는 대로 했을 뿐 몸통은 따로 있다고 말한 이유가 거기에 있었던 모양이었다. B의 남편 명의로 모든 일을 벌였으니까 B의 남편이 책임져야 하는 일이었다. 1400억 원이 사실이라면 암암리에 B의 남편도 최 목사라는 사기꾼에게 연루되어 오히려 사기를 당해 구속된 것일 수 있었다. 소설이나 영화에서처럼 언제나 진짜 사기꾼은 명의도 남기지 않고 선한 척 웃는 얼굴로 뱀꼬랑지처럼 빠져나간다는 사실이었다.

B의 남편에 대한 다단계 사기 사건이 방영된 이후, 방송사마다 사람들을 손쉽게 끌어들이는 다단계 수법에 대해 전하고 있었다. 최 목사가 만들려고 했던 '조합'이라는 두 글자를 전하고 있는 중후한 앵커의 목소리가 내 귀에 쟁쟁히 들려왔다.

"요즘 협동조합을 내세워 소액 투자자들을 끌어들이는 다단계 사기업체가 급증하고 있습니다. 이름만 조합이지 설립신고조차 하지 않는 곳이 대부분입니다. 김말년 기자가 취재했습니다."

"가입하기만 하면 큰돈을 벌 수 있다. 영농조합, 협동조합 같은 조합 간판을 내세워 안전한 투자처라고 강조합니다."

녹취: 업체 관계자(음성 변조) "3백만 원은 30만 원의 열 배입니다. 여러분들은 조합에 가입하는 순간 부자예요."
"최근 적발된 이 다단계업체만 해도 협동조합이라는 이름을 썼습니다. 피해자만 2만여 명, 불법 수신한 금액은 천억 원에 이릅니다."
녹취: 피해자(음성 변조) "조합원들을 현혹시킨 거죠. 계속 물건만 구매하게 하고…."
"이렇게 협동조합이나 영농조합을 사칭한 불법유사 수신업체가 올해만도 12곳이 금융당국에 적발되었습니다. 지난해의 두 배가 넘습니다. 이름만 조합이지 적발된 12곳 중 11곳은 신고조차 하지 않은 곳입니다."
인터뷰: 서은모(금융감독원 서민금융지원 팀장) "통상적으로 조합이라고 하면 관계 당국이나 정부의 인가나 허가를 받은 것처럼 비칠 수 있기 때문에 그런 점을 노려서…."

"특히 매달 배당금을 지급한다고 속여 연금인 줄 알고 목돈을 맡긴 노인층의 피해가 많았습니다. 금융 당국은 매달 배당금을 지급하는 경우는 없으며 상식 밖의 좋은 조건을 내세울 때에는 불법 다단계일 가능성이 높다며 주의를 당부했습니다. ○○○ 뉴스 김말년입니다."[13]

B의 남편에 대한 TV 기사와 조합을 사칭한 다단계 수법으로 사기 행각을 벌인다는 기사를 접한 후, 나는 완벽하게 뒤통수를 맞은 듯한 기분이었다. 자칫 사기 집단에 연루될 뻔했다는 사실이었다. 오히려 B에게 연락이 오지 않으니 다행이다 싶었다. 정황을 알아보고 싶어 B의 언니에게 전화를 하였지만 B의 언니도 전화를 받지 않았다. B는 '나'라는 친구를 실컷 이용만 하고 배신한 것인가? 아니면 연락이 없는 것은 친구에게 피해가 가지 않도록 배려해 준 것인가? 온갖 잡념이 머릿속을 기어 다녔다. 일주일이 훌쩍 가버렸다. 아무리 친구라 하여도 옳지 않은 일을, 정당하지 않은 일을, 비합리적인 일을 더 이상 하고 싶지 않아 했던 영화 〈대부〉의 돈 꼴레오처럼. 그래서 총격을 당할 수밖에 없었던 돈 꼴레오처럼! 내 영역 밖에서 일어나는 불법적인 일은 결국 나 또한 협조하면 안 되는 일이었다는 것이 여실히 드러난 것이었다.

나는 의리 있고 우정을 지켜 줄 줄 아는 사람이라고 믿었다. 하지만 방송을 보고 난 후, 전화 연락을 받지 않았던 B가 오히려 고마웠다. 그런데 B의 가족들이 보험회사에 정당하다고 남겨 놓고 간 저 '흔적'들은? 저 흔적 때문에 내가 받아먹은 수수료는? 이런 상황에서도 나는 이중적인 인간일 뿐이라는 사실을 숨길 수가 없었다. 수수료는 환수되지 않으면 좋겠고, B의 가족의 비밀은 세상에 알려졌으면 좋겠고, 돈덩어리들은 투

---

13 KBS 9시 뉴스 보도.

자자들에게로 돌아갔으면 하는 것이 나의 진심이었다.

결국 B는 B대로, B의 언니는 언니대로, 나는 나대로, B의 계약을 두고 누구보다 그 계약이 들어오길 소원했던 양 지점장대로, 각자의 생각을 갖고 각자의 이익을 따라 행동했을 뿐이었다. 상대를 위해 진심을 말하는 것 같았지만 친구와의 우정인 척, 동생을 아끼는 척, 남편을 위하는 척, FC를 위하는 척, 척에 능한 침팬지처럼, 나는 분명 돈 앞에서 이중적이었다. 우리 모두는 이중적이었다. 나를 비롯해 나와 관련된 모두가 철저히 이기심대로 행동하는 동물! 침팬지[14]였는지도 몰랐다.

탐욕을 모방하다 대형 사기죄를 저지른 B의 남편의 소식이 방송으로 터져 나간 후, B의 가족은 4개월 동안 어느 누구에게도 소식이 없었다. 잠적한 것이 아닌가 싶어 전화를 해보고 싶었지만, 심장이 떨려 전화하는 것조차 두려웠다. 인터넷 검색을 수시로 해보니 B의 남편을 사기범으로 몰아가는 사람도 있었지만, 동시에 B의 남편 구명 운동이 벌어지기도 했다. 빌 게이츠가 윈도우를 개발하고 인터넷이 일반화되면서 1인 네트워크 마케팅은 투잡스를 하고자 하는 사람이라면 누구나에게 귀를 솔깃하게 하는 매력적인 일이었다. 제조업을 하는 사람에게 1인 네트워크 마케팅은 홍보와 영업비를 줄이는 아주 효율적이고 직접적인 구매방식이라 마케팅 전략 측면에서 도전해 보고 싶은 일이지 않은가? 그런데 B의 남편이 수십만 명을 모았다는 것은 능력 있는 마케팅 전략가였다는 사실로 긍정적으로 평가받을 수 있었다. 하지만 정당한 투자와 법적 시

14　"인간은 이중적인 본성을 갖고 있다. 우리는 이기적인 영장류이지만, 그와 동시에 자신보다 크고 고결한 무엇의 일부가 되려는 열망을 갖고 있다. 우리의 본성은 90%는 침팬지 같고 나머지 10%는 벌과 같다. 90%는 이기적이고 10%는 이타적이라는 의미이다. 이타적이지만 결국 자신의 이기적인 이익이 없다면 인간은 이타적인 행동을 하지 않는다." 조너선 하이트 《바른 마음》 '우리는 왜 그토록 집단적이 되는가' 9장 p.395.

스템 없이 타인의 돈을 끌어모았다는 것 자체가 사기였다는 것을 나는 인정했다. 게다가 목사 신분을 가장하고 교회 안에 신앙인들을 이용해 조합 운운하며 투자금을 끌어모은 최 모라는 목사는 더더욱 용서하면 안 되는 사기꾼이라는 사실이었다.

하루하루 지날수록 나는 B의 가족들의 정적이 오히려 불안했고, 혹 계약이 연루되어 어렵사리 회복해 가는 내 이미지가 다시 곤두박질치는 것이 아닌지, 또 수수료가 털려 나가면서 이후에 벌어질 일들에 대해서도 두려움이 앞섰다. 지난번 대필 때처럼 누군가를 도우려 했던 내 동기가 또 한 번 복잡한 상황에 휘말린 것이었다. 오히려 내 쪽에서 전화를 해서라도 계약을 다 갖고 나가라고 말하고 싶은 심정이었다. 하지만 정확히 4개월 후 B의 언니에게 전화가 걸려 왔다.

"방송 봤지? 불안해서 안 되겠어. 보험에 넣어 놓은 것이 혹을 달아 놓은 것 같아. 해약을 해야겠어."

올 것이 왔다 싶었다. 나는 얼마의 수수료가 털려 나갈지 머릿속으로 계산이 되었다. 당연히 해약을 하는 것이 나를 보호하기 위해서도 옳았다. 하지만 "그렇게 하세요"라고 말하지 못했다. 나의 수수료만의 문제가 아니라 보험료 유지를 못하면 3, 4개월 동안 1등을 달리며 지점에서 받은 사업비가 다 환수되어 가는 상황이었다. 게다가 보험회사의 최악의 제도인 '유지율' 때문에 마음대로 해약을 하고 나가라고 말할 수도 없었다. 4개월이 지나 해약을 하면 13개월을 기준으로 적용되는 유지율은 나머지 9개월 동안 내가 계약을 갖고 와 받게 된 환산 수수료에 적용되어 손해를 입었다. 유지율이 곱해져 매달 20~30%씩 마이너스를 입는 구조였다. 기본 수수료가 환수되어 가는 것은 물론이거니와 내가 현재 일하는 데 전체적으로 손해를 보는 일이었다. 나만이 아니라 지점 또

한 그 '유지율' 때문에 이 손해를 9개월 동안 안고 가야 했다. 지점 사업비의 도움으로 4개월 동안 풍요를 누리며 살던 FC들이 적게 책정된 사업비 때문에 개인 영업비를 더 많이 투자해야 하는 상황을 맞는 것이었다. 내가 그 계약이 빠져나가라고 할 수 있는 입장이 아님을 B의 언니에게 충분히 설명하자, B의 언니는 나의 상황을 염려하는 것이 아니라 오히려 한 술 더 떠 말했다.

"원금을 받을 수 있는 방법도 있다는데….."

여기저기 다 알아보고 말하는 뉘앙스가 역력했다. 뱀꼬랑지 같은 B의 언니의 말에 심정이 상한 나는 지점장에게 얘기해 보겠노라고 아주 간단히 답하고 전화를 끊었다. 머릿속에 또다시 단어 하나가 스쳐 갔다. 뱀꼬랑지! 나는 여유롭게 꺾어지는 목소리로 웃음을 흘리며 애인과 통화를 하고 있는 것 같은 양 지점장의 지점장실 앞에 가서 문을 두드렸다. 지점장실의 문을 살짝 열고 문 틈새로 얼굴을 반만 내밀며 한마디를 툭 던졌다.

"제 고액 넣은 고객이 해약을 하고 싶다네요. 아니면 원금을 돌려 달라고 하네요."

통화 중이던 양 지점장이 전화를 끊고 의자에서 벌떡 일어나 쏜살같이 내게로 달려왔다.

"고액 넣은 네 건 모두요? 그럼 지점 망해 버려요!"

얼굴이 상기된 양 지점장은 말도 안 된다는 소리라고 했다. 왜 말이 되지 않는가? 그리고 지점이 망한다는 표현은 지나치다 싶었다. 한 달이면 200건 가까이 들어가는 계약 중에 고액 몇 건이 해약된다고 문을 닫는다면 보험회사 또한 쉽게 망하리라. 10억, 20억 되는 사망보험금은 어찌 내준단 말인가? 현행법상 계약을 하는 것도 해약을 하는 것도 모두 고객의 권리였다. 원칙대로라면 수수료를 돌려주면 되는 일이지 않은가? 뱀꼬랑지 같은 양 지점장의 말에 나는 동의할 수 없다는 표정을 지어 주었다. 양 지점장이 나에게 물었다.

"수수료 돌려주려고요?"

나는 말했다.

"복불복이라고 늘 얘기하셨던 분이 양 지점장님이시니 합법적인 계약이 아니라면 나가도록 둬야 하지 않나요?"

양 지점장은 내 말에 더 화가 나는 모양이었다. 하지만 금세 얼굴에 웃음기를 띄우면서 말했다.

"FC님 왜 그러셔요? 보험사 분위기 알면서요. 저도 사실 손해 보는 거 없어요. FC님이 손해인 거예요. 저도 사업부에 한번 알아보고 내일 얘기해요."

금세 을의 표정과 목소리로 바뀌는 처세가 정말 대단하다고 여겨졌다. 어떤 꼼수를 갖고 나에게 어떤 카드를 내밀지 궁금했다. 다음 날이었다. 양 지점장은 나를 불러다 놓고 말했다.

"몇 개월이 되지 않아서 민원 해지로 원금을 돌려주고 유지율은 안 깨지게 하는 게 지점에도 손해가 없고 FC님에게도 손해가 없는 것 같아요."

결국 지점 유지율이 깨지지 않기 위해 나의 수수료를 다 내주라는 거였다. 나는 두말하지 않고 민원 해지[15]를 통해 원금을 돌려주는 것을 선택했다. 지점이 손해를 보는 것보다 내가 손해를 보는 것이 내 이미지를 지키는 데 더 낫다고 생각했다. 게다가 3건의 계약이 남아 있지 않은가. B의 언니를 보험사로 불러들였다. 나는 B의 언니에게 B의 소식은 묻지

---

15   고객이 보험사나 금융감독원에 민원을 넣으면 회사나 금융감독원은 상품판매에 문제가 있었는지를 심사하여 상품판매에 문제가 있으며, FC가 상품판매에 문제가 있었다는 것을 인정하면 그동안 낸 보험료의 원금을 내주도록 하는 제도.

도 않은 채, 단도직입적으로 말했다.

"언니, 한 건은 원금을 돌려드릴게요. 하지만 나머지 세 건은 보험료 유지 좀 잘해 주세요. 그럼 상품 설명을 제대로 못 했다고 쓰고 원금을 내드리라는 데에 사인을 해드릴게요. 그럼 원금을 돌려받을 수 있어요."

B의 언니의 얼굴에는 화색이 돌았다. 종신보험은 11개월 간 사업비를 빼간다는 명목으로 환급금이 발생하지 않았다. 하지만 진술서에 사인을 해주고 나자, 3일 안에 월 500씩 4개월 동안 납입했던 원금 2000만 원이 환급되었다. 그리고 남아 있는 계약 3건이 잘 유지가 될 것이라고 아주 쉽게 믿어버렸다. 하지만 그게 끝이 아니었다. 문제는 그 후부터였다. 매달 보험료 납부를 하지 않았다. 월 마감 때마다 지점 주임은 나를 달달 볶아 댔다. FC들 앞에서 주임과 매번 싸우는 모습을 보여 주기가 싫어 나는 대납을 했고, 일부는 B의 언니와 반반씩 내고 보험을 유지해 갔다. 보험료 유지 문제로 나는 30일 마감 날이면 머리가 지끈지끈 아파 왔다. 지점장 또한 같이 가서 B의 언니에게 머리를 조아려 보험료를 입금해 달라고 부탁해야 했다. 돈이라는 것 앞에서 나는 비참해졌다. 이 승강이 뒤에는 나머지 계약 또한 원금을 돌려 달라는 요청이 끊이질 않았다. 받을 수 있는 방법을 알았으니 또 달라는 것이었다. 나는 B의 언니에게 물었다.

"B가 원하는 거예요? 지난번 2000만 원은 B에게 돌아갔어요? B가 내 앞에 나타나면 B와 얘기해 보고 말씀드릴게요!"

결국 B의 요구 사항이 뭔지도 모른 채, B의 언니는 자신의 돈을 지키고 싶은 마음에 계약을 빼가고 싶은 것이었다. 이제 돈은 소액 투자자의 돈도 아니었고, B의 남편 돈도 아니었고, B의 돈도 아니었고, 단지 B의 언니 돈이었다. 돈이 자기 주머니에 들어 있으면 자기 돈인 것이 돈의 속성인 모양이었다. B는 결국 끝끝내 나타나지 않았다. B의 주소지를 갖고 찾아다녔지만, B는 그곳에 살지 않았다. B는 아이들을 데리고 어딘가로 사라졌다. 이 사실을 안 후 나는 분노가 머리끝까지 치밀었다. 허구한 날 전화질을 해대며 원금을 돌려 달라고 주장하는 B의 언니에게 말했다.

"한 건의 계약도 남기지 말고 싹 해약을 하고 나가세요. 그리고 그 돈은 당신 돈이 아니라 투자자들의 돈입니다. 투자자들이 돌려 달라 하면 내가 원금이라도 찾아주겠지만, 당신들한테 주는 것은 한 푼도 아깝습니다. B의 가족 어느 누구도 내 앞에 나타나시면 저는 곧바로 검찰로 직행합니다…!"

결국 4건 모두 6개월을 채우지 못하고 계약은 빠져 버렸다. 나는 넣지 말아야 할 계약을 넣었다는 사실만으로 너무나 후회스러웠다. 무엇이 문제였는지도 알 수 없게 나 또한 그 수표 앞에서 눈이 뒤집어진 것이 아니었던가? 너무나 먼 길을 와버린 것 같았다. 나도 뱀꼬랑지가 된 기분이었다. 어려서부터 주입된 성경 말씀들 가운데 십계명의 열 번째 계명이 내 머릿속을 떠돌아다녔다. 왜 이럴 때마다 말씀들이 떠돌아다니는지… 네 이웃의 집을 탐내지 말찌니라 네 이웃의 아내나 그의 남종이나 그의 여종이나 그의 소나 그의 나귀나 무릇 네 이웃의 소유를 탐내지 말찌니라(출 20:17, 개역한글).

'이웃의 소유를 탐내지 말찌니라.' 이 말은 어떤 행위를 금하기보다 '욕망'을 금하고 있지 않은가? 어쩌면 나는 수표 다발을 보는 순간 이미 눈이 뒤집어져 욕망이 꿈틀대고 있었는지도 몰랐다. 그런데 이것이 내가 정말 원했던 욕망이었는지조차도 알 수가 없었다. 나는 수표를 취한 게 아니라 그 수표가 현금이 되어 계약의 형태로 들어왔기에 충분히 합리적이고 친구를 보호할 수 있는 정당한 방법이라고 믿었다. 양 지점장도 나를 설득했고 나는 그 설득이 맞다고 보았다. 하지만 결과는 그렇지 않았다. 어떤 것도 보호되지 않았고, 그 어떤 것도 지켜지지 않았고, 온통 빼앗았고, 빼앗긴 감정뿐이었다. 소액 투자자들은 투자금을 빼앗겼고, 투자금은 B에게 있었으나, B는 언니에게 빼앗겼고, 언니는 나에게 수수료란 형태를 통해 빼앗겼다. 게다가 우정을 위해 애써준 시간과 마음까지 모두 빼앗겨서 구제불능이 되었다. 시간이 흐를수록 나는 어디에다가 복잡한 감정들을 쏟아놓아야 하는지 알 수가 없었다. 마치 이제는 갈등과 불법과 분노와 폭력만이 남아 있는 것 같았다. 나의 의식세계는 어떻게 해서든 나의 행동을 합리화시킬 언어들을 끝없이 찾고 있었다.

'이웃의 소유를 욕망한다는 것이 나쁜가? 욕망의 본질은 선한 것이 아닌가? 타인의 것을 가치 있게 보게 하는 것이 아닌가? 그래서 인류는 비교 경쟁 안에서도 진보 발전할 수 있었던 것이 아닌가? 가장 가까이에 있는 이웃이 우리 욕망의 모델이지 않은가? 이웃을 모델 삼아 우리는 발전해 오지 않았는가? 옆에서 차를 사면 나도 차를 사고 싶고, 옆에서 땅을 사면 나도 땅이 사고 싶고, 옆에서 부자가 되었으면 부자가 되고 싶은 것이 욕망이 아닌가? 그렇다면 나는 무엇이 문제였던가? 고액을 끌어오는 FC를 모델 삼아 나 또한 고액을 끌어오지 않았던가? 친구를 모델 삼아 나 또한 잘살아 보려고 하지 않았던가? 욕망을 모방하는 것이 무엇이 문제였던가? 모방욕망은 내가 사회에서 살아남기 위한 생존욕망이지 않은가? 생존욕망이 나쁜 것인가? 정당한 것이 아닌가? 생존하기 위해 애쓰는 것이 무엇이 나쁜가? 이웃의 욕망을 모방함으로써 경쟁자에게 그가 욕망하는 것은 욕망할 만하다고, 소유한 것은 소유할 만하다고 합당한 이유를 제공하지 않는가?'

하지만 내 욕망에 문제가 있었다는 것을 나는 인정하지 않을 수가 없었다. 그것은 성경의 말씀 한 단어였다. '말지니라.' '하지 말라'는 것이었다. 그렇다면 하나님은 알고 계셨던 모양이었다. 인간의 '욕망'에는 '경계 (line)'가 없다는 것을, 그래서 망상과 착각에 젖을 수 있다는 것을, 그래서 '탐욕'이라고 표현한 것을, 그래서 탐욕은 실체를 알고 나면 아무것도 남지 않는 허망한 것임을… 그래서 '금기'를 만들어놓은 것임을. 나는 내가 왜 여기까지 오게 되었는지 생각에 생각을 파고들었다.

나의 이웃을 경쟁자로 보지 않고, 네 이웃의 소유를 탐하지 않으면, 거짓말할 일도 없고, 도둑질할 일도 없고, 간음할 일도 없고, 살인할 일도 없는 것이다. 내가 FC들의 '고액 계약'을 탐하지 않았더라면 수표뭉치는 돈으로 보이지 않았을 테고, 계약을 넣지도 않았을 테고, 유지율이 깎이지도 않았을 테고, 우정을 잃지도 않았을 테고… 아무 일도 일어나지 않았을 것이었다. 그렇다면 모든 것이 다 나의 탐욕 때문이었던가? 이 탐욕은 실물처럼 나를 한 달에 수억씩 버는 고액 연봉자가 될 수 있다고 믿게 만들어 버리는 착각과 망상을 만들었는가? 모방적 경쟁[16] 속에서 모방욕망에 빠져 내가 '폭력'과 '악'을 양산하는 주체가 되었던가? 모든 망상이 깨지는 순간이었다.

스캔들은 스캔들을 낳고 보험회사는 그동안 다른 고객들의 계약을 통해 받아야 할 분급 수수료에서는 환수해 가지 않았다. 내가 매달 계약을 넣고 다음 달 50% 선지급으로 받아가는 월급 수수료에서 돈을 털어갔다. 결국 나는 6개월 간 경제적 어려움에 시달려야 했다. 회사는 분명 내가 쌓아둔 수수료로 돈놀이를 해서 이익을 챙겨 갈 것이 뻔했다. 수수

---

[16] "인간 폭력의 주요 원인은 모방적 경쟁관계이다. 인간의 폭력은 우연한 결과도 아니고 공격 본능이나 공격 충동의 결과는 더더욱 아니다. 모방적 경쟁관계가 심해지면 경쟁자들은 서로 상대방의 가치를 떨어뜨리고 경쟁자들은 서로의 소유물을 빼앗고, 심지어는 살인마저 마다하지 않는 지경에 이르기도 한다." 르네.지라르 《나는 사탄이 번개처럼 떨어지는 것을 본다》 1장 p.22.

료 체계를 만들어 놓고 그게 규정이라고 그 규정을 지켜야 하는 것이 불문율인 듯, 이 부분에 대해 어떤 FC도 문제 제기를 하지 않았다. 보험회사는 단 한 푼도 손해 보지 않았다. 손해는 여실히 나만 보는 것이었다. 나 또한 아무 저항 없이 이런 현실 속에서 어느덧 자본집단의 규정에 길들여진 기계부품 같은 사람이 된 것인가? 계약이 빠져나가니 내 유지율은 30%였다. 내 환산 수수료에 유지율을 곱하면 수수료는 거의 존재하지 않았다. 오히려 열심히 영업활동을 해서 회사에다가 빚을 갚아야 하는 상황이 온 것이다. 나는 경제적 어려움에 시달리기 시작했다.

8개월이 안 돼 고액계약들이 다 해약되었다는 사실만으로도 나는 또 한 번 스캔들의 주인공이 되었다. FC들의 시선은 곱지 않았다. 따가운 눈총이 또다시 시작되었다. 그들의 수수료를 빼가는 것도 아닌데… 그들은 아주 쉽게 팔색조처럼 변해 있었다.

"대필 사건 때부터 알아봤다니까. 그 주제에 무슨 고액계약이야!"

"횡령한 돈이라데… 많이들 보험으로 끌어오지만 멀쩡한 돈이어야 말이지! 얼마 전에 명인 FC도 그 끌어오는 돈들이 횡령된 돈이어서 기사가 크게 났었잖아."

"8개월 천국이었네!"

"이랬든 저랬든 나도 그런 고액 좀 넣어 봤으면 좋겠다."

"엄청 도와주고 갖고 온 계약이라는데 그 친구 언니가 그 친구 돈을 다 털어먹었다네."

"친구가 돈 보더니 눈 뒤집혀서 그 많은 돈을 다 빼돌렸다더만….."

"친구는 구치소 붙들려 갔대!"

"친구도 잃고 돈도 잃고 조만간 FC 그만두겠는걸?"

"친구를 잃든 돈을 잃든…. 우리는 사업비가 빠져나가니 지점이 어려워 어디 영업 물품이라도 주겠어?"

"우리 영업비 더 들어 가게 생겼으니… 관리 잘하지! 성질 나네!"

"지점장 괜찮으려나 몰라? 고액이 다 깨졌으니… 양 지점장 지점장 된 지도 얼마 안 됐는데…"

"잘리기야 하겠어! 보험료 수천만 원씩 넣는 사람들은 그럼 어쩌라 구?"

"명인 FC 하나도 월납 2000만 원짜리가 빠져나가서 그 지점도 심란 하다더만…."

"소송까지 당했다대. 돈세탁이었는데, FC 이용한 거지."

"신인 FC 하나가 지점에다가 똥구정물을 끼얹었어!"

"그러게 말야…. 똥구정물!"

고액계약 파기로 인해 무성한 소문이 흘러 다녔다. 마치 자신들이 온 통 피해를 본 것 같은 말들을 흘리고 다녔다. 보험사 FC들은 피해를 받 은 것 같은 감정 또한 망상적으로 빠르게 분위기를 만들어 갔다. 내 고액 계약의 파기는 개개인에게 손해를 주지 않았다. 사업비 책정이 되지 않 으니 더 이상 풍요를 누리지 못할 뿐이었다. 그런데 그들은 고액이 빠져 나가면 피해를 본 것처럼 말하고 행동했다. 말이 풍문처럼 흘러 다니는 것은 어쩔 수 없다 치지만 욕까지 해가며 과다한 행동까지 하는 것은 도 저히 용서할 수 없는 망상적인 분위기였다.

이런 망상적인 분위기로 인해 나는 FC를 그만두고 싶었다. 하지만 그 동안 내가 모집한 계약 건수 180건 중 4건은 극히 미미한 해약 건이었 다. 이 때문에 176건의 계약을 넣어준 고객들과의 신의를 저버려야 한다 는 것 또한 불합리한 선택이었다. 금액만 다를 뿐 계약 한 건 한 건으로 따지면 나를 믿고 해준 얼마나 원칙적인 계약이었던가? 나는 그들의 차 가운 눈총과 나에 대한 무성한 구설에 귀를 닫으려 했다. 듣고 싶지 않 다. 보험회사에서는 벙어리 3년 귀머거리 3년 해야 한다더니… 하지만 나는 흔들렸다. 감정이 날마다 흔들렸다. 강해 보이는 척했지만, 씩씩하게 열심히 영업활동을 하는 척했지만, 나는 그들의 입에서 뭔 소리가 나오는지, 나를 어떤 시각으로 바라보는지 온 육감으로 듣고 보고 있었다. 어느 때는 보험사의 죄인이 된 것 같았고, 어느 때는 미안하다는 말을 온 지점에 하고 다녀야 할 것 같은 감정에 시달렸다. 하지만 늘 그랬듯이 지나갈 것이라고 믿었다. 고액계약이 파기되면 계약을 끌고 온 FC를 '나쁜 사람'으로 몰아 삽시간에 스캔들로 만들어 버리는 보험회사의 분위기가 늘 그렇듯이… 나의 스캔들[17]이 지나가기를 간절히 바랐다. 문제의 대상이 나타나면 또 쉽게 누군가를 스캔들 대상으로 삼을 것이라고 믿었다. 하지만 지점의 FC들은 나를 가만 놔두지 않았다.

희생양(모빙)[18]

폭력을 모방하다 프로모션이 걸렸을 때, 계약을 넣고 받은 나의 경품들이 사라지기 시작했다. 고급 우산 5개를 받았지만, 출근을 하여 살펴보면 2개가 사라졌다. 크리넥스 10개를 받았으면 그중 2, 3개가 사라졌다. 좀도둑을 맞고 있었다. 가까이에 있는 FC들에게 말을 꺼내면 그 정도 갖고 그러냐는 식이었다. 그런데 시책 경품뿐만이 아니었다. 화장실에 갔다 온 사이, 영업활동이 끝난 후 보험사에서 편안하게 신고 다니기 위해 사다 놓은 슬리퍼가 사라졌고, J가 있는 교육센터에 갔다 온 사

---

17 "인간들의 욕망은 모방적이기 때문에 서로 닮아서 함께 만나면 서로에게 전염도 잘 되고 서로에게 피해 주는 대결 구도를 이루게 된다. 그래서 우리의 욕망은 스캔들이 된다. 증폭되고 집중된 스캔들은 스캔들을 낳고 낳아 사회를 위기에 빠뜨리는데 이 위기가 점점 격화되어서 절정에 이르면 집단 전체의 폭력이 한 사람에게로 집중되는 희생양에 이르고 이를 통해 폭력은 진정된다." 르네 지라르 《그를 통해 스캔들이 왔다》 '폭력과 상호성' pp.15-43.

이 라면 한 박스가 사라져 버렸다. 보험증권을 담아두는 컬러 파일이 사라져 버렸고, 또 하루는 영업활동을 하기 위해 사놓은 수백 개의 볼펜이 뭉텅이로 사라져 버렸다. 나의 영업활동 물품들이 사라질 때마다 나는 매번 당황스러웠다. 나는 일부러 지점 FC들이 들으라는 듯 큰 목소리로 말했다.

"도둑질인 것도 모르나? 다 큰 어른들이 말도 없이 뭐 하는 짓들입니

18　원시사회에서 원시인들은 동물과 강한 유대감을 가지고 있었다. 즉 동물이 하나의 신적 대상이었기 때문에 동물을 살해한 후, 원시인들은 제물을 제단에 바침으로써 자신의 죄를 희생제물에 대속시키는 제의 행위를 반복했다. 성서의 희생제의에서도 흠 없는 소나 양, 비둘기에게 자신의 죄를 전가시켜 제물로 삼았다. 개인의 흠과 죄, 허물을 씻기 위해 제물에 손을 얹고 자신의 죄를 고한 후 직접 제물의 가죽을 벗기고, 각을 떠서 내장을 끄집어내어 씻어 제단에 바쳤다. 이 모든 행위는 자신의 죄를 씻고 신과의 관계를 회복하고자 하는 데 의미가 있었다. 문희석 '이스라엘 종교와 축제' 〈기독교 사상〉 제44호, 1975.

하지만 신과 단절된 상태에서의 희생제물은 노동의 산물로서 그 자체가 인정받는 것이 아니라 대부분 그 사용가치를 통해 소멸되어 버린 교환대상, 유통대상으로 간주된다. 시장사회에서는 '사물화'가 중요한 역할을 한다. 따라서 현대사회에서는 인간들도 사물화되어 교환대상과 사용대상으로 전락하고 마는 것이다. 피에르 지마 〈문학과 사회비평론〉 1998, p.86.

현대사회 구조는 어떤 대상을 희생양 삼음으로 진짜 잘못을 저지른 대상을 잊게 만든다. 심리적인 방어기제인 투사와 탓을 이용해 상대에게 잘못을 뒤집어씌움으로 자신의 잘못을 교묘히 감춘다. 이러한 현상은 가족 안에서부터 크게는 대중에게서까지 발견할 수 있다. 가족 안에서는 누군가가 희생양의 역할을 하여 가족의 고통과 분노를 돌리게 해 결속을 유지한다. 이를 '가족희생양'이라고 하는데 부부 갈등이 원인인 경우가 많다. 작은 집단에서는 집단 따돌림으로 나타난다. 대표적인 사례로는 마녀사냥, 유대인 학살, 간토 대지진 조선인 학살 사건이 있다. 마녀사냥은 마녀를 악마와 놀아나 신앙을 해치고 공동체에 해악을 끼친다며 처형하는 것으로, 14-17세기 유럽에서 이로 인해 약 20-50만 명의 사람이 처형되었다. 나치 독일은 금융자본을 근거로 하는 모든 정치적 파탄·사회불안·경제적 혼란의 원인을 이민족인 유대인의 열등성·음모로 돌려 유대인 학살을 단행하는 등 전제정치를 확립시켰다. 사회적으로는 실업, 경제불황, 범죄 등의 사회문제에 따른 대중의 불만·공포·반감·증오를 다른 대상으로 향하게 한다. 이 심리적 메커니즘의 이용은 대중 지배의 중요한 수단이 되었다. 인종차별이나 소수집단 차별이 이러한 목적으로 활용되기도 한다. 《글로벌 세계대백과사전》, 〈정치·외교·법률/209〉.

까?"

누가 한 짓인지 알 수가 없었다. 나의 앞자리에서 눈꼬리를 내리며 오묘한 미소를 흘리며 앉아 있는 A에게 물어보면 A가 말했다.

"나도 영업활동 물품들이 한두 개씩 사라져요. 도대체 누가 이런 짓을 하는지 몰라."

하지만 나의 주변 FC들은 지독히 편안한 표정을 하며, 자신들도 영업활동 물품이 사라진다고 한마디씩 거들었다. 다시 말해 '너만 겪는 일이 아니니 너무 크게 생각하지 말라', '뭐 그 정도에 화를 내냐'는 메시지를 던지고 있었다. 양 지점장 또한 나의 고액계약들이 줄줄이 깨진 상황이어서인지, 지점에서 일어나는 비도덕적인 일에 아무런 대응책을 내놓지 않고 있었다. 내가 당하고 있는 것을 고스란히 지켜보고만 있었다. 하지만 나는 FC들이 모두 퇴근한 후, FC들의 책상 위에 놓인, 전날 프로모션으로 받은 물품의 개수를 세어 보았다. 활동 물품이 사라진 사람은 아무도 없었다. 언제나 사라지는 것은 나의 활동 물품들이었다는 것이 확인되었다. 모빙[19]을 당하고 있다는 것이 확인되자, 나는 불안감이 밀려오기 시작했다. 결국 내 활동 물품들을 내가 챙기는 수밖에 없었다. 혹 활동 물품들이 사라질 때면 나는 끽소리 하지 않고 내 돈을 주고 영업활동 물품들을 다시 사들여야만 했다.

발령 시즌이 거쳐 갔다. 지점 실적이 유지되면서 양 지점장은 용케 발

---

[19]   모빙은 일을 함께하는 동료들이 한 동료를 집요하게 괴롭히고 적극적으로 그를 무능한 사람으로 인식하게끔 만들거나 적어도 무능하다고 인정하는 행위이다. 이렇게 하는 이유는 겨냥한 동료를 제거하려는 데 있다. 사람들은 무엇보다 시기심을 불러일으키는 동료를 모빙하게 된다. 모빙의 대상은 희생양으로 변할 가능성이 높다. 이런 경우 함께 작업하는 팀이 깨질 위험이 높아서 이를 막기 위해 동료를 희생시키는 것이다. 그리고 그 팀은 안정을 찾는다. 이 한 사람만 없어진다면 모두가 성공적으로 일을 할 것이라고 믿지만, 그 모빙이 사라지자마자 다른 동료가 '희생양'의 역할을 맡게 된다.

령이 나지 않았다. 하지만 더 이상은 내가 용서할 수 없는 일이 지점에서 벌어졌다. 책상 위에 놓고 온 나의 고가의 스마트폰이 사라졌다. 영업활동을 하는 사람에게 고객 2,000명의 전화번호가 담겨 있는 스마트폰은 없어서는 안 될 중요한 무기였다. 이 무기가 사라졌다는 것은, 영업활동에 장애를 주기 위한 의도적인 도적질일 수 있었다. 짜증으로 꽉 찬 나는 밤 9시쯤 양 지점장에게 전화를 걸었다.

"지점장님, 책상 위에다가 놓고 온 제 스마트폰이 없어졌어요!"

양 지점장은 당황하며 말했다.

"FC님, 저 나올 때까지 있었어요. 전화기를 놓고 갔구나 했어요. 정말 누가 손을 댄 거네요. 안 되겠네. 이번에는 잡아야겠어요. 한두 푼 짜리도 아닌 스마트폰을….."

양 지점장 또한 이번에는 도둑놈을 잡겠다는 의지를 표명하며 말했다.

"FC님, 통신회사에 전화하셔서 위치 추적 설정해 놓으세요. 그리고 내일 통신사에 찾아가 보세요."

다음 날, 아침 일찍 나는 S통신회사 고객센터로 달려갔다. 이른 아침이어서인지 상담하려는 사람들이 많지 않았다. 오래 기다리지 않고 상담할 수 있었다. 스마트폰을 잃어버렸다고 말하자, 상담 직원이 통신회사 서버를 이용해 위치 추적을 시도했다. 상담 직원이 말했다.

"군포의 시내 번화가에서 11시 30분경 멈추었네요."

상담 직원이 다시 말했다.

"어제 저녁에 군포 산본동 앞에서 멈추었다가 현재는 위치가 고천동이에요. 위치가 달라지네요. 한번 전화해 보세요. 전화기가 켜져 있는 거 같아요."

어제 저녁 열 차례 이상 해보았지만 스마트폰은 분명 꺼져 있었다. 반포기한 심정으로 상담 직원 옆에 놓인 일반 전화기로 전화를 걸어보았다. 신호가 두세 차례 가자, 나이 든 듯한 굵은 톤의 남자 목소리가 들려왔다. 농담을 하는 듯한 말소리가 들려왔다.

"이제야 전화하셨네. 안 돌려주려고 그랬더니….."

우선 스마트폰을 찾았다는 사실에 안도감이 느껴졌다.

"네, 스마트폰 주인입니다. 지금 어디신가요? 찾으러 가겠습니다."

"저는 우체부예요. 어제 군포 산본동에 있는 보험회사 앞에 있는 우체통에서 습득을 했어요. 우체통에 스마트폰이 있더라고요."

"우체통요?!"

"제가 다른 지역으로 이동해야 하니까 지금 빨리 오세요."

2,000여 명의 고객 연락처 정보가 담겨 있는 스마트폰을 찾았다는 것만으로도 찜찜했던 기분이 좋아졌다. 동시에 멀쩡히 책상 위에 있던 스마트폰을 가져다가 누군가 우체통에 처박았다는 것만으로도 다분히 의도적인 범죄라는 사실이 확인되는 순간이었다. 그동안에 사라진 물품들도 모두 누군가 의도적으로 가져갔다는 의미이기도 했다. 모빙을 삼는 것도 부족해서 나의 물건에까지 손을 대는 이들은 누구인가? 다수인가? 소수인가? 개인인가? 도대체 누가 내 스마트폰을 가져다가 우체통에 갖다 버린 것인가? 아니면 처박아 버린 것일까? 우체통에 넣은 것을 보니 찾아가라는 의미도 담겨 있는 듯했다. 안도감과 분노와 두려움이 한꺼번에 몰려들었다.

정확히 30분 후, 나이가 연로하신 우체부에게 스마트폰을 건네받았다. 우체부는 나에게 고맙다는 말을 듣고는 바쁘다며 다른 지역으로 차를 이동해 갔다. 나는 곧바로 양 지점장에게 전화를 걸었다.

"덕분에 스마트폰을 찾았습니다. 스마트폰이 우체통에 처박혀 있었다네요."

양 지점장은 나의 얘기를 전해 듣고 말했다.

"찾아서 다행이네요. 덮을 일은 아닌 것 같고, 출입문 지문인식기와 엘리베이터와 주차장에 설치된 CCTV를 살펴봐야겠어요. 누가 한 짓인지는 알아야 할 것 같아요."

양 지점장이 이번에는 나의 일에 적극 나서 주고 있었다. 이미 전날 마지막 퇴근자가 지점에서 늘 1등 자리를 꿰차는 H 선배와 나의 전 소속이었던 3팀의 C 팀장이었다고 전해 주었다. 둘은 함께 퇴근을 하며 나갈 때, 내 전화기로 전화와 문자가 오는 소리가 계속 들려와서 내가 스마트폰을 놓고 갔다는 사실을 알았다고 말했다는 것이다. 그렇다면 책상 위에 놓여 있었던 나의 스마트폰을 보험회사 앞에 있는 빨간 우체통에 누가 버렸다는 말인가? 스마트폰은 발이 달리지 않았다. 그들이 마지막 퇴근자라면 둘 중 한 사람은 거짓말을 하고 있는 게 분명했다.

양 지점장은 지역단장에게 CCTV를 살펴볼 수 있도록 허락을 받아왔다. 나는 양 지점장과 함께 지하 2층에 있는 CCTV실로 내려갔다. 이이잉~ 잔잔한 기계음이 관리 사무실 전체에 흐르고 있었다. 온통 지루한 표정을 띠고 있는 건물 관리 직원에게 말했다.

"7시에서 7시 20분 사이에 들어오고 나간 사람들의 동선을 CCTV를 통해 확인하고 싶은데요."

건물 관리 직원은 시계를 올려다보며 퇴근시간이 다 된 것을 보자 귀찮은 일이 하나 생겼다는 듯 눈꼬리를 치켜 올렸다. 양 지점장이 서류를 내밀자, 직원은 지역단 단장이 허락해 준 서류에 성의 없이 사인을 휘갈겼다. 직원은 익숙한 손놀림으로 여기저기 버튼을 눌러 시간 설정을 하고 동영상을 작동시켜 주었다. 양 지점장과 나는 CCTV 동영상을 확인하기 시작했다.

동영상 속에는 수많은 영업인들이 엘리베이터를 타고 내려가고 올라

가고 있었다. 영업인들이 퇴근 무렵에 맞춰 보험사를 빠져나가고 있었다. 무심한 듯, 지친 듯, 지겨운 듯 다양한 표정을 짓고 누군가는 동료와 수다를 풀면서, 또 누군가는 옷매무새를 정돈하고 다시 어딘가로 일하러 가는 듯한 모습이었다. 지하에 차가 있는 사람들은 지하로, 지상에 차가 있는 사람들은 지상으로 빠져나갔다. 15분 정도 CCTV를 지켜보다가 엘리베이터 안의 광경이 지루하다고 느껴질 무렵이었다.

7시 15분경의 동영상이었다. 7시 10분경에 주차장으로 내려간 너무나 익숙한 얼굴의 FC가 7시 17분경, 지하 3층 엘리베이터 문이 열리자 다시 올라오고 있었다. 갈색 빛깔의 헤어 염색을 하고 퍼머 머리에 웨이브로 한껏 힘을 주었다. 아이보리색의 원피스 위에 깔끔한 정장 재킷을 차려입어 마치 선생님 같은 느낌을 주었다. FC는 당황하는 기색 없이, 눈빛의 흔들림도 없이 무표정으로 올라오고 있었다. 나의 전 소속팀, C 팀장이었다. 엘리베이터 문은 스타지점이 있는 지상 2층에 멈추었다. C 팀장이 엘리베이터를 빠져나온 시간은 정확히 7시 19분을 가리키고 있었다. 복도에 설치된 CCTV는 정확히 C 팀장이 2층 스타지점을 향해 걸어가고 있는 모습을 똑똑히 보여주고 있었다.

양 지점장과 나는 눈이 둥그레졌다. 내가 스마트폰을 찾기 위해 지점에 지문인식을 하고 들어간 시간이 7시 23분이었다. 불과 2, 3분 차이였다. 양 지점장과 나는 순간 숨이 멎는 듯한 충격을 받았다. 2, 3분 사이에 지문인식의 과정 없이 누군가 문을 따고 들어와 내 스마트폰을 갖고 갔다는 대전제가 있지 않은 한, C 팀장은 내 스마트폰을 갖고 7시 23분에 주차장으로 내려가 자신의 차를 운전하여 후문 출구로 건물을 빠져나갔을 것이다. 그리고 원을 돌듯이 반 바퀴를 돌아 유유히 보험회사 정문 앞에 있는 빨간 우체통 속에 내 스마트폰을 처박은 것이다. 나는 숨을 크게 몰아쉬었다. 두려움이 몰려왔고 또 한편으로는 배 속 끝에서부터 속이 뒤집어질 만큼의 화가 치밀어 올라왔다. 인간에 대한 믿음이 또한 번 무너져 내리는 순간이었다. 양 지점장이 나보다 더 놀란 얼굴 표정을 띠며 말했다.

"충격적이네요. 이럴 분은 아닌 것 같았는데…."

엄청난 일을 저질러 놓고도 오히려 C 팀장의 의상은 하루하루 더 화려해져 갔다. 실크 소재에 통이 넓은 빨갛고 파란 줄무늬 체크 블라우스를 입고 다니는 모습이 마치 패션쇼를 연상하게 했다. C 팀장은 다른 때보다도 더 크게 떠들고 수다를 떨며 웃고 다녔다. 당당하다는 몸부림인지, 자신이 저지른 죄로 인한 수치심을 감추기 위한 것인지…. 1.5미터 사이에서 술집 여자처럼 꼬리를 길게 끄는 코맹맹이 목소리가 들려왔다. 목소리조차 귀에 거슬렸다. 가증스러웠다.

양 지점장은 C 팀장이 저지른 일이 범죄임에도 불구하고, 조용히 넘어갔으면 하는 마음이 간절한 모양이었다.

"스마트폰을 찾았으니 모든 일을 덮어 줘요. 제가 적당히 왜 그러셨냐고 물어볼게요. 사과하라고도 말씀드리고, 다음부터는 그러지 마시라고 할게요."

내가 덮지 않고 경찰서에 고발이라도 하면 지점의 문제는 심각했다. 또 한 번 조직 관리를 못한 사람으로서 모든 책임을 짊어지고 가야 하는 사람은 양 지점장이었다. 이 일로 C 팀장 한 사람이 빠져나가는 것은 C 팀장이 유치한 신인 FC들까지 회사를 빠져나갈 수 있는 일로서 조직이 붕괴되는 일이었다. 또 한 번 양 지점장의 편의를 봐줘야 하는 것인지, 다수의 일자리를 지켜 주기 위해 불의한 일을 당했다 할지라도 소수인 내가 참아야 하는 것인지 알 수가 없었다. 시간이 흐를수록 나는 달달 끓는 냄비 하나를 심장에 달고 다니는 것 같았다.

일주일이 넘어갔다. C 팀장에게서는 아무 답변이 없었다. 양 지점장이 모른 척한 것인지, 양 지점장의 어떤 경고에도 미동도 하지 않은 것인지 알 수가 없었다. 나는 결국 C 팀장에게 문자를 보내고 말았다.

'팀장님, 도대체 왜 그러셨습니까? 제가 무엇을 잘못하여서 그렇게까지 행동하셨습니까? 나에게 와서 왜 그랬는지 설명하고 미안하다고 말씀해 주십시오.'

몇 날 며칠이 지나도 C 팀장에게서는 아무 답변이 오지 않았다. 결국 나는 C 팀장에게 또 한 번의 문자를 보냈다.

'팀장님, 팀장님이 저지른 그 일은 형사 사건에 해당하는 겁니다. 절도 죄로 징역 7년 형에 벌금 1500만 원에 처해질 수 있는 일입니다. 미안하다는 말을 할 수가 없다면 나는 경찰서에 갈 수밖에 없습니다.'

문자를 보낸 지 30분 만에 C 팀장은 득달같이 달려와 커피숍에 앉아 있는 내 앞에 나타났다. 웃고 깔깔거리는 모습은 어디로 사라지고 얼굴에 온통 긴장감이 묻어 있었다. C 팀장은 죄인처럼 눈빛에 두려움을 잔뜩 머금고 있었다. C 팀장은 구구하게 말을 이어 갔다. 하지만 말 속에 요지는 하나였다.

"내가 무남독녀 외동딸이잖아. 어머니가 돌아가신 후 나에게 공황장애가 생겼어. 공황장애가 발생하면 이상한 행동을 나도 모르게 해버려."

C 팀장은 말하는 내내 울었다. 진심을 알아 달라는 눈물인 것인지, 불쌍하게 여겨 달라는 몸짓인지 알 수가 없었다. 나는 이해해 주고 싶지 않았다.

"친정아버지가 당뇨로 쓰러져 병원에 있고, 정신적으로 스트레스가 많아 공황장애가 다시 심해진 것 같아. 그날도 스마트폰이 자꾸 울리고 문자 오는 소리가 들리는데, 왠지 누가 가지고 가면 어쩌나 걱정이 돼서 가져다가 다시 돌려주기 위해 우체통에 갖다 넣었던 거야."

한 시간 동안 흘리는 폭포수 같은 눈물에 사실 여부는 감춰지는 듯했다. 누가 가지고 가면 어쩌나 걱정이 돼서 빨간 우체통에 처박았다는 말은 전혀 이해되지 않았다. 정말 걱정이 되었으면 갖고 있다가 나에게 돌려주면 될 일이었을 텐데 왜 우체통에 처박았다는 것인가? 나는 나에게 쌓인 C 팀장의 솔직한 불만들을 진심으로 듣고 싶었다. 스마트폰을 처박을 만큼의 C 팀장의 개인적인 불만들을 말해 주면, C 팀장이 그렇게 할 수밖에 없었던 이유의 타당성이 있으니 나는 변명도 하고 C 팀장을 용서할 수 있을 것 같았다. 그런데 나의 잘못은 무엇이고 C 팀장의 잘못은 무엇인지 따질 새도 없이 자기 자신은 정신적인 문제가 있는 사람이라는 얘기가 전부였다. 그래서 어쩌란 말인가? 불쌍히 여겨 달라는 말인가? 이번엔 봐 달라는 말인가? 공황장애는 스트레스 상황에서 타인에게 피해를 끼치기보다 자기 자신의 두려움에 묶여 자기를 괴롭히는 병이 아닌가?

C 팀장과 내가 개그 한 편을 연기하고 있는 듯한 느낌이었다. 남들이 알면 박장대소하고 웃을 코미디 한 장면! 용서를 말하기에는 너무나 거리가 먼 코믹한 상황극이었다. 내 평생 경험해 보지 못한 이 상황극을 어떻게 받아들여야 하는지 알 수가 없었다. C 팀장의 말 그 자체를 믿어 줘야 하는 것인가? 나는 또 혼란스러워서 잠을 이룰 수가 없었다.

C 팀장의 실체를 알아 버린 그날 이후, 나의 머릿속에 떠나지 않는 의문은 왜 그렇게까지 행동했느냐는 것이었다. '팀을 옮겨 왔기 때문에?', 'C 팀장 팀원들이 교육센터에 가게끔 부추겼기 때문에?', 'J와 나 사이를 질투했기 때문에?' 여러 이유들을 추적해 보았다. 끝없이 추적을 해보아도 스마트폰을 우체통에 처박아 버리기까지 한 C 팀장의 비상식적인 행동에 대해 답이 나오지 않았다.

C 팀장의 팀에 소속되어 있는 동안, 나는 두 번 팀을 옮겼다. 첫 번째는 교육센터에 가서 교육을 받기 위해서였다. 3개월 동안 교육을 받고 다시 C 팀장의 팀으로 복귀하면 되는 일이었다. 내가 꼭 가야만 했던 이유는 J가 교육센터로 발령이 났기 때문이었다. 대필로 인해 난동을 부렸을 때, 나를 유일하게 보호했던 사람이 J가 아니었던가? 어떤 방식으로든 교육센터로 가서 J의 팀원이 되어 J가 받는 수수료에 도움을 주고 싶었다. 게다가 나의 활동 물품들이 대책 없이 사라질 만큼 모빙을 당하는 불안한 상황에서, J가 발령이 난 교육센터에 가 있는 것은 '모빙'을 피할 수 있는 유일한 길이었다. 교육센터는 실적이 안 되는 FC들을 모집해 3개월 동안 관심고객의 DB를 분석하는 스킬을 가르쳐주고 다시 계약을 성사시켜 갖고 올 수 있도록 교육을 해주는 곳이었다.

하지만 스타지점에서 교육센터는 실적이 안 되는 꼴찌 FC들이 가는 곳이라는 분위기였고, 이에 더욱 여세를 몰아 FC들이 그쪽으로 빠져나가는 것은 배신이라는 분위기까지 형성되어 있었다. 팀을 빠져나가면 왕따가 되는 것이었다. 3개월 합산 환산이 30만 원이 안 되는 신인 FC들은 점점 가족 계약이나 지인 계약이 사라져 가는 상황에서 교육센터에서 상품 교육을 다시 꼼꼼히 받아야 할 필요가 절대적이었다. 교육을 받아야 하는 모집 대상자로 선정이 되었음에도 불구하고 신인 FC들은 가고 싶다는 의사 표현을 하지 못하고 눈치만 보고 있었다.

나는 실적이 높아 교육센터의 모집 대상자에 속하지 않았음에도 불구하고 스타지점의 분위기와 상관없이 J가 있는 교육센터에 당당하게 지원을 했다. 양 지점장에게 말했다.

"새 지점장이 발령이 날 때마다 수시로 하는 팀 개편, 6개월에 한 번씩 나는 발령, 신인들을 책임져 주지도 않으면서 마치 책임질 것처럼 말하고 행동해 놓고 관리자들은 발령이 나면 그뿐이지 않아요? 이런 보험사 분위기에서 보험 지식을 체계 있게 배운다는 것은 쉬운 일이 아니잖아요. 어쩌면 체계 있게 가르쳐 주는 교육센터가 있다는 것만으로도 지원을 해서라도 가서 배워야 하는 것 아닌가요? 지점장님이 저를 책임지고 교육시켜 주지 못하는 현실이라면, 교육을 시켜 줄 수 있는 곳에 보내어 보험 상담 전문인이 되도록 가이드를 해주어야 하는 것이 오히려 옳은 일이 아닌가요?"

양 지점장은 반격을 하며 호소하듯 말했다.

"저도 보내 드리고 싶어요. 그런데 지점 분위기라는 게 있잖아요."

"지금 고액계약도 해약이 돼서 제가 모빙을 당하는데 보면 모르세요? 제가 언제까지 지점장님을 봐드려야 하는 겁니까? 보내 주십시오! 그렇지 않으면 FC를 그만두겠습니다."

눈치를 봐야 할 가치를 느끼지도 않았지만, 교육센터로 가면 양 지점장은 나에게 사업비를 따로 떼어 영업지원을 해줘야 했다. 스타지점과 교육센터 양쪽에서 영업지원을 받는 것은 영업활동에 탄력을 줄 수 있었다. 지점 살림을 해야 하는 양 지점장 입장에서 사업비가 빠져나가는 선택을 내리고 싶지 않았을 것이다. 하지만 FC 한 사람이 보험사를 해촉하고 빠져나가는 일은 더 큰 리스크를 주는 일이었다. 양 지점장은 울며 겨자 먹기 식으로 나를 보내 주었다.

교육센터로 옮긴 후, 3개월 동안 한 번도 C 팀장에게 연락을 하지 않았다. 연락을 할 필요가 없는 것이 교육센터는 스타지점보다도 상품 교육에 있어서 섬세했고, 태블릿 교육을 통해 PC전산능력을 갖출 수 있도록 J가 개인적으로 다가와 가르쳐 주고 있었다. 교육을 받은 그대로 영업활동을 하여 계약을 성사시켜 갖고 오면 J가 수수료를 챙겨가지 않는가? 좋아하는 사람이 나로 인해 돈을 벌어가는 일은 아주 행복한 일이었다.

게다가 더 이상 활동 물품이 사라지는 일로 인해 모빙을 당하는 것 같은 불안감에 시달리지 않아도 된다는 것만으로도 나는 평화로웠다.

그런데 이상한 게 있었다. 교육센터에 속해 있으면서도 예전처럼 J가 CM의 위치에서 더 가까이 친근하게 나에게 다가오지 않았다. 단지 친절한 CM일 뿐이었다. 나는 낯선 느낌이 왜 드는지 그 이유를 알고 싶었다. 어느 날, J와 친밀감이 어느 정도 있는 3팀의 D 팀장에게 전화를 걸었다. J에 대해 물어보는데 D 팀장은 내가 몰랐던 진실 한 가지를 알려주었다.

"두 개의 지점이 합쳐지면서 J가 발령 안 날 수 있었는데 왜 발령이 난 줄 알아? C 팀장이 자기 소속 K CM을 데리고 올라가 지역단장 앞에서 울고 짜고 해가며 발령 내지 말아 달라고 부탁을 한 거야. 그래서 그날 아침에 J가 전격적으로 다른 곳으로 발령이 난 거야. 너도 그렇지만, 우리 모두가 J가 발령이 나지 않게 하기 위해 지역단장에게까지 찾아가 얼마나 부탁을 했어? 게다가 J가 발령 난 지점마다 지점이 안 돼서 문 닫았잖아. 그러니 J가 C 팀장을 좋아하겠어? 여기저기 헤매고 다니다가 이제 교육센터로 발령이 나서 자리 잡은 거구. 그런데 팀 재편성할 때 C 팀장 쪽으로 네가 갔으니 J가 마음이 좋겠어?"

J가 다른 곳으로 발령 나도록 직접적으로 거들었던 사람이 C 팀장이었다는 사실은 처음 알게 되었다. 모두가 알고 있는데 나만 몰랐던 것이었다. C 팀장은 팀장이 되기도 전에, 대필 사건으로 인해 맺어진 J와 나와의 우정을 알고 있는 사람이었다. 그렇다면 팀 개편을 할 때 C 팀장은 나에게 이 사실을 말하고 J와 친한 D 팀장이 있는 쪽으로 가라고 나를 거절했어야 옳았다. 하지만 팀원을 한 명이라도 더 많이 받아들여야 수수료가 많아지니 나를 거절할 수가 없었을 것이다.

팀 개편을 할 때, J는 은근히 내가 D 팀장이 있는 곳으로 가길 바랐었다. 왜 그랬는지 나는 그제야 이해할 수 있었다. C 팀장의 팀으로 옮기고 나서 J가 왜 나를 멀리하려 했는지도 파악할 수가 있었다. J가 원하는 쪽으로 나는 움직이질 않았던 것이다. 나는 평소 말을 아끼는 J에게 물었다.

"왜 그 사실을 말 안 했어?"

"알고 있는 줄 알았지. 알고도 C 팀장이 있는 곳으로 간 줄 알았어. 나는 자기가 의리를 중요하게 여기는 사람이 아니란 생각이 들었어. 그래서 거리를 두었던 거야."

J의 솔직한 답변에 오히려 나는 미안했다. 사람이 많은 곳이라 '분위기'만 느껴질 뿐, 한 사람 한 사람이 어떤 일을 당하는지 알 수 없는 곳이 보험사라는 생각이 들었다.

서로가 솔직한 감정을 공유한 그날 이후, 나는 어느 누구보다도 교육센터에서 상품 교육을 열심히 받았다. J를 위해서라도 부지런히 영업활동을 펼쳐 영업 실적을 올렸다. 나는 다시 영업활동에 탄력을 받았다. 교육센터에서도 계약 건수 여왕이 될 만큼, 환산 수수료가 200만 원이 넘을 정도로 나의 영업 실적은 쑥쑥 올라가고 있었다. 다시 신인 초창기 시절처럼 하루하루 행복해져 가고 있었다. 3개월이 끝나갈 무렵, 나는 J를 위해서, 실적이 없는 신인 FC들에게 교육센터가 얼마나 편안하고 행복한 곳인지를, 영업활동에 탄력을 받을 수 있는 곳인지를 얘기하며 홍보하고 다녔다.

교육센터에서 3개월 교육이 끝날 무렵, 모든 상황을 알아버린 이상 더이상 C 팀장의 팀에 소속되고 싶지 않았다. C 팀장에게 J 발령 건을 얘기한 후, 팀원이 서너 명밖에 되지 않는 D 팀장의 팀으로 옮기고 싶다고 말했다. C 팀장은 J의 발령 여부에 대해 내가 알고 있다는 사실에 놀라는 기색이 역력했다. 하지만 평소 처세가 능한 C 팀장답게 여유로이 목소리를 살짝 내려 깔며 진심으로 걱정하는 듯 말했다.

"D 팀장에게 팀원이 부족해서 걱정했는데, 실적을 잘하는 자기가 가면 도움이 많이 되겠네. 가도 좋아요."

C 팀장은 아주 쉽게, 아쉽지 않다는 듯이 허락해 주었다. C 팀장의 팀원은 10명이나 되었다. 한 사람 정도 어려운 팀으로 보내 줘도 된다는 자신감 있는 선택을 내리고 있다고 생각했다. 게다가 팀장이 된 지 얼마 안 되어 D 팀장을 중심으로 형성되는 팀장들 끼리끼리 짝패에 끼지 못하는 상황에서, FC 한 명 보내주는 것은 D 팀장에게 큰 수혜를 주는 일이기도 했다. 게다가 팀장들의 수장인 D 팀장에게 잘 보임으로써 팀장들 짝패에 쉽게 낄 수 있는 여지가 되는 일이라는 것을 나는 모르지 않았다. 지점 입장에서도 팀의 인원수가 골고루 분배되는 것은 팀 간 균형을 위해서도 중요한 일일 수 있었다. 결국 나는 교육센터에서 교육을 마치자마자 D 팀으로 옮겼다.

지점으로 다시 옮겨 오자, C 팀장의 9차월 유치 신인 FC들도 교육을 받기 위해 J가 있는 교육센터로 옮겨 갔다. 신인 FC들이 교육센터로 간 것에 대해 나는 C 팀장에게 미안해하지 않았다. 신인 FC들이 교육센터에 대해 나에게만 물어보았을 것이라고는 생각하지 않았다. 교육센터에서 대상자들을 면접할 때, J뿐만 아니라 센터장도 신인 FC들을 설득하기 위해 영업활동을 했을 것이다. 신인 FC들은 교육센터에 대해 나름 정보를 파악하고 스스로 선택해서 갔을 수도 있는 일이었다. 하지만 C 팀장은 내가 신인 FC들을 부추겨 교육센터로 가게 했다고 여기는 것 같았다. 교육센터 쪽으로 신인 FC들을 뺏겼다고 여기는 것인지, 팀을 옮겨 간 후 나를 J의 짝패들에게 빼앗겼다고 여긴 것인지, 내가 모르는 어떤 다른 일들이 일어난 것인지, 무슨 이유 때문인지 알 수 없었지만, 교육센터에서 내려온 지 2주 후에 나의 스마트폰은 빨간 우체통에 처박혀 버렸다.

짝패들[20] C 팀장은 타 보험사에서 옮겨 와 L 지점장이 퇴사하기 직전, 신인 FC 유치를 두 명이나 한 공로로 입사 3개월 만에 팀장이 된 사람이었다. C 팀장은 경력 차월은 낮은 신인 FC에 속했다. C 팀장은 팀 개편을 하면서 운 좋게도 팀원이 10명이나 되었을 뿐만 아니라 리쿠르팅이 잘되어 누구보다 잘나가고 있는 사람이었다. 그런데 C 팀장을 스타지점 짝패들은 쉽게 끼어 주지 않았다.

짝패의 중심 리더는 J와 친한 D 팀장이었다. 나이가 가장 많은 팀장으로서, 자신보다 젊은 팀원들과 팀장들 끼리끼리를 만들고 세를 형성하여 힘을 부리고 싶어 하는 사람이었다. 게다가 사람들에게 정성스럽게 잘하여 사람들 한 사람 한 사람을 자기 편으로 끌어들였다. 대부분의 FC들이 D 팀장의 정성에 D 팀장의 세력 속으로 스며들어 갔다. J도 마찬가지였다. D 팀장은 몇 안 되는 팀장들 무리에 유독 C 팀장을 쉽사리 끼워

---

20 르네 지라르는 원시 인류 사회가 시작될 때 짝패의 기원을 다음과 같이 설명한다. 주체가 타자의 욕망을 욕망할 때 타자는 중개자가 된다. 중개자는 주체의 모델이다. 주체는 그의 모델이 소유하거나 욕망하는 것을 욕망한다. 주체는 그의 모델, 중개자와 같은 환경에 있을 수도 있고 다른 환경에 있을 수도 있다. 후자의 경우, 즉 다른 환경에 있을 경우의 주체는 당연히 그의 모델이 소유하거나 욕망하는 대상을 욕망할 수가 없고, 이때 모델과는 주체가 외적중개라고 이름 붙인 그런 관계만 맺게 된다. 하지만 주체가 모델과 같은 환경에 살고 있다면, 다시 말해 모델이 우리의 이웃이라면 내적 중개자가 소유하거나 욕망하는 대상을 우리도 소유하고 욕망하고자 하는 동기가 직접적으로 형성된다. 이 내적 중개는 욕망을 빠르게 확산시키고, 끝없이 더 격렬해진다. 주체와 모델의 물리적, 심리적 근접성 때문에 내적 중개는 갈수록 더 많은 대칭을 만들어 낸다. 그의 모델이 자신을 모방하는 만큼 주체는 모델을 모방한다. 결국 주체는 그의 모델의 모델이 된다. 그리하여 우리의 관계는 갈수록 더 많은 상호성 쪽으로, 그러므로 더 많은 갈등으로 나아가게 된다. 서로를 욕망하면서 갈등하고 견제하는 역학관계 이것이 짝패의 관계이다.

주지 않았다. 점심 식사를 해도 자기들끼리만의 식사를 할 뿐이었다. 양 지점장이 팀장들에게 전달해 주는 정보를 공유해야 할 때에도 C 팀장에 게 가장 늦게 정보를 전달해 주어 C 팀장의 팀은 불이익을 봐야 할 때가 많았다. C 팀장에게 소속되어 있는 경력 FC들 끼리끼리의 짝패들은 대 놓고 면박을 주기도 했다.

"팀장님, 신인티 좀 그만 내. 이렇게 정보가 느리면 우리가 다른 팀보 다 불이익을 받을 거 아냐. 아니면 그만 팀장 내려놓든가?"

"돈은 가장 많이 벌어 가는 사람이, 아마 자기 일만 하느라 그런가? 팀장님 수수료 안에 우리의 몫을 떼서 주는 거 알지? 돈을 공짜로 벌려 고 하면 안 되지."

한방에 기를 죽이는 기 싸움에서, 신인 FC C 팀장은 얼굴이 벌겋게 되 어 아무 말도 하지 못하고 듣고 있었다. 어떤 경력 FC에게도 반박을 하 지 못했다. 팀장으로서 경력 FC들끼리의 짝패들에게 잘 보이기 위해 애 를 쓰고 있었다.

C 팀장뿐만 아니라 발령이 나서 오는 새로운 지점장과 CM들 또한 지 점에 이미 형성되어 있는 짝패들에게 잘 보여야 했다. 상부 조직에서 재 촉하는 영업 실적에 스트레스를 덜 받기 위해서는 짝패들에게 도움을 받 아 가짜 '계약'이라도 그래서 넣어 영업 실적을 올려야 했기 때문이었다. 그래야 팀은 팀대로 사업비를 받아낼 수 있었고, 지점은 지점대로 사업 비를 받아낼 수 있었다. C 팀장 또한 보험사의 이런 현실을 어느 누구보 다 잘 알고 있었던 사람이 아닌가?

자신들의 잘못까지 덮어씌워, 자신들의 일이 풀리지 않는 모든 것이, 구설의 대상의 탓인 양, 집단 '희생양'을 처절하게 생산해 내는 데 부끄 러움조차 없이 힘을 보태는 세력이 짝패들이었다. 경력 FC들, 팀별 팀원 들, 팀장들, 어느 그룹의 짝패든 짝패들의 결속 때문에 신인 FC들은 끼기도 힘들었지만, 짝패에 들어가면 나오기도 쉽지 않았다.

C 팀장이 어느 짝패에도 끼지 못하는 모습은 나의 모습과 비슷했다. 과연 C 팀장이 얼마나 오랫동안 살아남을 수 있을까 싶었다. 그런데 C 팀장은 생각보다 오랫동안 잘 견디고 잘 해내고 있었다. 신인이니 신인들끼리 뭉쳐주고 싶은 묘한 동병상련의 감정이 나의 마음을 움직였다. 결국 팀 개편을 계기로 기꺼이 C 팀장의 팀원이 된 것이었다.

어찌 보면 나는 C 팀장의 짝패라고 볼 수 있었다. 하지만 5개월 후, 나조차 D 팀장의 팀으로 옮겨 버린 것이었다. D 팀장의 짝패 속으로 들어간 것이나 마찬가지였다. 어쩌면 스마트폰을 처박은 것은, 자신의 짝패라고 여겼는데 신뢰가 깨지면서 배신감 때문에 일어난 일이었을지도 모를 일이었다.

폭력은 폭력을 모방하고 아침마다 영업 실적을 줄 세우는 문화에서, 팀을 구분하여 팀이라는 영역을 갖고 서로가 서로를 구별 짓고 실적을 잘하는 상대의 팀을 시기[21]하고 질투하도록 분위기를 조장하는데, 하물며 경쟁 상대의 팀으로 팀을 옮겨 온 나는 배신자였던가?

배신자에게 폭력을 행사하는 일, 스마트폰을 우체통에 처박는 정도의 폭력은 당연하게 일어날 수 있는 일이라고 인정해야 하는 일인가? 관계의 불화를 떠나서, 내가 팀을 옮긴 것 자체가 옳지 않은 행동이었던 것이

---

[21]   현대사회의 시기심의 발로가 '자본'이다. 이 자본을 지키기 위해 자신을 남과 구별 지으려는 본성을 갖는다. 경제적·문화적·사회적 자본을 축적하면 타자와 구별 짓기를 시도한다. 자본의 규모와 구성비 그 변천과정의 궤적을 통해 계층이 형성되는 것이다. 그래서 대부분의 현대인들은 경제자본, 문화자본, 사회적 자본, 학력자본을 획득하기 원하며, 획득한 자본의 구성과 규모로 타자와 구별되는 성공적인 인생으로 규정한다. 명성, 평판, 명예, 권위와 권력으로 확인되는 순간 상징권력까지 획득한 '탁월한' 소유자와 부와 명예를 획득하고자 하는 도전자 사이에 갈등이 야기된다. 피에르 부르디외 《구별짓기: 문화와 취향의 사회학》 pp.13-14.

다. 옳지 않은 행동이었다는 것을 인정해야 하는 것인가? 그런데 밤새도록 머리를 싸매고 생각하고 생각해도, C 팀장의 행동은 왜곡된 감정과 왜곡된 생각에서 벌인, 폭력적인 행동이었다. 보험사 입장에서 이해하려고 해도 옳은 행동이었다고 나는 도저히 인정할 수가 없었다.

'팀을 옮기는 것이 보험사에서는 배신이라는 분위기의 룰을 몰랐을 뿐, 그리고 그런 분위기를 따르지 않았을 뿐, 상도(商道)상으로 손해를 끼치지 않았다면 나는 잘못한 게 없는 것이 아닌가?'

분명 범죄를 행한 것은 C 팀장이었다. 윤리의식 없이 분노를 조절하지 못하고 자신의 감정을 과감하게 폭력적인 형태로 거침없이 쏟아 놓은 것이 정당한가? 나는 생각 속으로 파고들었다. 팀원을 빼앗긴 분풀이, 끼리끼리에 끼지 못한 분풀이를 나에게 여지없이 풀어낸 것이라면, 평소 짝패들이 C 팀장에게 행했던 폭력을, C 팀장이 그대로 답습하여 나에게 모방적 폭력을 행한 것 아닌가? 모방적 폭력을 행하고서도 부끄러움이 없이, 아무 죄의식 없이 폭력적 행위를 벌이는 일 그 자체가 분위기라면, 모방적 분위기에서 기인되는 것이라면, 자본집단, 보험 영업의 세계는 질투와 시기와 이간질과 거짓과 탐욕이 당연하다고, 정당하다고 즐겨야 하는, 네크로필리아[22]적 세계인 것이었다. 그렇다. C 팀장이 나에게 벌인 행위도 누군가의 폭력적인 행위를 모방한 악의적 욕망일 것이다, 시기는 시기를 모방하고, 거짓은 거짓을 모방하고, 폭력은 폭력을 모방하고, 악은 악을 끝없이 모방하여 재생산한다. 그리고 안개처럼 퍼져 가는 것이다. 사탄 마귀가 존재한다면, 모방적 분위기, 모방적 폭력 그 자체, 이것이 사탄이었다! 사탄이라고 말하고 싶었다.

---

22 네크로필리아란 모든 죽어 있는 것 부패된 것, 썩은 냄새를 피우는 것, 병든 것에 열광적으로 끌리는 성향이다. 생명이 있는 것을 생명 없는 것으로 바꾸어 놓으려는 정열이며, 파괴를 위해서 파괴하려는 정열이다. 순수하게 기계적으로 모든 것에 대해서 갖는 배타적 관심이다.

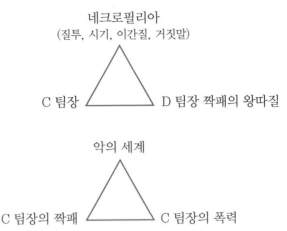

희생양 메커니즘 스마트폰을 빨간 우체통에 처박은 C 팀장의 행동은 한두 사람의 입을 통해 알려져 가고 있었다. 나는 은근히 이 일은 범죄에 해당할 정도의 일이니 지점 전체가 내 편을 들어 줄 것이라고 생각했다. 하지만 지점의 분위기는 내 생각과는 다르게 흘러갔다. C 팀장을 욕하는 사람은 없었다. 개인의 수치로 여기는 것이 아니라 오히려 지점의 수치로 여기며, 지점 FC들은 스마트폰을 처박은 사건은 은막 속에 갇혀 드러나기를 원하지 않았다. 오히려 조용히 덮고 가기를 바라는 분위기였다. 어쩌면 한 번씩은 누군가에게 당하고 누군가에게 저지른 일이었는지도 모른다.

스마트폰이 우체통에 처박힌 사건 이후, 어느덧 D 팀장은 오히려 C 팀장과 아주 애틋한, 세상에 둘도 없는 언니 동생 사이가 되었다. 팀을 옮기게 된 모든 시작이 D 팀장 본인의 이간질에서 시작되었다는 것을 숨기고 싶었던 것일까? 그렇게 폭력적인 행동까지 할 줄은 몰랐던 것일까?

C 팀장에게 미안했던 것일까? 두려웠던 것일까? D 팀장은 어떤 방식으로든 C 팀장을 수용했다. D 팀장의 수용으로 팀장 끼리끼리에 끼지 못했던 C 팀장은 오히려 그 속에서 무리 없이 끼어 잘 지내고 있었다. 팀장들의 분위기는 다른 어느 때보다도 화기애애했다. 10년 넘은 경력 FC들도 C 팀장에게 부드러운 얼굴이 되어 D 팀장이 하는 일에 동조해 주었다. 게다가 지점 사람들은 종교를 끌어들여서라도 나와 C 팀장이 서로 합의하고 용서를 하기 바라는 분위기였다. 스타지점의 경력 FC들은 어느덧 신앙심 깊은 종교인이 되어 나에게 말했다.

"용서하고 넘어가."

"큰일 아냐. 수억, 수십억을 사기 당한 사람도 용서하고 살아."

"덮어. 별일 아니야. 덮어 주면 네가 복 받는 일이야."

"사랑해 줘. 사랑받고 싶어서 벌인 일들이야!"

용서하기를 바라는 분위기를 조장하면서도, 스타지점 사람들은 C 팀장과 나의 이야기를 뒷담화로 풀어 놓았다. 자신들이 직접 겪은 일이라면 이미 경찰서에 가서 해결했을지도 몰랐다. 나는 용서의 분위기를 따르지 않기로 결정했다. 보험사의 감사팀에서 조사하도록 용기 있게 C 팀장을 고발해 버렸다. 감사팀의 수사가 시작되면서, 내가 용서의 분위기를 따르지 않았다는 사실이 지점에 알려졌다. 지점의 FC들은 나의 뒤통수에다 대고 직접적으로 욕을 해댔다.

"지점에서 늘 시끄러우면서… 뭘 잘했다고."

"대필로 FC들에게 불명예를 안겨줘 놓고서…."

"불완전 판매를 허구한 날 하면서…."

"스마트폰 처박힐 만해."

"오죽했으면 C 팀장이 그랬을까?"

나는 자연스럽게 지점 전체가 수시로 대필, 불완전 판매, 부끄러움 없이 하는 거짓말, 이간질, 시기, 탐욕, 뒷담화 등 온갖 불의를 저지르고 있음에도 불구하고, 짝패들의 분위기에 승선하지 않은 나를 희생양 삼는 이유가 자신들의 불의함과 자신들의 부끄러운 모습을 숨기기 위한 행동이라고 담담히 이성적으로 분석하고 해석했다. 하지만 어떠한 방식으로든 더 이상 피할 구멍조차 없이 나는 집단 안에서 확실한 모빙이 되었다는 사실을 인정해야 했다.

신인 FC들끼리 모여 앉아 얘기하다 보면 모빙이 되는 일이 나만 겪는 일은 아니었다. 이런 일들은 보험사의 분위기를 모른 채 '분위기'를 따르지 않고 소신껏 행동하는 신인 FC들이라면 한두 번 정도는 겪었을 일들이었다. 그래서 결국 1년을 못 채우고 10명 중 9명은 보험사를 떠나간다. 게다가 5년 이상 된 FC라면 누구나 보험사에서 겪었을 일들이었다.

FC들은 부드럽고 친절한 것 같지만, 그들은 마음속 상처 난 내면이 굳고 굳어서 두터운 방어벽을 갖고 있는 사람들이었다. 자신의 연약함을 감추고 자신을 지키기 위해 슬금슬금 피하든가 오히려 공격적으로 짖어대며 싸우는 동물들의 방어벽처럼, 상대를 공격하여 기를 눌러 두려움을 없애려는 거센 FC들과 상대의 공격을 회피하며 두려움으로부터 무조건 도피하려는 FC들! 문제가 발생했을 때 집단의 분위기에 무조건 동조하든가 무심하듯 피하든가. 아니면 싸우든가. 하지만 이 방어벽들은 또 다른 상처와 두려움들을 양산할 뿐 어떤 문제도 해결해 주지 못했다. 단지 흘러갈 뿐이었다. 가장 선한 방어벽은 상대의 상처와 두려움을 파악하고 하나님의 사랑으로 부드럽게 수용해 주는 일일 터인데… 하나님의 사랑을 기대한다는 것은 보험사 분위기에서는 사막에서 오아시스를 기대하는 것과 똑같았다.

누군가가 모빙을 당해도 안타깝게 여기는 FC들은 거의 없었다. 단지 이익이 될 것 같으면 뭉쳐서 모빙을 시키고, 이익 없으면 모빙의 존재는 의미가 없었다. 모빙의 '진실'을 알려고도 하지 않으며 모빙을 만들어 내기 위해 이합집산하다가 어느 날, 모빙의 존재는 사라질 것이기 때문이었다. 그리고 끝없이 새로운 모빙을 만들어 내고 있었다. 모빙은 자본집단 내에서 어디서든 일어날 수 있는 희생양 메커니즘[23]인 것 같았다. 어떤 수치심도 없이 이미 조직에서 구조화되어 끝없이 희생양을 생산하는 보험사의 '분위기', 보험사의 생리를 파악한 나조차도 내가 무엇을 잘못했는지 따져볼 틈도 없이 내심 새로운 모빙이 나타나 주기를 아주 간절히! 바라고 있지 않은가?

나는 어느덧 지점의 어떤 분위기에도 휩쓸리지 않을 만큼 씩씩하고 담담해졌다. 하지만 내 몸뚱아리는 이미 지점에 두고 온 물건을 본능적으로 살피고 있었다. 사람들의 동태와 표정을 살피며 눈치쟁이가 되어 가고 있었다. 사람들이 어떤 말을 해도 더 이상 믿지 않고 견제했다. 피해의식에 빠진 나는 온몸이 긴장으로 똘똘 뭉쳐 있었다. 사람들의 눈을 보

---

23 폭력적 상호성, 즉 이중모방 속에서 모방이 작동하면 갈등의 에너지가 쌓인다. 이 에너지는 당연히 주변으로 퍼져 나간다. 그렇게 되면 이 메커니즘은 그 가까이 있는 다른 사람들에게는 점점 더 빠져들게 한다… 애초의 모방욕망이 경쟁관계로 변하려면 대상이 사라지거나 부차적인 것으로 변해야 한다. 이렇게 되면 짝패는 늘어나고 모방위기는 점점 더 심해진다. 영국의 정치학자 홉스가 만인에 대한 만인의 투쟁이라고 한 것이 바로 이 상태이다. 이 위기를 중지시키고 공동체를 자기파멸에서 구원할 수 있는 유일한 해결책은, 그 공동체의 분노와 원한 모두를 모방적 욕망에 의해 만장일치로 지목된 '희생양'을 선택하는 것이다. 모방적 폭력의 광기들은 공동체의 한 구성원 '희생양'에게로 향한다. 사람들은 자신들이 직면한 무질서한 사태의 유일한 원인으로 희생양으로 선택된 '희생양'에게로 돌리며 그를 격리시키고, 결국에는 모두에 의해 살해되고 만다. 그는 다른 사람보다 죄가 큰 것이 아니다. 공동체 전체는 그 반대라고 믿는다. 희생양 살해가 위기를 해결하는데, 그것은 이 살해가 신념이 투영된 만장일치에서 나온 것이기 때문에, 어느 누구도 죄의식을 느끼지 않는다. 희생양 메커니즘은 이렇듯 집단적 폭력을 자의적으로 선택한 공동체의 한 구성원에게 집중적으로 향한다. 그러면 이 희생양은 집단 전체의 적이 된다. 르네 지라르 《문화의 기원》 '희생양과 사회질서' p.80.

고 다니지 않았다. 그뿐인가. 출근을 할 때마다, 그리고 J를 보러 갈 때조차 말할 수 없이 식은땀이 나고 공황장애가 온 것처럼 귀에 심장소리가 쿵쾅거리며 들릴 정도로 심장이 두근거렸다.

반관리자인 J도 집단 분위기를 거스르고 날마다 문제의 주인공이 되는 내가 부담스럽고 싫어지는 모양이었다. J 또한 더 이상 나의 눈을 쳐다보지 않았다. 바쁘다는 핑계를 대며 나를 피하고 있었고 나 또한 더 이상 J를 보러 가지 않았다. 나는 보험계약을 성사시켜 갖고 올 때의 희열이 더 이상 느껴지지 않았다. 옳은 것을 옳다고 주장하지 않는, 상대주의적인 입장만 있을 뿐, 본질은 없이 '분위기'와 '욕망'만 흘러 다니는 모호하고 혼란스런 영업집단 안에 속해 있다는 것 자체가, 어느 날부터인가 혐오스럽게 싫어지기 시작했다. 게다가 빠져나올 수 없는 미궁에 빠진 것처럼, 무기력이 느껴졌다. 굳건히 지켜야 할 순수한 영혼을 모두 빼앗긴 것 같아 두려웠다.

영업조직 안에서 어쩌면 C 팀장 또한 무의식 깊은 곳까지 심겨진 영혼을 빼앗긴 것인지도 몰랐다. 사람들 모두가 영혼을 빼앗겨 가고 있는지 몰랐다. 나 역시 대필 사건 때, 분명 원칙을 어겨 놓고서 나에게 이익을 주지 않는다 하여 어린 주임에게 분노를 터뜨리고 난동을 벌이지 않았던가? 돈을 벌고자 하는 욕망에 불법은 있을 수 없다는 듯, 폭력을 행하는 것조차 쉬워진, 그래서 부끄러움을 전혀 못 느끼지 않았던가? 나의 영혼을 어디에 가서 찾아야 하는 것인가? 시간이 흐를수록 돌덩어리 하나가 박힌 듯 심장이 답답해 왔다.

나는 더 이상 모호하고 혼란스럽고, 복잡한, 악을 즐기는 네크로필리아적 세계 속에 남아 있고 싶지 않았다. 악하게 변해 가는 나 자신이 더 이상 악해지지 않도록 나를 자본집단, 보험사의 현실로부터 끊어내고 싶었다. 날마다 생존해야 하는 상황이었지만, 모방욕망을 이용해 탐욕이 생기도록 부추기는 것이 '문화'로 자리 잡은 보험사를 떠나야 하는 게 옳다고 봤다. 친밀한 동료들은 이윤 추구를 목적으로 하는 자본집단은 어디를 가나 똑같은 생리구조를 갖고 있다고 말했지만, 첫 단추가 잘못 끼워져 끝없이 문제의 주인공이 되고 있지 않은가? 문제에 문제를 거듭하는 수레바퀴 속에서 떨어져 나오려면 수레를 멈춰야 하는 것이 아닌가? 수치 밖으로 나가 수치를 들여다봐야 내가 얼마나 죄인 중에 죄인인지 알 수 있지 않은가? 비로소 나의 가장 큰 죄는 넣지 말아야 할 계약을 넣었던 죄, 원칙을 어기고 고객의 사인을 대필한 죄, 분노를 터뜨리고 난동을 벌인 죄, 당한 만큼 갚아주고 복수하려 한 죄, 사람들을 사랑한 척한 죄, 친절하지 않았던 죄, 용서한 척한 죄, 사람들에게 진심으로 마음을 열지 않았던 죄…. 이 죄들이 나의 가장 큰 수치였다는 것을 깨달을 수 있지 않은가? 모든 원인이 거기서부터 시작되었다는 것을 알고, 비로소 미안해하고 부끄러워할 줄 아는 선한 양심을 회복하기 위해서라도, 나는 자본집단, 보험사를 그만둬야 한다고 생각했다.

해체되다 감사팀에서 C 팀장의 문제를 조사하고 있는지조차 알 수 없도록, 몇 달 사이에 보험사는 변화에 변화를 거듭했다. 내 이미지를 말 한마디로 다 말아버린 김 지점장은 발령이 나버렸고, 스타지점 SM은 유치한 신인 FC들에게 스타지점으로 내용증명을 날리게 한 후, 신인 FC들을 모두 데리고 타 보험사로 옮겨 버렸다. 신인 FC들이 내용증명을 날리고 SM이 사라지는 순간, 이미 유지율이 깨진 지점은 신인 FC를 리쿠르팅하여 생겨난 수많은 사업비를 본사에 돌려줘야 했다. 결국 환수해 갖고 갈 사업비는 이미 다 써버렸기에 지점의 빚으로 남아버렸다. 그런 측면에서 SM은 지점의 입장에서 보면 배신자일 뿐만 아니라 자기 수익만을 먹고서 튀어 버린 사기꾼이었다. 오히려 나의 스마트폰을 우체통에 처박은 C 팀장의 문제는 FC들이 거론할 수조차 없을 정도로 미미한 문제일 뿐이었다.

스타지점은 해체 위기였고 어수선했다. 감사팀에서 조사를 받은 데다가, 내용증명을 다섯 건 이상 받은 양 지점장은 회사에서 문책을 받고 1년 만에 화려했던 지점장 생활을 그만두었다. 예의 없고 망나니 같은 주임도 발령이 나고 말았다. 결국 보험사는 손해도 엄청나지만, 이익이 없는 스타지점을 해체시켜 버렸다. 나의 지점과 타 지점이 하나로 합병이 되면서 키도 크고 잘생긴 30대 초반의 젊은 지점장과 경력이 많은 새로운 주임이 발령이 나서 왔다.

J의 교육센터 또한 다시 새로운 센터로 새 단장을 했다. J는 자회사로 분리된 대리점 CM으로 다시 발령이 났고, 보험사는 전체적인 구조조정을 하고 또 한 번 자회사를 분리시켰다. 그런데 지점이 해체되었다 한들 누군가는 또 수수료에 대한 욕망에 빠져 리쿠르팅을 해서 새로운 팀원들을 채워나갈 것이다. 이 엄청난 변화와 격동! 사람 시장이었고, 변화의 시장이었다. 하지만 이곳에서 나는 인간관계도 남지 않았고, 돈도 벌지 못했고, 최소한 남아 있어야 할 양심, 부끄러움조차 남아 있지 않았다.

8개월을 기다렸다가 나는 자본집단, 보험사를 빠져나왔다. 마차 위에서 수레를 보니, 내가 울퉁불퉁한 길을 가고 있는지 좁은 길을 가고 있는지 넓은 길을 가고 있는지 어디로 가야 하는지 '보이니까' 비로소 마음이 시원하고 평화로웠다. 어떤 사람도 돈을 싫어하는 사람은 없다는 것이었다. 돈에 대한 욕망을 채워 가는 데에 그 어떤 성역이 있을까? 돈을 많이 벌고 싶은 내 속의 욕망은 이미 내면화되어 있지 않은가? 돈 앞에서 나 또한 욕망을 드러낼 수밖에 없는 탐욕주의자이기에 어떤 누구도 비난할 수 없다는 것을 깨달았다. 오히려 지나친 나의 욕망을 감추기 위해 옳고 그름을 따지고 '정의'라는 이름으로 분노를 난발하며, 내 문제가 아닌 듯이 투사했다는 사실도 인정해야만 했다. 게다가 돈을 벌고 싶은 욕망 때문에 원칙을 어기고 불법을 저지른 것은 분명 나의 수치였다. 그래서 부끄러웠다.

한동안 나 혼자 빠져나온 것 같은 감정에 시달렸다. 3년여 동안 그늘처럼 나를 보호했던 CM J는 수레바퀴 안에서도 아무 문제 없이 융통성 있게 잘 해내고 있었다. 아침 이슬처럼 맑은 눈빛을 간직한, 늘 원칙을 지키려 하고 작은 원칙을 어겼을 때조차 얼굴이 빨개지고 부끄러워했던 J에게 수레바퀴 속에서는 도저히 용기가 나지 않아 말할 수 없었던 것을 이제는 말할 수 있었다. 수레바퀴 속에서 나왔으니까.

"나는 사실 고객에게 자필을 받지 않았어. 거짓말을 했어.

나를 용서해 줘! 네가 나에게 마음을 확 열지 못하고 다가오지 않았던 이유가 솔직하지 못한 나를 알고 있었기 때문이었다는 것을 잘 알고 있었어. 나의 분노가 정당하지 못하다는 것을 네가 눈빛을 보낼 때마다 나는 느낄 수 있었어. 게다가 피해의식으로 똘똘 뭉친 부자유 속에서, 너에게 말할 용기가 나지 않았어. 내가 늘 정당하다고 믿었으니까. 그럼에도 불구하고 늘 부끄러웠어. 거짓말을 했다는 것을 숨기기 위해서라도 J 네가 늘 필요했어. 네게 거짓말을 해서 부끄러웠는데, 이상하게도 네 옆에 가면 나는 그것을 잊을 수 있었어. 편안했고 자유로웠어. 공격적이고 두터운 방어벽 뒤에 숨어 있는 나의 연약함과 두려움을 알고 J 네가 말없이 따뜻하게 수용해 주었기 때문은 아니었을까? J야, 너의 존재감만으로 나를 충분히 보호했어. 그래서 늘 고마웠어. 하지만 나는 내 방어벽을 치느라 내 할 소리를 다하고 다니느라 너를 보호해 주지 못하고 친구로서도 동료로서도 힘이 되어 주지 못했어. 계속해서 함께 있어 주지 못해 미안해! 진심으로 본능적[24]으로 일어나는 내 우정을 모두 심장에 담아 말할 수 있어. 사랑해!"

거짓이 거짓을 물리치다 자본집단, 보험사를 빠져나온 지 7개월이 지났다. 어느 날 나는 풍문을 무성히 전하고 다니는 A에게 전화를 받았다.

"C 팀장 보험사 그만뒀어요. 어차피 그만둘 직장이었는데… 뭐 그렇게까지 행동했나 몰라."

나는 놀라 물었다.

"C 팀장, 왜 그만뒀대? 지점이 해체되는 바람에 감사팀에서도 문제 삼을 게 없었잖아. 실적도 잘하고 리쿠르팅도 세 명이나 하지 않았나? 잘 나가고 있었잖아."

A가 말했다.

"고액계약이 다 해약이 돼서 빚을 잔뜩 짊어지고 그만뒀다는 말도 있고, 남편하고 이혼했다는 말도 있고, 왜 그만뒀는지 말들이 많아요."

순간, 나는 생각했다. 스마트폰을 처박은 일 외의 또 다른 진실이 뒤늦게 밝혀져 그만둔 것은 아니었는지, 그게 진실은 아니었는지…. 하지만 지점 사람 어느 누가 내가 얼마나 상처를 받았는지 알려고 하지 않았던 것처럼, C 팀장이 얼마나 상처를 받았는지 관심이 있을까? 이익을 봤는지 손해를 봤는지 '돈'에 대한 욕망 외에, 그 상처를 들여다보고 그 진심을 알려고 하는 이가 누가 있을까? 무엇 한 가지라도 진실된 인식 없이 물 흘러가듯 분위기를 타고 행했을 뿐일 것이다. 나는 생각했다. 거짓이

---

24   본능과 욕망에는 본질적인 차이가 있다. 본능은 모방되지 않는다. 숨이 막히면 숨을 크게 쉬듯이 여기에는 어떠한 모방도 들어 있지 않다. 사막에서 물을 찾을 때 어느 누구도 서로를 모방하지 않는다. 《문화의 기원》 '문화적 모방과 대상의 역할'.

또 거짓을 물리쳤구나! 누군가 또 진심을 모르고 진실이 무엇인지 알려고도 하지 않은 채, '거짓'을 만들어 내겠지. 거짓을 만들어 내도 부끄러움을 느끼지 못하는 세계, 나 또한 1,000일이라는 시간을 거짓의 사람으로 살았구나! 내 눈에 눈물이 고여 들었다.

辯__생존욕망과 탐욕 사이에서

생존욕망 돈을 벌고 싶은 욕망을 어느 누가 막을 수 있을까? 누가 이를 탐욕이라고 말할 수 있을까? 수조 원을 가진 대기업 총수에게 당신의 욕망은 탐욕이라고 말한다면 총수는 분노하며 말할 것이다.

"나의 돈으로 수십만 명이 하루하루 안정적으로 먹고살지 않은가? 이 나라가 나의 세금으로 공무원들을 먹여 살리고, 사회복지를 하고 있지 않은가? 그것이 탐욕인가? 분배를 통해 그들을 먹여 살리고도 남아 있는 나의 잉여가치가 탐욕이라고 말한다면, 아무도 먹여 살리지 못하고 생산을 해내지 못하는 인간은 나의 입장에서는 게으름 그 자체인 최고의 악인이 아닌가? 절대자는 나에게 무엇이라 말할 것인가? 다섯 달란트 받은 자이니 천국에 오라고 하지 않겠는가? 내가 천국에 갈 수 없다고 말한다면, 자기 가족 하나도 못 먹여 살리다가 하나님만 믿습니다라는 말 한마디만 하다가 죽은 가난한 게으름뱅이가 천국에 가면 하나님은 무엇이라 말할 것인가? 너는 고생만 하다 왔으니 내 곁에 있으라 한다면, 수

조 원을 남기고 죽은 나에게는 무엇이라 말할 것인가? 너는 누리고 왔으
니 지옥에 살라고 할 것인가?"

　돈의 욕망이 본능이듯이 이해타산을 위한 이중적인 욕망도 본능이다.
총수는 타인의 것을 뺏어 와 풍요를 채운 것이 아니라 나의 능력으로 풍
요를 채운 건강한 생존욕망이라고 말할 것이다. 과연 타인의 것을 뺏어
오지 않고 나의 능력만으로 풍요를 채운 순수한 생존욕망이 있을 수 있
을까?

　　탐욕　더 가지고 싶어 하는 욕망, 부자가 되고 싶어 하는 욕망은
말 그대로 탐욕일까? 오늘날, 탐욕이라는 말 자체가 의미가 있을까? 사
유재산 즉 소유의 어원에(privat property, privateigentum, privare) '빼
앗다'라는 의미가 담겨 있듯이, 남의 것을 빼앗아 와야 내 사유재산이 된
다. 소유욕망이 지나치면 '탐욕'을 불러일으키고 동시에 이기주의를 양
산한다. 정신분석학자 에리히 프롬은 다음과 같은 글을 남겼다.

　"이기주의란 나의 태도의 한 측면일 뿐만 아니라 나의 성격의 한 측면
이기도 하다. 이기주의는 다음과 같은 것을 의미한다―나는 나를 위한
모든 것을 가지고 싶어 한다. 공유가 아닌 점유만이 내게 즐거움을 준다.
소유가 나의 목표일진대 많이 소유하면 할수록 그만큼 나의 존재가 커
지기 때문에 나는 점점 더 탐욕스러워질 수밖에 없다. 나는 모든 타인에
대해 적대감을 가지고 있다. 나의 고객들에 대해 속임수를 쓰고, 나의 경
쟁자들을 파멸시키고자 하며 내가 고용한 노동자들을 착취하고 싶어 한
다. 나의 욕망은 끝이 없기 때문에 나는 결코 만족할 수가 없다. 나는 나
보다 많이 소유한 사람을 시기하지 않을 수 없고, 나보다 더 적게 소유

한 사람을 두려워하지 않을 수 없다. 그렇지만 나는 누구나 자신을 그렇게 보이려고 하듯이 친절하고 성실하며 분별 있고, 미소 짓는 사람이 되기 위해서 이 모든 감정을 몰아내야 한다."

에리히 프롬은 "친절하고 성실하며 분별 있고 미소 짓는 사람이 되기 위해서 이 모든 감정을 몰아내야 한다"고 말하고 있다. 내가 만난 FC들은 평소 친절하고 성실하며 미소 짓는 사람들이었다. 상대가 부당한 행위를 해도 분노를 드러내거나 화를 내면 안 되는 감정 노동자들이었다. 감정을 드러내는 순간 고객을 잃고 실리를 잃어버리니까. 온갖 욕설을 다 퍼부어도 무감하게 친절히 고객의 불만을 받아들여야만 '돈'의 욕망을 채울 수 있었다. 수많은 스트레스들을 하루의 술로 풀어 버리는 영업인들! 게다가 직장에서는 서로가 서로를 경쟁자로 삼고 경쟁자들을 모방하라고 날마다 부추기고 있지 않은가? 그럼 부자가 될 수 있다는, 부자가 되고 싶은 꿈을 이룰 수 있다는 신념을 심어 주지 않던가! 그런데 이 신념이 실재는 없고 망상적 욕망만 있는 거짓 세계, 탐욕의 세계였다.

놀이가 된 돈, 돈 그 자체가 갑 권력을 쥐면 갑이고 권력에 기생하여 생존하려는 사람들은 을이 되지 않던가? 갑도 아닌 사람들이 더 갑질을 하며 권력이 원하는 욕망을 채워 주며 기생하려는 중간관리자들, 그리고 갑질을 하는 사람들에게 을인듯 굽신거려야 하는 평민의 세계! 이 세상은, 이 세상이 사라질 때까지 계급이 존재할 것이다. 비참했지만 생존하기 위해서는 갑들에게 잘 보여야 했다. 그런데 재미난 사실은 돈[25]을 쥔 자가 갑임에도 불구하고 돈의 속성은 누가 갑이고 누가 을인지 알 수 없게 한다는 사실이었다. 물건을 팔았는데 고객이 값을 지불해 줘야 내 돈이 되는 것처럼, 내 돈임에도 불구하고 돈을 받기 위해 갖은 애를 써야 하는 비참한 갑처럼, 빚을 지고 있는 을이 주머니에서 돈을 내놓지 않고 갖고 있으면 사기임에도 불구하고 갑이 되듯, 갑이 을인 듯한 세계, 을이 갑인 듯한 세계. 갑과 을이 수시로 바뀌는 중의적인 상징성을 갖고 있는 곳이 돈놀이의 세계였다. 이 세상의 돈, 갑은 그렇게 놀이하듯 순환한다는 사실이었다.

돈만을 쫓아다니는 을 사람이 돈을 속이는가? 돈이 사람을 속이는가? 돈이 사람을 속인다. 돈을 지키기 위해서 폭력을 사용하고, 그리고 모빙을 만들어 희생양을 양산하며 그 체제를 유지할 수 있다면 갑인가, 을인가? 돈 그 자체가 갑이고 돈을 쫓아다니는 탐욕에 빠진 우리는 어쩌면 모두 '을'이지 않은가? 오히려 진정한 '갑'은 돈을 욕망하지 않는 자가 아닐까! 성경 말씀(하박국 2:5, 새번역)에서 전하고 있지 않던가!

> "탐욕스러운 사람은 거만하고, 탐욕을 채우느라고 쉴 날이 없다. 그러나 탐욕은 무덤과도 같아서, 그들이 스올(지옥)처럼 목구멍을 넓게 벌려도, 죽음처럼 성이 차지 않을 것이다."

탐욕은 사탄의 세계 거짓을 끌어오는 악마의 '정수'는 바로 실체가 하나도 없는 강렬한 모방일 뿐이다. 악마에게는 고정된 기초가 없으며 '존재'는 더더욱 없다. 자신이 마치 실제하는 것처럼 보이기 위해 신의 피조물에 붙어서 기생해야 한다. 이렇듯 악마는 완전히 모방적 존재

---

25 이 세상이 도덕적으로 중립적이라면 돈도 도덕적으로 중립인 형태로 사용될 것이다. 그러나 세상은 중립적이지 않다. 죄악이 가득하고 저주 아래 있다. 죄악이 만연한 세상에서 돈은 중립적인 교환의 수단이 아닌, 권력의 도구가 되었다. 죄인의 손에서 권력은 억압의 도구가 되고, 돈은 거짓 우상과 숭배의 대상이 되었다. 그래서 돈을 쥔 자가 갑인 것이다. 랜디 알콘 《돈, 소유, 영원》

라서 존재하지 않는다고 말해도 틀린 말이 아니다. 악마의 기만적인 폭력이 여러 세대를 두고 인간 문화 속에서 계속 영향을 주고 있기 때문에 악마는 거짓 혹은 거짓말쟁이의 아버지가 되어 있다.[26]

거짓의 실체는 악마란 말인가? 이 악마는 사탄이란 말인가? 악마적 현실이 팽배한 자본집단에 나는 왜 계속 존재해야 하는가?

시기심과 질투심을 은폐하는 탐욕 비교 경쟁에서부터 비롯된 부러움에서 출발한 시기심, 질투, 탐욕의 감정은 서로 연관되어 상호 작용한다. 다루기 어려운 탐욕은 시기심을 은폐하기 위한 것일 수도 있다. 또한 망가뜨리기 위해 탐욕적일 수도 있다. 탐욕의 등을 타고 있는 것이 시기심이다. 탐욕은 시기심에 대한 방어로 사용될 수 있는 것이다. 자신이 모든 것을 소유하면 더 이상 부러워할 필요가 없다는 데 근거하고 있다. 병적인 질투는 그 안에 시기심을 숨기고 있는 것일 수 있으며, 시기심이 극심하지 않을 경우에는 그 시기심은 경쟁자가 지닌 어떤 속성에 대해 부러워하는 현상으로 보이기 쉬우나 실제로는 사랑받는 대상에 대한 질투심으로 분출되어 보일 수도 있다.[27]

부끄러움을 모르는 탐욕 탐욕에 빠진 자는 부끄러움을 느낄 줄 모른다. 돈의 욕망을 채워 모두가 선망하는 부자로 살아가는 일에 왜 부끄러움을 느껴야 하느냐고 반문할 것이다. 그리고 생존 경쟁에서 승리한 자이기에 오히려 자기를 과시할 것이다. 그런 부자로 살기 위해 부를 유지하기 위해 타인의 것을 착취하고 뺏어 와야 한다는 사실에도 부끄러움

---

26   《나는 사탄이 번개처럼 떨어지는 것을 본다》 1부 사탄 p.61.

27   롤프 하우블 《시기심》 '시기심과 경쟁'.

조차 없을 것이다. 경쟁자들을 모빙으로 희생양 삼고 폭력을 일삼아 상처를 준 것에 대해서도 그것이 왜 상처가 되느냐고 반문할 것이다. 생존경쟁에서 이기지 못한 실패자일 뿐이라고 말할 것이다. 합법적인 근거에 의해 부자가 되었다고 주장하지만, 합법적인 제도가 힘 있는 자의 편이라는 사실을 제시하면, 또한 실패한 자 때문에 자신이 부자가 되었다는 사실의 근거들을 제시하면, 그래서 남의 것을 뺏어 온 것이 곧 너의 풍요로운 소유라고 말한다면 그들은 어디로 갈 것인가? 부끄러움을 느껴 도망친다면 탐욕은 그것은 어리석은 짓이라고 말할 것이다. 오히려 끝없이 솟구쳐 오르는 샘물처럼 생존 욕망을 갖고 살아남으라고 세상의 모든 것을 거머쥐라고 소리칠 뿐, 그것이 거짓의 세계로 판명되어도, 끝없이 보암직도 하고 먹음직도 하고 탐스럽기도 하니 세상의 모든 것을 거머쥐라고 소리소리 칠 것이다. 마귀처럼, 사탄처럼 부끄러움도 모르고 혼란과 무질서만 있는 망령의 세계로 사람들을 침몰시켜 파멸로 몰아갈 것이다. 낙타가 바늘구멍을 지나가는 것보다 부자가 천국에 들어가는 것이 더 어렵다고 예수가 말했던 이유가, 그들이 탐욕에 빠져 있음에도 불구하고 부끄러움을 알지 못했기 때문이 아닐까?

2
가족, 친구 STORY

부끄러움을 감추다!

여호와여 내가 주께 피하오니 나를 영원히 부끄럽게 하지 마시고
주의 공의로 나를 건지소서(시 31:1)

방어벽

뿌리 깊은 수치심 마치 군인처럼 곤색 제복을 입은 모습으로 클로 즈업되는 36세 한나, 그녀는 버스 안내원으로 요금을 받고 있다. 미동 처럼 간헐적으로 흔들리는 버스에서 기운 없이 앉아 있는 미하엘, 15세 청소년이다. 검푸른 다크서클이 퍼져 눈자위에 병색이 완연하다. 학교 에서 돌아오는 길에 전동 버스를 탔지만 차멀미를 견딜 수 없어 미하엘 은 내리고 만다. 비틀거리며 달려가 구석진 골목길 여기저기에다가 토 해놓고 주저앉아 가쁜 숨을 몰아쉬고 있다. 때마침 버스 안내원 한나가 씩씩한 걸음으로 골목으로 접어든다. 미하엘을 본 한나는 당황하지만, 아주 자연스럽게 세숫대야에 물을 받아 구토물을 하수도 구멍으로 몰아 바닥을 씻겨내고 미하엘의 얼굴을 씻어 준다. 마치 엄마의 얼굴을 감춘 여자이다. 진정된 미하엘의 손을 잡고 집 앞에까지 데려다주고는 한나 는 어깨를 토닥인다.

미하엘은 간염으로 두 달 동안 학교를 못 나간다. 엄마의 간병, 독서, 잠이 전부다. 몸은 서서히 회복되어 간다. 두 달 만에 한나의 집 문 앞에서 재회한다. 오하이오 보랏빛 꽃으로 고마운 마음을 표현하고, 석탄연료를 날라주는 것으로 빚을 갚으려 하지만, 옷과 얼굴이 온통 석탄가루 범벅이 되고 만다. 한나의 욕실에서 몸을 씻으면서 36세 한나와 15세 미하엘의 사랑은 시작된다.

책 읽어 주기, 샤워, 사랑 나누기, 나란히 누워 있기… 만날 때마다 이루어지는 예식처럼 이루어지는 사랑에는 승강이가 없다. 20년 연상인 한나에게 점점 깊어지는 미하엘의 사랑은 수치가 없다. 오히려 낙제 위기에서 벗어날 만큼 모든 일에 자신감이 생기고 사랑에 먼저 눈 뜬 자로서 친구들 앞에서도 더 당당하고 성숙하다. 한나와 영화를 관람하고, 시내 구경을 하고, 여행을 다녀오고, 부족할 것 없이 아름다운 시간들로 채워져 있다.

하지만 어느 날부터인가 한나는 몹시 불안해한다. 미하엘에게 화를 낸다. 마치 제복을 입은 군인처럼 명령적이고 미하엘에게 복종을 원한다. 돌아가라 하면 가야 하는 것이다. 화를 내놓고도 미하엘을 기다리는 한나는 학교로 찾아가 미하엘에게 할 말을 남기려는데 친구들과 신나게 수영을 하고 있는 모습을 보고 돌아오고 만다. 이후 한나는 버스 안내원 일도 그만둬 버리고 쫓기듯 떠나버린다. 사라진 것이다. 미하엘은 미친 듯이 한나를 찾아다니지만, 한나는 어디에도 없다. 미하엘은 후회한다. 그토록 깊은 사랑을 나눴으면서도 한나에 대해 아는 것이 하나도 없다. 단지 사랑했을 뿐이다.

대학에 들어간 미하엘은 법학도가 되었다. 법학 세미나 팀은 전쟁 범죄자들을 재판하는 재판 과정을 청강하기로 한다. 그런데 법정에서 미하엘은 한나를 다시 만난다. 한나는 피고인으로서 나치 수용소의 감시원이었다. 그녀의 죄목은 수용소에 수감된 유태인들을 한 교회에 가둬두고 모두 불에 타 죽도록 한 혐의였다. 생존자는 한 명뿐이었다. 한나에게는 근원적인 약점이 있었다. 한나가 글을 읽을 줄 모르는 문맹이라는 점이었다. 문맹, 사랑하는 이 앞에서 절대로 보여 주고 싶지 않은 이 수치. 미하엘과 여행을 하면서도 미하엘이 남겨둔 쪽지를 읽지 못해, 미하엘이 사라지자 내내 불안해하는, 그리고 불안감을 못 견디고 미하엘이 나타나자 허리띠로 매질을 했던 한나였다. 글을 읽을 줄 몰랐기에 미하엘에게 늘 책을 읽어 달라고 말한 한나! 책을 읽어 주어야만 언제나 미하엘과의 사랑은 시작되었다는 사실이다. 문맹이라는 수치를 감추기 위해서 버스 안내원을 하면서 승진할 기회가 있을 때마다 다른 일을 찾아 도망쳤던 한나였다. 자신이 글을 읽지 못한다는 걷잡을 수 없는 수치심, 이 수치심은 법정에서도 똑같이 적용된다. 함께 기소된 다른 여자 감시원들이 한나가 보고서를 작성했고 사인을 했다며 죄를 뒤집어씌우는 상황에서도, 한나는 자신이 문맹이라는 사실이 노출될까 봐 필적 감정을 거부하고 만다. 결국 모든 죄를 뒤집어쓰고 평생 감옥에서 살아야 하는 종신형을 선고받고 만다.

한나는 왜 그래야만 했을까? 미하엘은 법정에서의 상황을 지켜보면서 자신이 한나가 문맹이라는 사실을 아는 유일한 사람이라는 것을 너무도 잘 알고 있다. 미하엘의 고민과 갈등은 끝없이 엉킨 실타래처럼 풀리지 않는다. 상대가 원하지 않는데 수치를 끄집어내서 그녀를 자유롭게 해 주는 것이 정의고 사랑인가? 상대의 수치를 묵인하고 덮고 가는 것이 사랑이고 정의인가? 어떤 것이 옳은지 그른지를 알 수 없는 상황에 함몰돼서 아무 판단도 내릴 수가 없다.

훗날 미하엘은 변호사로서도 성공했고, 법제사 전공 학자가 된다. 결혼하여 딸까지 낳지만, 이혼하고 만 미하엘은 자신의 인생에 한나가 결정적인 영향력을 끼친 것을 깨닫고, 한나가 수감된 지 8년째 되는 해부터 미하엘은 한나에게 책을 읽어준다. 예전처럼 사랑을 계속해서 나누고 소통을 하고픈 행위의 하나가 책을 읽어 주는 것이었던 것처럼, 문학작품을 읽고 녹음을 하여 녹음 테이프를 만들어 그녀가 수감된 교도소로 10년 동안 보내 준다. 어떤 카드나 편지도 없이… 한나는 이를 계기로 책을 빌려다가 미하엘이 보내준 녹음에서 흘러나온 소리의 음가를 한 글자 한 글자 비교해 가며 글자를 터득해 간다. 결국 몇 년 만에 문맹에서 탈피한 한나!

문맹에서 벗어난 한나의 첫 번째 행위는 일곱 살 아이 같은 서투른 글씨체로 미하엘에게 "꼬마야, 지난번 이야기는 너무 멋졌어. 고마워, 한나가"라는 편지 쓰기였다. 그리고 전쟁 범죄자였던 나치가 유태인들에게 어떤 학살들을 자행했는지를 알기 위해 책을 읽기 시작했다.

미하엘은 녹음 테이프를 보내면서도 한나의 편지에 어떤 서신도 보내지 않는다. 과거 속에 있던 여전히 아름다운 30대 중반의 한나만을 사랑했던 것일까? 중년이 된 미하엘과 70세 노인이 되어 버린 한나. 미하엘은 한나의 석방 이후의 삶을 마련해 놓았다.

하지만 석방 당일 새벽, 한나는 목을 매달아 자살하고 만다. 미하엘은 한나의 감방에 한나가 남긴 유품 속에 그가 졸업식 날 학교장으로부터 상장을 받는 모습을 담은 사진이 남아 있는 것을 발견한다. 한나는 미하엘보다도 더 깊은 사랑을 오래도록, 죽는 순간까지 아무도 모르게 간직하고 있었던 것이다. 불타고 있는 교회에서 유일하게 살아남은 생존자에게 주라고 남긴 연필통 속에 담긴 수천 달러! 미하엘은 오열한다. 글을 깨우치고 난 한나에게는, 15세 소년과 사랑을 나눈 행위도, 아무런 고뇌 없이 나치의 명령에 무조건 복종하는 손쉬운 선택으로 유태인들을 불태워 죽게 만든 무지한 행위도 모두 수치심으로 다가오지 않았을까? 자기 안에 숨겨 놓은 진실을 명확히 들여다봐야만 비로소 느껴지는 수치심! 수치심을 느낀다는 것은 고통이었을 것이다. 한나의 고통을 미하엘은 얼마나 공감했을까? 공감했기에 오열했을까?

《책 읽어주는 남자(The Reader)》는 나치 수용소 감시원이었던 한나와 15세 소년 미하엘의 이야기를 통해 인간의 근원적인 수치의 문제를 다루고 있다. 수치의 문제는 보다 거시적으로 확장되어 간다. 한나는 2차 세계대전을 벌이고 유태인을 학살했던 독일인들의 집단적인 수치를 안고 살아가야 하는 부모 세대인 전범 세대이며, 미하엘은 부모 세대의 범죄를 어떤 방식으로든 수용해야 하는 전후 세대를 의미할 것이다. 수치가 수치로 남지 않으려면, 죄와 허물로까지 남지 않으려면 수치를 품어야 하는 용서의 문제가 해결되어야 한다. 그런데 용서가 말처럼 쉬운 것일까? '진실'이 밝혀지지 않고 전범 세대가 진심 어린 후회와 반성과 성찰을 대면하지 않은 상태에서, 전범 세대가 진정성 있는 진실을 대면하지 않고 과연 용서가 가능할까?

《책 읽어주는 남자》의 저자 슐링크는 용서하고 사랑하기 위해서는 거대한 관념을 떠나서 먼저 비언어적 행위인 몸의 언어를 통해서든 언어적인 행위이든, 어떤 형태로든 서로의 언어를 이해하면서 소통해야만 한다는 사실을 전하고 있다. 책을 읽어 주는 행위처럼, 20년 가까이 책을 읽어 녹음을 해서 보내줄 만큼 섹스 그 이상의 진정성 있는 사랑의 행위! 이 행위가 확인될 때, 한나는 비로소 문맹으로부터 벗어날 수 있었다. 시작은 20년 어린 미하엘에게 사랑받기 위한 사랑의 몸부림에서 시작되었을 게 분명했다. 이 같은 개인의 은밀한 사랑은 사회적 책임과 의미로 확장되어 나갔다. 나치의 명령에 복종하고 그 의무를 다하는 것만이 옳은 것이라고 굳게 믿고 살았던 한나는 자신의 행위가 무지였음을 성찰한 것이다. 그리고 그것은 씻을 수 없는 부끄러운 행동이었음을 깨달았다. 진정한 반성과 후회! 한나는 비록 자살했지만, 진심으로 부끄러워할 줄 아는 성인으로 거듭난 것은 아니었을까? 부끄러움을 충분히 이해하고 공감할 때에만 서로가 서로를 진정 용서하고 사랑을 확증할 수 있는 것이다. 어느 날 말도 없이 사랑을 남겨 놓고 떠나 버린 한나에게 오래도록 남아 있는 사랑을 씻어 내기 위해 책 읽어 주는 행위를 시작한 미하엘처럼, 나에게 한을 남긴 대상을 용서하고 싶으면 언어적이든 비언어적이든 진심 어린 소통부터 시작하라고… 슐링크는 제시한다.

에덴 밖으로 쫓겨난 이후, 인류의 불행은 근원적이고 본능적인 죄성으로 인간의 영혼 속에 '수치'가 뱀처럼 똬리를 틀고 자리 잡고 있다는 사실이다. 그리고 원시적 본능 속에 감춰진 '수치심'은 서로가 서로를 가장 사랑하고 우정을 나눠야 할, 친구, 애인, 부부, 부자(父子), 형제자매 사이에 흐르고 있지 않은가?

미하엘에게 한나의 문맹이 그러했듯이, 사랑하는 이의 '수치'를 보호하기 위해 숨겨 주는 것도, 자유로워지기 위해 드러내는 것도 모두 현실에서는 고통스러운 일이다. 사랑하는 이와의 관계가 한 걸음도 나아가지 못할 정도로 불편한 현실일 뿐이다.

단지 우리들은 도피하고, 탓하고, 투사하고, 무책임하게 눈에 보일 듯 말 듯 폭력을 행하고 살아가고 있을 뿐이다. 이는 '수치' 즉 '부끄러움'[28]을 감추기 위한 방어벽[29]인 것이다.

부부 사이

보이는 폭력, 보이지 않는 폭력 새벽 4시, 거칠고 무거운 철음이 꽝! 하며 현관문이 열렸다 닫혔다. 남편이 술을 먹고 들어온 모양이었다. 손잡이 돌리는 소리가 점잖지 못했다. 아이들 방에 들어가 아이들 얼굴에

다가 술 냄새를 풍기며 살을 부벼댈 것이고 부부의 방으로 들어와 씨근 덕거리며 나의 옆으로 다가올 것이다. 잠결에 듣는 소리만으로도 귀에 거슬려 나는 양미간을 구기며 이불을 머리 위로 뒤집어쓰고 말았다. 한 심한 인간! 하고 되뇌고는 긴 숨을 토해냈다. 남편은 신용불량자가 된 지 2년이 넘어간다. 돈을 벌든 안 벌든 빚을 갚든 안 갚든 둘이서 공동 생산 한 자녀를 키우고 있으니 생활비는 주어야 하지 않은가? 이번 달에도 돈 을 한 푼도 갖다 주지 않았다. 심장에서 불을 품어내듯 분노가 불끈 끓 어올랐다. 잠이 절대적으로 필요한 새벽 4시였다. 오늘도 고객과 3건의 미팅이 잡혀 있었다. 아무 생각도 하고 싶지 않았다. FC는 사업이었다. 투자금 없이 한 달에 200만 원이라도 벌면 큰 수입이었다. 남편을 애틋 하게 받아 줄 여유가 없는 것 또한 사실이었다. 남편이 조용히 누워서 곯 아떨어져 자기만을 바랄 뿐. 부부의 방 미닫이문이 드르륵 열렸다. 끄윽

---

28   사회 문화 속에 존재하는 수치심은 타인과의 비교의식, 허위의식, 회피에 급급한 체면 의식, 지나친 경쟁, 피상적인 관계 등의 근원에서 발생한다. 또한 수치심과 수치심의 정체성은 그 원인이 타자와의 관계에서 이루어지며, 자신과 대상과의 관계에서 시작된 다. '그것'의 원칙을 어겼을 때, 대상과의 약속 계약 등을 어겼을 때, 개인의 탄생은 관 계 안에 가능하기 때문에 모두가 나와 그것, 나와 대상과의 관계의 깊이와 질의 정도 에 따라 수치심이 발생한다. 나아가 심리적인 측면에서 수치심은 자기의 욕망과 기대 를 이루지 못하고 자기상실과 실망 속에서도 수치심이 발생한다. 정신분석학적으로 수 치심이 발생할 때 잊어버리고 싶은 실패감을 포함하는 인간 내면의 '그림자'를 포함한 다. 이 그림자 뒤에는 극심한 분노들이 발생하는데 이는 수치심의 또 다른 표현이라고 할 수 있다. 제이 그린버그 · 스테판 미첼 《정신분석학적 대상관계이론》 pp.547-550.

29   수치심으로 인한 심리적 어려움은 정신분열증이나 인격 장애, 우울, 불안, 중독의 경우 와는 달리 쉽게 발견되지 않는다. 또한 다양한 방어기제를 사용하기 때문에 수치심을 추적하는 일에 상담자들이 어려움을 겪는다. 순간적으로 간과되기 쉬운 수치심의 문제 는 중독현상, 자기애적 장애, 낮은 자존감, 열등감, 정체성의 문제, 분노, 우울증의 중 심부에 관여하며 개인의 인성 속에 숨겨진다. 정체성 속에 숨겨진 수치심은 무의식적 인 분노와 감정적인 인격 장애로 자신의 몸에 해를 끼치며, 공격성이 타인과 사회로 돌 려져 폭력적인 현상까지 나타난다. 김지아 〈수치심에 대한 목회상담적 이해〉

대는 소리와 옷 벗는 소리가 들려오는 것을 보니 그리 많이 취한 것은 아
닌 모양이었다. 옷에 묻혀 온 담배 냄새와 께름한 취기의 냄새가 나의 코
끝에 스쳐 왔다. 옷을 갈아입고 바로 이불 속으로 파고들어 왔다…. 남
편의 손이 배를 어루만지더니 점점 사타구니 아래로 내려왔다. 나는 머
리에서부터 쭈뼛이 소름이 돋아 오르기 시작했다. 두 다리를 꽁꽁 오므
린 채, 한잠으로 뭉쳐 있던 잠결은 순식간에 사라져 버렸고 감았던 눈을
떴다. 나는 남편의 손을 걷어치우며 거세게 말했다.

"늦게 들어왔으면 곤히 자. 나도 피곤해!"

남편이 이불을 휙 걷어치웠다.

"언제까지 이럴 거야? 우리 부부 맞아? 이러면 우리는 무늬만 부부야.
섹스리스 부부. 1년 동안 우리는 부부관계를 안 했어. 나도 남자야!"

"이게 정 하고 싶으면 다른 여자랑 하고 들어와. 몇 번을 말해? 나는
하기 싫어!"

먹고살기도 바쁜데, 부부관계가 뭐 그렇게 대단한 일이랴! 싶었다. 돈
은 벌어오지 않으면서 끝없이 부부관계를 이어가려는 남편의 동물적인
행동들에 소름이 돋기 시작한 지가 1년이 넘어갔다. 이번에는 남편의 표
정이 심상치 않은 것은 사실이었다. 자는 아이들을 신경 쓰지 않고 거세
졌다. 자존심이 박살 난 얼굴은 온통 구겨져 있었다. 남편은 소리쳤다.

"정말이지? 내가 바람 피워도 된다는 얘기지? 그럼 각서 써!"

벌떡 일어난 나는 화장대 위에 놓인 아이들 알림장 노트 한 장을 북
찢어 냈다. 펜 통에 담겨 있는 검정 볼펜을 찾아 손에 쥐고 휘갈겨 써 내
려갔다.

각서

아내 조진희는

남편 김용상이

밖에 가서 바람을 피고 와도

전혀 토를 달지 않을 것을

약속합니다.

휘갈겨 쓰는 사이 남편은 구겨진 자존심을 다시 살릴 만한 무기를 눈동자를 굴려가며 찾고 있던 모양이었다. 각서를 써서 주려는 순간, 날카로운 등산용 철제 코펠이 얼굴로 날아왔다. 콧등에서 피가 흘러내렸다. 순간 나는 날카로운 비명을 질러댔다. 얼굴을 가릴 새도 없이 비명이 커지자, 목을 조르고 주먹과 발길로 사정없이 나를 두들겨 팼다. 방 안에 놓인 청소기도, 화장품도 가방도 다 무기가 되어 날아왔다. 이 무기들을 피하느라 한쪽 구석에서 머리를 숙이고 등을 보이고 쪼그려 앉아 공포에 쪼그라들어 있었다. 남편은 이성을 잃은 사이에도 아이들이 들어오지 못하게 문을 잠가 버렸다. 엄마의 비명과 눈물에, 그리고 아빠가 엄마를 구타하는 소리에 잠을 깬 아이들은 방문을 두드려 가며 "엄마! 엄마!", "아빠, 엄마 때리지 마! 엄마 때리지 마!" 울면서 외치고 있었다. 두 평 반 정도밖에 안 되는 부부의 방은 아수라장이 되어 버렸다. 순식간에 일어난 일이었다. 1년 동안 섹스를 거부한 일로 왜 이렇게까지 서로를 망가뜨리고 모든 것을 망가뜨려야 하는가? 이게 부부인가 싶었다.

남편의 구타는 결혼한 이래 네 번째 구타였다. 하는 사업이 잘 안 되고, 사기를 당한 후부터 사람이 거칠게 변하기 시작했다. 일이 안 돼서 분풀이할 데가 없어 그러려니 했지만… 점점 도가 지나쳤다. 초인종이 성급하게 울려 왔다. 문이 열리지 않으니 현관문을 두드리는 소리도 요란스러웠다.

"경찰입니다. 신고가 들어왔습니다. 문 여세요!"

남편은 제정신이 든 듯 그제야 구타를 멈추었다. 아이들이 본능적으로 문을 열어주고 싶은 모양인지 문 쪽으로 가려다가 멈칫하고 무서운 아빠의 눈치를 살피고 있었다. 아이들은 망설였다. 나는 당장이라도 달려 나가 이 상황을 고스란히 경찰들에게 알려야 한다 싶었지만, 나서는 순간, 그 이후 또다시 일어날 보복이 두려웠다. 남편은 아수라장이 된 방을 치우고 있었다. 그리고 집어 던진 집기들을 감추고 있었다. 조금 전 이성을 잃은 사람으로는 보이지 않았다. 현관문의 초인종이 계속해서 울려 댔다. 남편이 말했다.

"문 열어 줘. 아무 일도 아니라고 그래!"

아무 일도 아닌데 이미 나의 얼굴은 콧등과 광대뼈에서 피가 흐르고 있었다. 휴지로 피를 닦아 냈지만 뼈가 바스러진 듯이 말할 수 없이 고통스러웠다. 나는 힘겹게 손에 힘을 주어 문을 열어 주었다. 제복을 입은 두 명의 경찰관이 서둘러 들어왔다. 한순간에 집 안 전체를 살피고, 한 손으로 얼굴을 가린 나를 위아래로 훑어 내리며 살피고 있었다.

"괜찮으십니까? 이웃에서 신고가 들어왔습니다."

내가 무엇이라 말해야 할지 망설이고 있는 사이에 남편이 말을 했다.

"아무 일 없어요. 집안일입니다. 돌아들 가세요!"

한 덩치 하는 키가 크고 젊은 경찰관은 남편을 이물스러운 짐승을 보듯 말했다.

"부인 되시는 분이 피가 흐르는데 아무 일도 없다는 얘기가 말이 됩니까? 두 분 모두 경찰서로 가주셔야겠습니다."

나이가 지긋해 보이는 경찰관이 말했다.

"부인, 정말 괜찮으십니까? 팔 좀 들어 보세요. 팔이 부러진 듯합니다."

그러고 보니 오른쪽 팔이 틀어져 있었다. 경황이 없으니 아픈 줄도 모르고 경찰이 온 상황을 맞이한 것이다. 나이 지긋해 보이는 경찰관이 말했다.

"이웃 주민들의 신고가 한 집에서 들어온 게 아닙니다. 두 군데서 들어왔습니다. 상황을 보니 남편분의 구타가 분명한 거 같으니 남편분과 부인은 가셔서 조사를 받으셔야겠습니다."

윗집의 형편을 잘 아는 아랫집에 사는 언니가 신고를 한 모양이었다. 남편의 표정을 보니 조사를 받아야 한다는 말에 남편은 이미 긴장한 것 같았다. 법 앞에 그렇게 꿈쩍도 못할 거면서 마누라를 두드려 패는 일은 쉬운 일이었던 모양이었다. 왜 그렇게 힘센 척을 하는지, 피가 나고 부러진 팔이 부어올라 고통스러운 상황인데도 남편의 굳어진 표정을 살펴보는 것은 은근히 즐거운 일이었다. 나는 봄 코트를 챙겨 들고 경찰을 따라나섰다. 남편은 마지못해 따라나서는 것 같았다. 시간은 이미 새벽 5시를 넘어서고 있었다. 나는 생각했다.

이왕 이렇게 경찰들까지 온 김에 솔직하게 다 얘기하고 남편을 접근금지를 시켜 놓고 자연스레 이혼의 수순을 밟는 것이 낫고 싶었다. 남편이 사업에 실패한 이후 이렇게 사는 것은 지옥이나 마찬가지였다. 어디에서부터 어떻게 꼬였는지 남편과 나의 문제는 복잡했다. 결혼생활이 12년째였다. 12년 동안 꼬이고 꼬여서 엉킨 실타래를 풀기보다 끊어 내는 것이 더 쉽고 간단할 것 같았다. 쉬운 길을 가고 싶은데 그 길은 모두를 버려야 했다. 아이들을 떠나보내고 살 수 있을 것인가? 쉽지 않았다. 남편과 갈라서고 아이들을 데리고 잘 살 수 있을 것인가? 그리고 아이들을 남편에게 보내고 혼자서 잘 살 수 있을 것인가? 그 어느 것도 쉽지 않았다. 남편은 원래 나를 상습적으로 구타하는 사람이 아니었기 때문이다. 그는 변했다. 사악하게 변해 가는 이유가 무엇 때문인가? 한때는 죽고 못 살 만큼 사랑한 사이었고, 사랑해서 결혼했고, 아이 둘을 낳았다. 왜 이리 어려운지….

긴 한숨이 흘러나왔다. 오른쪽 팔은 틀어져 있고, 얼굴은 점점 부어올랐다. 공포에 떨고 있을 아이들이 떠올랐다. 이혼을 경험한 아랫집 언니가 챙겨 줄 거라 믿지만, 조사가 끝나면 응급실부터 가야 하는 것인지, 아이들에게 가야 하는 것인지 혼란이 밀려왔다. 눈에 눈물이 고여왔다. 하루라도 빨리 모든 것을 그만두고 이 어두운 동굴에서 빠져나가고 싶었다. 빠져나갈 수 있을 것인가도 의문이었다. 언제라도 아이들이 아빠는 왜 엄마를 때렸냐고 물으면 남편은 무엇이라 말할 것인가? 엄마는 아빠에게 왜 맞았냐고 물으면 나는 무엇이라 말할 것인가? 엄마가 힘이 없어서 맞았다고 하면 아이들이 믿을 것인가? 아빠가 제대로 돈을 벌어 오지 못해서, 아빠가 더 이상 엄마를 사랑하지 않아서, 그 어떤 말로도 아이들에게 보여진 나는 약자일 것이었다. 남편에게 맞고 사는… 과연 약자였던가? 남편의 본능적인 욕구를 채워 주지 않고 거부하는 나는 과연 약자였던가?

무책임 남편은 부모님과 10년 동안 대형 슈퍼마켓을 하다가 결혼 2년 후, 일을 그만두었다. 결혼 전 새로운 사업을 위해 부모님이 마련해 준 상가에 투자했지만 건설회사가 부도가 나버렸다. 투자한 돈을 회수하기 위해 5년 동안 건설회사를 쫓아다녔다. 하지만 돌려받지 못했다. 결국 전자부품을 제조하는 업체에 취직했지만 1년 만에 그만두었다. 다시 가구를 제조하는 업체에 취직하여 일을 시작했지만 이 또한 6개월이 못 가 또 그만두었다. 시행착오를 끝없이 거듭할 뿐이었다.

결혼 7년째 되는 해, 남편은 하나님을 만났다며 목회의 길을 가겠다고 선언했다. 엄마 배 속에서부터 하나님을 믿은 모태신앙인 나로서는 그 길을 가지 못하도록 막는 것은 신앙 양심의 문제인 것 같아 반대할 수가 없었다. 게다가 결혼 이후 남편이 처음으로 소신껏 선택한 일이기도 했다. 한편으로 지지해 주고 싶었다. 나 또한 대학부터 대학원까지 부모의 도움 없이 학비를 벌고 용돈을 벌어 썼으므로 남편도 그렇게 쉽게 할 수 있으리라고 믿었다. 하지만 그 믿음이 잘못된 선택이었음을 아는 데, 불과 2년이 걸리지 않았다.

신학 공부를 시작한 이후, 아예 생활비를 가져오지 않았다. 아르바이트를 해서 돈을 번다고 해도 그것은 본인이 써야 할 용돈이었지 생계에 도움을 주지는 못했다. 게다가 남편은 두 가지 일을 하지 못했다. 하나만 몰입하는 것도 벅차 하는 사람이었다. 그런데 시간이 갈수록 목회 현장의 실체를 파악해 가면서 그리스도를 전하겠다는 신념도 모호해져 갔다. 학위를 마치기까지 나는 7년의 시간 동안 남편의 신념만 바라보고 살아가는 것이 굉장히 힘이 들었다. 돈을 벌어오지 않아서 힘든 것보다는, 실리가 분명하고 적극적으로 일을 펼쳐 가는 나와는 다르게 남편은 늘 선택 앞에서 소극적이었고 망설였다. 이 망설임으로 보내는 시간이 나를 더 힘들게 했다. 게다가 어린 시절부터 교회만 다녔지 목회를 주도해 가는 세계는 나도 모르는 세계였기에 남편의 두려움 속에 나의 두려움이 더욱 컸다. 어쩌면 내 두려움이 더 커서 남편이 가고자 하는 길에 확신을 가질 수가 없었다.

나는 남편이 사람을 편안하게 해주는 능력을 타고났다고 믿었다. 자신의 감정을 표현하지 않았고, 화를 낼 줄을 모르고, 잘 참았다. 겉보기에는 한없이 따뜻하고 좋은 사람이었다. 일이 주어지면 열심히 성실하게 일을 처리하는 사람이라고 믿었다. 하지만 대형 슈퍼마켓을 하는 부모와 일을 하면서 부모의 경제적 지원으로 살아왔을 뿐, 부모에게서 독립하여 단독으로 돈을 벌어 본 일은 없는 사람이었다.

결혼 7년 만에 하나님을 만났다며 목사가 되겠다고 선언했을 때, 남편의 성품이라면 목사님이 되도 부족함이 없을 것이라고 생각했다. 남편은 결혼 8년째부터 신나게 아르바이트를 병행하면서 학부부터 신학을 시작했다. 하지만 남편의 따뜻한 성품만으로는 목회지라는 들판에서 자기 자리를 찾는 것이 쉽지 않았다. 게다가 남편은 자기 소리가 없었다. 그러니 이런저런 힘겨루기에서 언제나 밀리는 착해 빠지기만 한 성격이라는 것을 그제야 확실히 알아버렸다. 착해서 결혼했는데 이제는 착해서 싫었다. 게다가 신학을 뒤늦게 시작해 남편의 나이가 많은 것도 큰 장애물이었다.

남편의 신앙은 깊어져 갔지만, 남편의 신앙은 삶과 분리되어 있었다. 아이가 차에 치어 교통사고가 난 상황에서 입술이 터져 피를 줄줄 흘리고 있는데도 병원으로 달려갈 생각을 하는 게 아니라 멍하니 멍 때리고 있을 정도로 판단이 느렸다. 게다가 기도원에 가서 기도만 하면 하나님이 다 해결해 주신다는 이해가 안 되는 신념은 결국, 남편을 늘 기도원으로 줄행랑치게 했다. 초월을 인정하지만 초월적인 신앙은 현실세계에서 보편타당한 것이어야 했다. 하나님은 보편타당하게 역사하는 분이라고 믿었다. 하지만 남편에게 하나님은 현실적인 일들은 해결하지 않은 채, 잠시 피해 있는 도피처 같았다.

잔소리와 지적이 많아질수록 남편은 말수도 줄어들고 아내인 나와 함께 있으려 하지 않았다. 오히려 눈치를 보기 바쁘고 숨기는 게 많아졌다. 문제를 해결해 가는 것은 언제나 나였다. 남편은 문제를 늘 피해 다니는 것이 정당한 것인 양, 떳떳해했다. 신앙으로 나를 훈계했다. 소리 지르며 기도하면 주시는 하나님 이전에, 기도한 만큼 그 열매를 위해 지혜롭게 노력해야만 주시는 하나님이시라는 나의 신앙태도와 언제나 부딪혔다. 게으름은 일만 악의 뿌리라는 것을 명쾌하게 말씀해 주시는 하나님이시지 않은가? 나는 하나님께 묻고 또 물었다.

"하나님, 저 남편과 계속 살아야 합니까? 남편에게 주신 저 신앙은 도피하라고 주신 신앙입니까?"

모태신앙인인 나는 어려서부터 엄마 등에 업혀 부흥회를 다니고 교회를 다녔지만, 초등학교 3학년 때부터 부모와 헤어져 산 이후 의지 대상이 변변치 않았다. 의지해 봐야 여섯 살 많은 언니, 다섯 살 많은 오빠였다. 언니 오빠도 의지할 곳을 찾아다니는 어린 승냥이들이었기 때문에, 서로가 서로에게 의지가 되어 주지 못했다. 언니 오빠에게 막내인 나는 짐이었다. 짐이 되지 않으려고 나는 늘 모든 일을 스스로 해결해야만 했다. 나 혼자 선택하는 것이 두려워서 어느 누구에게든 묻고 또 묻고 들어보고 또 들어보고 내가 가는 길이 옳은지 그른지 살펴야만 했다. "구하라 그리하면 주실 것이요 찾아라 찾아라 찾을 것이요, 두드리는 자에게 열릴 것이니…" 기도하면서 구하고 질문하고 질문하면 나에게 대답해 주시는 분은 하나님이었다. 기도 속에서 경험한 하나님의 말씀들을 현실 속에서 찾았고, 두드렸고, 말씀이 이루어지는지 그 사실 여부와 증거들을 찾아갔다. 중학교 이후, 합리적인 사고가 익숙해져서 더 철저하게 나의 신앙을 이성적인 잣대로 따져 들어갔다. 그런데 남편은 신비한 신앙을 추구했다.

남편은 나와 상의하지 않았다. 처음에는 남편 스스로 알아서 할 일이라고 지켜보기만 했지만 그때마다 참혹한 결과가 뒤따라왔다. 덥석 시작한 신학 공부로 부지런히 2년을 다녔는데, 알고 보니 비인가 신학이었다. 그러자 정규 신학에 편입하여 2년을 공부하더니 또 대학원을 지원했다. 그러고는 목회를 꿈꾸었다. 신학 공부와 병행할 수 있는 일이 택배라며 3천만 원 가량 투자해서 택배 일을 시작했지만, 그 일은 1년 이상 가지 못했다. 매월 300만 원씩 가져왔지만, 물류회사에서 1년 만에 택배 일을 잘리고 말았다. 자기 돈을 투자해서 열심히 일하여 자기 돈을 월급 받아 쓴 것이나 마찬가지였다. 결국 투자한 3천만 원은 모두 없어진 것이었다.

이 일을 겪은 이후, 남편은 오랫동안 물류업자들의 사기성에 대해 분노하여 영업차량의 넘버 비용 20만 원 정도를 3년 가까이 내지 않고 버티고 있었다. 물류회사에서 돈을 내라는 용지가 날아올 때마다 빨리 해결하라고 전했지만, 남편은 귀담아 듣지 않았다. 결국 10개월이 지난 어느 날 직장 일을 끝내고 집에 돌아왔을 때, 집에 있는 TV, 냉장고, 세탁기 등등 모든 생활용품에 경매 딱지가 붙어 있었다. 순간, 나는 대책 없는 남편과 결혼을 한 것이 후회스러웠다.

차량 넘버 비용 20만 원을 안 내려면 차량 넘버를 없애고 차량을 물류회사에 하루라도 빨리 넘겨주어야 했다. 그런데 물류회사에 손해 보고 사기 당한 것 때문에 남편은 차를 주고 싶지 않았던 것이다. 게다가 영업차량 사업자 비용도 내지 않고 2년 가까이 버티고 있었던 모양이었다. 물류회사에서는 이 일을 해결하기 위해 부지런히 전화를 했지만 남편은 전화도 받지 않고 전화를 피하고 있는 상황이었다. 물류회사는 합의 의지가 없다고 보고 법적인 절차를 밟아 영업 넘버 비용에 대해 소액청구 소송을 걸어 놓은 것이었다. 남편은 소송 중이라는 사실을 나에게 숨긴 채 1년을 넘게 흘려보내고 있었던 것이다.

왜 남편은 시행착오를 끝없이 반복할 뿐인가? 나는 남편 때문에 무기력증에 빠지고 말았다. 어느 누구와도 말하고 싶지 않았다. 남편에게 신학 공부를 멈추라고 말하고 싶었다. 신학 공부 이전에 삶을 살아가기 위해 질문하고, 상의하고, 토론하고, 불합리하면 끝까지 옳고 그름을 따지면서 대화하고, 소통하고, 합의하고, 해결하고, 실천하고, 실패하더라도 다시 시작할 수 있는 적극적이고 건강한 습성들이 남편에게는 부족했다. 남편은 그냥 하루하루 살았다. 피해를 입었을 때, 잠시 피해 있으면 시간이 모든 것을 해결해 줄 거라고 쉽게 믿어 버렸다. 무책임했다. 남편으로 인한 속 끓는 감정은 나를 출구 없는 시름 속으로 침몰시켰다.

'도대체 남편에게 일어나는 많은 문제들의 원인이 어디에 있는가?'

어떤 문제가 발생하면 나는 빨리 감정을 털고 입장 정리를 해야 했다. 하지만 남편은 오래도록 분노의 감정에 묶여 있었다. 그래서 더더욱 어떤 일도 이성적으로 처리하지 못했다. 남편과 대화를 하면 남편의 감정 세계는 언제나 부정적이었다. 남편이 한 가지 잘하는 것이 있다면 분노 속에서도 잘 참고 잘 견디는 것이었다. 하지만 그 속에 평안은 없었다. 자기 문제를 들여다보지도 않고 표현도 하지 않은 채 늘 자기 감정 속으로 도피하고 있었다. 남편은 자상해 보였다. 하지만 타인의 이야기를 단지 들어 줄 뿐 그 이상의 관심은 없었다. 영혼을 사랑해야만 하나님이 원하시는 주의 길을 갈 수 있는데, 자기 자신의 영혼조차 하나님께 사랑받고 있는지 확신하지 못했다.

남편은 자기 자신의 일도 해결하지 못했지만 다른 사람의 어떤 문제에도 나서지 않았다. 자기 문제를 깊이 들여다보지도 않았고, 자기 문제 밖에 있지도 않았고, 자기 자신 외에는 타인에게 나아가지도 않았고, 타인이 들어오지도 못하게 하는, 그래서 어떤 일도 그 무엇 하나 책임지려 하지 않았다. 이것은 무책임이었고, 무능력이었다. 어떤 것에서도 자유하지도 평안하지도 못한 내 남편을 꼭 묶고 있는 두려움은 무엇인지…. 정말 알고 싶었다. 몇 날 며칠을 무기력에 휩싸여 남편에게 침묵으로 일관하며 안방에 처박혀 지내는 동안, 어느 날, 남편은 방에 처박혀 누워만 있는 나에게 다가와 앉았다. 긴 침묵을 깨고 나지막하고 힘겹게 말했다.

"어린 시절, 엄마가 아버지에게 두들겨 맞을 때마다 나는 엄마를 보호하고 싶었지만, 아버지는 내가 나서서 엄마를 보호하려 하면 나까지 두들겨 팼어. 나는 엄마를 위해 할 수 있는 게 아무것도 없었어. 그냥 견뎌야 했어. 그게 엄마를 지켜 주는 거였어. 시키면 시키는 대로, 그래야 분란이 없었으니까."

결혼생활 7년 만에 쏟아 놓는 남편의 고백 앞에서 모든 것이 멈춰버린 듯했다. 일주일간의 침묵을 깨고, 나는 얼굴을 들었다. 내가 이해할 수 없는 남편의 행동 뒤에 숨어 있는 그림자의 진실들이 어린 시절에 받은 깊은 상처였던 것인가? 나는 망연자실 남편을 바라보았다. 늘 남편을 망설이게 하는 그 두려움의 이유들이 이제 겨우 한 올 풀려 나온 것인가? 나는 눈물이 솟구쳐 올라왔다.

형제자매 사이

탓 남편은 집안의 모든 일들을 부모가 시키면 시키는 대로 하는 순종적인 큰아들이었다. 한마디로, 어른들의 말을 거스르지 않는 착한 아들이었다. 시부모님은 나이가 많은 분들이 아님에도 불구하고 어디 갈 곳이 있으면 큰아들을 불러 가야만 했다. 이럴 때 큰아들은 운전수였다. 이뿐인가? 슈퍼마켓을 할 때 주문에 대한 모든 배달은 남편의 몫이었고, 부지런히 실어 나르는 배달의 기수였다. 부모님은 돈 관리만 했다. 월급은 책정되지도 않았다. 이것이 당연한 일인 듯 남편은 이견을 내지 않았다. 결혼한 이후, 시부모님은 힘이 들었는지 남편이 독립하기를 바랐다. 10년이 넘게 부모님과 일을 한 남편은 마땅히 할 줄 아는 게 없었다. 30

대 중반에 들어선 남편이 합당한 일자리를 얻어 취직을 못하니 그 날부터 남편은 시부모님에게 구박덩어리였다.

"대학씩이나 가르쳐 주었는데 어디 가서 일자리 하나를 못 얻어?"

시어머니는 더더욱 가관이었다.

"장사도 안 되는데…. 맨날 돈만 까먹고 있을래?"

대학 졸업 후 10년 동안 부모님의 일을 도와 집안을 일구어 왔는데, 큰아들인 남편은 하루아침에 무능한 사람이 되었다. 10년 동안 다른 능력을 키우지 못했는데 어떻게 다른 능력이 생겨서 일자리를 쉽게 얻는단 말인가. 게다가 30대 중반이었다. 부모님과 일한 것 자체가 사회생활이었던가? 남편의 여동생과 남동생 또한 형과 오빠를 인정하지 않았다. 형이 한 일은 없고 모두 부모의 고생 덕분이라고 생각했다. 남편은 자식도 아니고 직원도 아니었다. 그나마 남아 있는 재산을 형과 오빠가 갖고 갈까 봐 시누이와 시동생은 전전긍긍할 뿐이었다.

며느리인 내가 보는 시댁은, 우선 시아버지는 하루도 술 없이는 안 되는 주당이었다. 게다가 시아버지는 마누라를 때리는 남편이지 않았던가? 이런 상황에서 동생들을 학교에 다닐 수 있도록 가르치기 위해서는 어린 시절부터 큰아들인 남편의 역할은 없어서는 안 될 아주 중요한 역할인 것은 당연했다. 시아버지가 풍을 맞아 몸이 불편해진 17년의 시간 동안, 시어머니 옆에서 큰아들은 가장으로서 남편의 역할을 해온 버팀목이었다. 그럼에도 불구하고 이들에게 중요한 것은 과거가 아니었다. 현재였다. 사업이 안 되는 상황에서 그동안 일궈 놓은 부를 잃지 않으려면 사업은 축소해야 했고, 남편은 다른 일자리를 구해서 나가야만 했다. 시어머니에게는 대기업을 다니며 월급을 받는 둘째 아들이 더 큰 버팀목이 되었다. 게다가 남편이 다른 사업을 하도록 투자해 준 돈이 건설회사의 부도로 날아가 버리고 나자 남편을 향한 구박은 며느리 앞이건 시누이 시동생 앞이건 상관없이 이어졌다.

"너는 하는 일마다 어째 그 모양이야. 벌어놓은 돈 다 말아먹는구나!"

남편은 시부모님을 이해시키기 위해 애를 썼다.

"H 건설이 법정관리에 들어갔는데, 그 문제가 해결이 되면 다시 건물을 짓기 시작한대요."

시동생이 거들었다.

"형이 하는 일이 그렇지 뭐. 형이 사회사업가야?"

시누이 또한 만만치 않게 거들었다.

"큰오빠가 그동안 한 일이 뭐가 있어? 다 엄마 아버지가 해놓은 거잖아."

가정경제에 기여한 바가 없으면서도 형과 오빠에게 모든 책임을 덮어씌우는 그들의 투사 능력은 하늘을 속일 만큼 교묘했다. 시부모의 지적질이 고스란히 시누이와 시동생에게까지 '모방'되어 내 남편은 동생들에게까지 욕을 먹는 상황이었다. 남편은 철저히 가족 안에서도 모빙이 되어 있었다.

결혼생활 5년이 지나 시부모는 큰아들네인 우리에게는 다른 사업을 할 수 있도록 이미 투자한 돈이 있다 하여 집 장만을 할 수 있도록 1억원을 주었고, 시누이와 시동생에게는 2억씩 나눠 주었다. 하지만 남편은 이미 투자한 돈이 묶여 쓸 수도 없는 돈이 되었고, 시동생은 사행 PC방을 차려 몇 달 만에 2억 원을 날렸다. 또한 시누이는 주식투자를 하여 본인이 받은 돈뿐만 아니라 부모님의 돈 2억까지 날려 버렸다. 내 남편, 큰아들만 재산을 보존하고 있었다. 그런데도 시누이와 시동생은 자신들이 저지른 잘못은 말하지 않았다. 시부모도 이 사실을 알고 있음에도 불구하고 자신들의 수치스러운 약점은 숨긴 채, 모든 탓을 큰아들인 내 남편에게 돌리고 있었던 것이다.

남편에게 무차별 공격을 하여 아무 말도 하지 못하도록 남편을 코너로 몰아붙였다. 이 모든 일이 남편이 저지른 일인듯, 자신들의 일이 그렇게 된 것도 마치 남편 때문에 그렇게 된 것인 양 큰아들의 무능력을 탓했다. 가족들의 투사 능력과 남 탓을 하는 습관은 혀를 내두를 정도로 뛰어났다. 나의 남편은 이런 상황에서도 언제나 침묵했다. 동생들의 잘못까지 끄집어내서 아내인 내 앞에서 말한다는 것이 자존심이 상하는 것 같았다. 집안이 시끄러운 것 자체가 싫은 모양이었다. 자신 하나가 참으면 다 흘러갈 일이라고 쉽게 믿어버렸다.

시댁의 분위기는 늘 그랬다. 평소 부모와 자식 사이에도 대화가 없었지만 형제끼리도 대화가 없었다. 하지만 어쩌다 대화를 나누면 대화의 내용은 늘 비교하거나 잘못을 끄집어내어 지적하는 것이었다. 하지만 남편을 향해서만 하는 지적들은 공평하지 못했다. 가장 착한 남편을 희생양 삼아 남편에게 뒤집어씌우고 자신들의 수치를 감추고 싶어 한다는 사실이었다. 사악함이 뱀처럼 똬리를 틀고 가족 속에서 살아 숨 쉬고 있었다. 시부모님을 포함한 시댁 식구들은 진실을 밝히고 싶지 않은 거짓[30]의 사람들 같았다. 그럼에도 불구하고 이들은 정당했다. 이 정당한 이유가 남편은 큰아들로서의 의무를 다해야 하는, 형으로서의 의무를 다해야 하는, 오빠로서의 의무를 다해야 하는, 의무를 다하지 못했으니 모든

---

[30] 거짓은 사람에게 혐오감을 불러일으키고, 사람을 혼돈시킨다. 악한 사람들은 거짓의 사람들이다. 자기기만을 켜켜이 쌓아올리고 다른 사람들을 교묘히 속이는 사람들이다. 그래서 악한 사람들의 특징은 그들의 죄 자체에 있는 것이 아니라 그들이 지은 죄의 난해성, 완고성, 경직성에 있다. 악한 사람들의 핵심적인 결함은 죄에 있는 것이 아니라 죄를 인정하는 것을 거부하는 마음에 있다. 악의 모습 또한 가지각색이어서 자신의 죄성에 대한 인식을 거절해 온 결과 구제불능의 죄악의 덩어리가 되고 만다. 한 예로 탐욕이 많은 사람들은 살인이 이상하지 않을 정도로 교만과 태만에 빠져 있는 사람들이다. 하지만 그것을 인정할 수 있으면 좋지만, 자신은 죄가 없다고 믿는 죄만큼은 바로 잡을 수 있는 방법이 없다. 모건 스캇 펙 《거짓의 사람들》 pp.116-130.

책임은 큰아들의 몫이라는 것이었다. 나는 가족들에게 묻고 싶었다. 의무만 있고 왜 권리는 주지 않는가? 왜 큰아들로서의 권위를 인정하고 존중하려 하지 않는가? 남편이 할 소리를 하려고 하면 시어머니는 나서서 큰소리를 내지 못하도록 먼저 입을 막아 버렸다. 큰아들은 나서면 안 되는 존재였다. 나는 그게 늘 의문이었다.

남편이 시부모와 함께 일을 하여 쌓아 놓은 재산에 남편의 권리는 없었다. 시부모는 남편이 일한 것에 대한 대가를 계산하고 싶어 하지 않았다. 계산해야 할 때는 자식으로서 행해야 하는 당연한 도리라고 확신에 차서 얼버무렸다. 떼 줄 것을 떼 주었다고 말해 버리고는 시어머니는 남편을 제외시켰다. 부모님을 받들며 함께 일한 남편은 가족이었던가? 자식을 종 부리듯 부려먹었다는 사실을 인정하고 싶지는 않은 모양이었다. 중풍으로 오랜 시간 앓다가 시아버지가 돌아가신 후, 시어머니는 아주 간단히 모든 재산을 자신과 시동생 앞으로 돌려놓았다. 장가도 가지 않은 채, 매달 꼬박꼬박 생활비를 대고 있는 시동생이 큰아들을 대신하고 있었고, 자신을 보호해 줘야 할 남편을 대신하여 시동생이 안정적으로 생활비를 벌어다 주고 있으니 시동생에게 넘겨주어야 하는 것이 당연한 일인 모양이었다.

시어머니는 철저하게 현실주의자였다. 인간은 부모가 되었다 하더라도 부모로서 공평하게 처리해야 하는 선의의 의무를 행하기 이전에, 철저하게 생존 본능에 충실하다는 진실을 알아 버렸다. 그리고 시아버님이 돌아가신 후, 집안의 모든 일에 큰아들을 나서지 못하게 했던 이유, 그 의문이 풀렸다. 큰아들이 나서는 순간 함께 일을 해서 재산을 모은 부모 몫이 사라질 수 있다는 불안감이었다. 자식을 일꾼 삼아 큰아들을 부려먹었다는 자신들의 수치를 감추고 싶었던 모양이었다. 하지만 시누이와 시동생에게는 부채감이 없었으므로 당당한 부모가 될 수 있었던 모양이었다. 그래서 큰아들은 어디에도 드러나면 안 되고 나서면 안 되는 존재였다.

시어머니는 큰아들이 장가를 가고, 시아버지는 죽고, 이제 자신을 돌볼, 40대를 넘겼음에도 장가를 못 간 시동생이 제2의 남편 역할을 하길 바랐다. 자식으로서 이용가치가 없으면 버리고, 자신들의 필요를 채워줄 또 다른 이용가치를 찾아내는 것이 시어머니인 한 여인의 본능인 듯했다. 이용가치가 사라지면 또 버릴 것인가? 모든 것을 돈으로 계산하는 시댁의 집안 분위기는 마치 자본집단과 다를 바가 없었다.

10여 년간 일을 해주면서도 부모 형제에게조차 자신의 분깃을 제대로 받아오지 못한 남편이, 자신은 희생양으로서만의 의미 외에는 아무 의미와 가치가 없었다는 진실을 알아 버렸을 때, 남편은 지독하게 외로워했다. 적어도 서로의 가치를 인정하고 존중해 주어야 하는 것이 가족이 아니던가? 존재가치를 인정하고 사랑을 교환할 때, 희생은 의미가 있는 것이 아닌가? 이 사실을 깨닫고 나자 남편에게 남은 것은 아무것도 없었다.

희생양을 끝없이 양산하려는 시댁 식구들의 욕망은 보이지 않는 사탄인 게 분명했다. 남편은 어린 시절부터 이 투사와 탓의 희생양으로 길들여진 양처럼, 부당한 상황에서도 저항을 하지 못했다. 겉으로 보기에 조용한 성격의 남편은 시댁 식구들에 대해 엄청난 분노의 따리를 틀고 살았다. 게다가 정작 가장 믿어야 할 가족을 믿지 않았다. 그래서 남편은 늘 무심했다. 어쩌면 감정이 없어야만 하루하루 살 수 있었을 것이다.

무심한 성격의 여파는 아내인 나와 나의 아이들에게까지 영향을 미쳐 나 또한 숨 쉬고 살기가 힘들었다. 남편은 신앙을 가진 이후, 신학 공부를 시작하면서 교회의 모든 예배에 참석을 하고 하루도 안 빼놓고 철야 예배에 참석을 했다. 철야 예배에 참석한 날은 새벽녘이나 되어야 집에 들어왔다. 낮에는 직장을 갔다가 오후에는 야간 신학교를 다녔다. 신학교가 끝나면 교회 철야 예배에 참석한 후 집으로 돌아왔다. 새벽녘이나 되어야 겨우 얼굴이라도 볼 수 있는 상황이 오면 나는 비아냥거리며 남편에게 내 감정을 쏟아 냈다.

"가정을 돌보지 않고 하나님한테 미쳐 있으면 하나님은 뭐라고 하셔? 가정을 버려라! 가정을 버려라! 하셔? 내가 아는 하나님은 그런 하나님이 아닌데… 당신이 믿는 하나님은 사탄 아닌가? 온통 찢어발기는 걸 좋아하는 게 사탄인데…."

남편은 듣고 있다가 눈을 크게 떴지만, 목소리는 나지막하게 말했다.

"하나님을 모독하지 마. 당신도 철야 예배에 가봐. 은혜스러워!"

나는 표독한 표정으로 말했다.

"은혜라는 말을 그렇게 쉽게 해? 당신은 예배 중독에 빠졌을 뿐이야!"

남편은 예배 중독이라는 말에 인정하고 싶지 않은 모양이었다. 만만찮게 맞장구를 치며 내 말을 받아쳤다.

"알코올 중독이나, 도박이나 경마에 빠지는 것보다 예배에 빠지는 게 뭐가 이상해? 예배를 모독하지 마!"

나는 남편이 시댁 식구로부터 받은 상처를 표독스럽게 끄집어내 말하고 말았다.

"큰아들로서 집안을 위해 엄청나게 거룩한 희생을 했는데, 당신 가족들이 고생한 것에 대해 분깃을 떼 주지도 않고, 고마움도 모르고 오히려 당신 분깃을 모두 훔쳐가 놓고 미안한 줄도 모르고, 그럼에도 불구하고 참아 보려고 하니 속은 터져? 이 상황에 갈 데가 하나님밖에 없었어? 적당히 먹기 좋게 다 구워지면 축제를 벌이고 지들끼리 나눠 먹어야 하는 희생양이 되고 나니 견딜 수가 없어, 실컷 이용당하다가 버려지고 나니 분노는 솟아오르고 참으려니 힘들어서 못 견디겠어, 그래서 예배가 필요한 거야?"

남편은 내 두 눈을 똑바로 쳐다보며 말했다.

"그만해. 나는 분노하는 게 아냐. 그리고 하나님이 내가 희생한 것을 다 채우시겠지!"

나는 더욱 밸이 꼴려 목소리를 내리 깔았다.

"가족들에게 다가가 자기가 받아야 할 것들을 챙겨 받지 못해 놓고, 거룩한 희생이라고 말하면 마음이 좀 편해져? 그런데 당신이 정말 가족을 위해 거룩한 희생을 했다면, 당신 속에 기쁨이 있어야지, 왜 부모님과 동생들을 향해 분노가 있어? 당신 가족들은 왜 서로 연락도 안 하고 피하고 살아?"

나의 비아냥거림에도 듣기 싫고 피곤한 듯 남편은 말했다.

"내가 이제 하나님을 만났으니 나의 분노를 하나님이 거둬 가시겠지. 거룩한 희생이든, 버림받은 희생양이든 희생양은 어떤 방식으로든 아프고 고통스러운 거야!"

남편의 말은 맞는 말이었다. 그리고 자신이 아프다는 얘기였다. 하지만 내 고통이 어느 정도인지를 들여다봐 주지 않는데 남편의 고통을 왜 들여다봐 줘야 하는가? 신앙심이 생기고 나서 매번 하나님을 무기 삼는 남편을 향해 직격탄으로 쏘아대며 소리쳤다.

"아프겠지. 너무 아프겠지. 사악한 당신 가족의 희생양이 되어 놓고서 남는 게 없거든. 무엇 하나 남는 게 없으니…. 당신은 미치겠는 거지. 그런데 왜 당신은 그런 희생을 나한테까지 강요해? 주의 길을 가는 사람들은 가장이 아닌가? 하나님이 가장의 의무를 저버리라고 하셨나? 가정을 지키지 말고 버리래? 하나님은 그런 하나님이야? 그 하나님이 날이면 날마다 예배드리고 새벽에 들어와 마누라 자식 내팽개치고 하나님만 보래? 내가 아는 하나님은 어느 누구보다도 우선순위를 중요시 여기시는 질서의 하나님이셔. 가정을 소중히 여기는 분이셔. 찢어발겨서 허구한 날 불화를 일으키는 하나님이 아니라 무엇이든 회복시켜 주시는 하나님이셔. 내가 당신 속을 말해 볼까? 당신 또한 가장 대접은 받고 싶은데, 의무는 행하기 싫은 거지. 당신이 가족 속에서 그렇게 멋들어지게 아무것도 남는 거 없는 희생양이 되었으니 내 마누라인 너도 그렇게 살라는 건가? 학부에서 대학원까지 7년 동안을 그렇게 했어. 나는 이제 못해! 적어도 하나님이 원하시는 희생은 사악한 것들의 희생제물이 되길 원하지는 않으셔. 오히려 하나님이 그 사악한 것들과 싸워 주시지. 하나님은 적어도 당신의 자녀를 보호하셔! 그런데 당신은 왜 가족에게조차 보호받지 못하지? 당신 가족은 당신을 착취해 가고, 당신은 나를 착취해 가고 있을 뿐이야. 신앙이 착취야? 타인의 것을 다 앗아가는 착취냐구? 나한테는 당신과 살아가는 게 기쁨이 없어! 당신이 신학 공부를 하고 목사가 된다 한들, 나한테는 기쁨이 없어. 내가 왜 아무 의미 없는 희생물이 되어야 하지? 하나님이 원하시는 희생은 그리고 그 희생물은 내가 아는한 권세가 있어! 수많은 사람들이 배려와 도움으로 목회의 길을 가. 그리고 그 사랑을 다시 나누고 베풀어. 그런데 당신한테는 누가 도움을 주지? 하나님은 왜 당신에게 권세를 주지 않으시지? 부르심 맞아? 어떤 누구도 도움을 주기는커녕 착취해 갈 것도 없는데 몽땅 착취해 가고 나서, 당신이 목사가 되고 나면 또 들러붙어서 내 아들이 목사야! 내 형이 목사야! 그러면서 또 오겠지.

사람들한테 목사님! 목사님! 이 소리 하나 듣자고, 사회적 지위 하나 얻자고 이 힘든 길을 가나? 몸뚱아리에 사악함은 그대로 묻어 있으면서 마누라와 자식을 제대로 사랑하는 법도 모르면서 목사라는 지위를 갖고 남의 것을 더 착취해 갖고 오려고 이 길을 가려고… 적어도 누군가를 더 제대로 사랑하기 위해 이 길을 가는 거 아닌가? 그게 목회가 아닌가? 영혼을 사랑하는 게 뭔지도 모르면서 되도 않는 신앙을 가져다가 나를 희생양 삼지 마!"

자고 있는 이웃이 깰 정도로 이 새벽이 떠나가라 소리소리 쳤다. 나의 말을 듣고 있던 남편은 이기죽거리며 말했다.

"그만해! 그만하라고! 당신 잘났으니까 그만해!"

나는 남편에게 솔직하게 말했다.

"내가 원하는 것은 목사라는 당신의 사회적 지위가 아냐! 나는 사랑을 원해. 나는 적어도 사랑받고 사는 아내이길 원해! 그런데 당신은 사랑은 해주지 않고 온통 희생만 하기 원해. 예수의 제자들은 적어도 예수를 사랑했어! 그래서 그 희생을 가치롭게 보고 찬양을 한 거야. 그런데 당신은 날 사랑해? 당신 가족이나 당신이나 차이가 뭐지? 다 뜯어먹고 뼈다귀만 남으면 버리려구."

얼굴이 시뻘겋게 달아오른 남편은 나에게 하고 싶은 말을 내뱉지 못한 채, 현관문을 박차고 나가버렸다. 나는 현관문에다가 대고 소리쳤다.

"이 새벽에 또 어디 가는데?"

남편은 나의 고통스러운 외침 속에 숨어 있는 내 고통을 들여다보려고조차 하지 않았다. 자기 고통이 너무나 커 내 고통은 안중에도 없는 것 같았다. 눈물이 목구멍까지 복받쳐 올라왔다. 자고 있는 아이가 놀라는 것도 신경 쓰지 않고 괴성을 지르며 엉엉 울며 무릎을 꿇고 말았다. 나는 이불을 뒤집어쓰고 주님을 부르짖으며 외쳤다. 정말 내 영혼에 어둠이 가득 담긴 고통스러운 밤이었다.

그날 이후, 남편이 예배에 미쳐갈수록, 나는 남편에게 관심을 끊고 무심해져 갔다. 남편처럼 믿는 신앙은 신앙이 아니기에 인정하고 싶지 않았다. 새벽에 들어오든 말든 나는 더 이상 신경 쓰고 싶지 않았다. 엄마의 사랑을 가장 많이 받아야 할 나이인 나의 아이들에게도 무심해져 가고 있었다. 하지만 나 또한 무심한 병이 커질수록 분노도 대나무 죽순처럼 쑥쑥 커져가고 있음을 느꼈다. 내 남편이 가족에게 품고 있는 분노가 나에게도 전이되어 오듯이, 노트북에 남편이라는 파일을 만들어 놓고, 세상의 모든 욕을 다 끌어다가 욕을 해댔다. 나는 부끄러움도, 두려움도, 미안함도, 분노도, 그 어떤 것도 감정조차 느끼고 싶지 않았다. 그래야 지리산에 벌거숭이처럼 서 있는 고사목처럼, 차가운 눈밭에서도 버틸 수 있을 것 같았다.

감정왜곡 남편에게 큰 병이 있었다. 가족에게는 무심하고 타인에게는 착한 병이었다. 타인의 요구를 순순히 수용하고, 손해를 감수하는 것이 과연 착한 것인가? 남편은 착하고 싶어 했다. 그래야 인정받는다고 느끼는 모양이었다. 이런 상황이 거듭될수록, 우리는 형편이 어려워졌고 가난해졌다. 해준 만큼 그것이 인정되어 돌아오지 않을 때 속은 분노로 끙끙거리면서 남들에게는 좋은 모습만 보여 주려는 남편의 위선들이, 시간이 흐를수록 나는 혐오스럽게 싫었다. 나는 남편과 살아가는 것이 너무 어려워 시어머니에게 말했다.

"어머니, 아이 아빠하고 살아가기가 너무 어려워요. 가족에게 너무 무심해요."

시어머니는 목소리가 올라간 뉘앙스로 말했다.

"결혼시켜 놨으면 알아서 살아야지. 뭐가 문제니?"

나는 울고 싶은 심정으로 말했다.

"남들에게는 시간과 돈을 투자해 잘도 하니까 사람 좋다 착하다는 소리 듣지만, 돌아오는 게 없어요. 인정받는 것도 아니고, 게다가 가족에게는 무심한 거예요."

어머니는 아무 감정 없이 무덤덤하게 말했다.

"내 아들은 어려서부터 그랬어. 엄마인 내가 아버지에게 두들겨 맞을 때도 말릴 생각은 안 하고 하나도 나서지 않고 가만히 있었단다. 그때마다 내가 얼마나 서러웠던지. 그때도 그랬는데…. 뭐 얼마나 달라지겠니? 그게 성격이라는 거야. 그리고 네 팔자가 그런 걸 어쩌니?"

팔자라는 것으로 어머니는 모든 것을 결론을 내버렸다. 그리고 아들에 대한 분노가 그 눈빛에서 여전히 쏟아져 나오는 것을 느낄 수 있었다. 어머니가 말했다.

"다행히 둘째 아들은 큰애보다 좀 자상해. 이 엄마한테 출장 갔다 올 때마다 화장품도 사다 주고 옷도 사다 주고…. 엄마, 불쌍한 줄 안다!"

남편에게 상처 받는 모든 원인이 남편의 어린 시절에 있다는 사실을 나는 시어머니 앞에서 명확히 하고 싶었다. 시어머니에게 반격의 질문을 던졌다.

"애 아빠는 당시 어린아이였으니까 공포에 질려서라도 어머니를 보호하는 게 당연히 어려운 일이죠! 제가 듣기로는 어머니도 애 아빠가 아버님에게 두들겨 맞을 때 가만히 계셨다는데요? 어머니는 엄마잖아요! 엄마가 먼저 자식을 보호해야 하는 거 아녜요?"

어머니는 사뭇 당황한 듯했다.

"그거야… 큰애를 때릴 때 시아버지가 나까지 두들겨 패니까 시끄러운 일을 더 안 만들고 그저 조용하려면 기가 죽어 가만히 있어야지. 큰애가 그 얘기를 하데? 지 마누라한테 창피한 줄도 모르고 별 얘기를 다 하는구나!"

나는 돌리지 않고 말했다.

"어머니도 지금 과거의 일을 쉽게 털어놓으셨잖아요. 어머니와 아버님은 어린 시절 애 아빠에게 엄청난 상처를 주신 거예요. 애 아빠는 당시에 어린아이였어요. 그런 상황이 반복될수록 어느덧 늘 망설이고 사람들에게 인정받기 위해 비위나 맞추고 애쓰는 착해 빠진 성격이 되어 버린 거예요."

어머니는 훈계를 받는다고 여겼는지 더 이상 대화를 이어 가려 하지 않았다.

"그런 성격이 된 걸 어쩌라구 그러니… 문제는 일으키지 않잖니? 착한 것도 문제니?"

문제를 일으키지 않으면 착한 것이었다. 어린 나이였음에도 불구하고 자신을 보호하지 않았던 큰아들을 용서할 수는 없는 모양이었다. 게다가 부모 자신들의 수치를 유일하게 알고 있는 첫아들이지 않은가? 엄마답게 보호하고 사랑해 주지 못해 불쌍하고 안타까운 것이 아니라 부부의 치고 패는 싸움에 자기 편을 들어주지 않는 자식일 뿐이었다. 보호받지 못했을 때 일어나는 저 분노는 과연 자식을 향한 감정인지, 시아버지에 대한 감정인지, 20년이 지난 일이었음에도 시어머니의 감정은 복잡하고 혼란스러웠다. 남편은 분명 아무것도 저항할 수 없는 어린 나이이지 않았던가? 그런 어린아이를 보호해야 하는 것은 부모였어야 했다. 그런 상황에서도 잘 자라준 내 자녀가 기특하고 대견해야 하는 것이 아닌가?

시어머니의 감정은 분명 왜곡되어 있었다. 어머니는 어쩌면 여전히 보호받고 싶은 연약한 감정에서 벗어나지 못하고 있는 것이 분명했다. 시댁의 과거를 알아 버린 며느리 앞에 시어머니는 창피한 모양이었다. 일찌감치 집으로 가버렸다. 결혼생활 8년 만에 시댁의 어두운 분위기가 시아버지의 잦은 폭행 때문에 만들어진 것임을 나는 어렵지 않게 이해할 수 있었다. 하지만 비극의 실체를 알고 나니 어디에서부터 이 실타래를 풀어야 하는지 오히려 미궁 속에 빠져든 것 같았다. 남편은 부모의 말에 그렇게 순응하면서도 막상 먼저 전화하여 안부를 묻는 법이 없는 사람이었다. 동생들에게도 똑같았다. 남편만 그런 것인가? 형제들끼리도 전화 통화를 주고받지 않았다. 부모님 또한 필요할 때 외에는 전화하지 않았다. 단지 이들은 명절 때 만나 가족으로서 의무를 행할 뿐이었다. 가족은 대화가 없었다. 부모는 자식에게, 자식은 부모에게, 게다가 형제들끼리조차, 서로가 서로를 부담스러워했던 이유를 알 수 있었다. 이런 가족 분위기에 빛이 들어오지 못하는 것은 시댁 식구들이 여전히 과거에 살고 있기 때문인지도 몰랐다.

사랑을 주고받는 일이 익숙하지 않은 사람들이 시댁 식구들이었다. 의무를 요구하는 일은 쉬운 일인 모양이었다. 시동생과 시누이는 시어머니에게 잘하는 것이 아님에도 불구하고, 큰아들네가 잘해야 한다는 관념은 어디에서 오는 것인지…. 사랑은 해주지 않으면서 의무만 요구할 때, 부담을 주어서 더욱 의무를 행하지 못한다는 사실을 모르고 있을까? 모든 인간이라면 간절히 원하는 그 사랑을… 어쩌면 사랑을 어떻게 표현해야 하는지조차 모르고 살아왔는지도 몰랐다. 늘 술에 절어 공포의 도가니 같은 분위기에서 엄마를 때리는 아버지를 사랑해야 하는지 말아야 하는지… 폭력 남편을 사랑해야 하는지 말아야 하는지… 언제나 자기 연민과 피해의식에 살아가는 엄마를, 돈밖에 모르는 엄마를 사랑해야 하는지 말아야 하는지… 무심한 자식들을 사랑해야 하는지 말아야 하는지… 형의 분깃까지 빼앗아 자신의 것으로 만드는 동생들을 사랑해야 하는지 말아야 하는지… 부모님이 시키면 시키는 대로만 살아가는 무능한 형을, 오빠를 사랑해야 하는지 말아야 하는지… 이익이 있을 때에만 내 가족이라고 외치는 이기적인 가족의 존재를 사랑해야 하는지 말아야 하는지…. 힘들 때 더욱 따뜻하게 끌어안아 주어야 하는 것이 가족이라는 진실을 외면하는 이유는 그 사랑이 부담스러워서일까? 사랑 없이 살아가는 것이 익숙해서일까?

가족에게 인정받지 못한 남편은 가족이 아닌 타인들에게 자기가 잘할 수 있는 착한 성품으로 다가가 인정을 받는 것이 큰 즐거움이었다. 그러다 보니 가족보다 남들이 더 편안하여 남들에게 잘하는 사람이 된 내 남편! 착하게 보이려고 좋은 사람인 듯 보이려고 더 애를 쓰는 남편, 가족 안에서는 무심하고 밖에서는 잘하는 남편의 이중적인 모습을 이해한 나는, 남편이 예수 그리스도, 하나님의 은혜를 경험했을 때, 왜 그리 미친 듯이 7년 동안 하나님 아버지를 찾았는지도, 왜 하나님 아버지에게로 도망치고 싶어 했는지도 이해할 수 있었다. 나는 남편이 말할 수 없이 불쌍해지기 시작했다. 그리고 다시 죽을힘을 다해 사랑해야 한다는 사실을, 알아버렸다.

친구 사이

투사[31] 신호음만 길게 이어질 뿐, Y가 전화를 받지 않았다. 20년 전처럼, 다시 또 시작했구나 싶어 하루하루 화가 치밀어 올라서 견딜 수가 없었다. 이제야 친구로서 동등해진 것 같은데, 다시 떠나가려는, 아니 떠나보내야 하는 Y를 맞닥뜨리면서 나는 말할 수 없이 불안증이 밀려왔다.

---

[31] 방어기제란 자아가 외부로부터 위협받는 상황에서 감정적인 상처를 받지 않기 위해 무의식적으로으로 자신을 보호하고자 하는 심리작용이나 행동을 말한다. 투사는 이 방어기제의 하나로서, 스스로가 수용하기 싫거나 납득하기 어려운 생각, 감정, 욕구 등을 인정받지 못하거나 인정하고 싶지 않을 때 그러한 감정이 자기 것이 아니라 타인이나 사물에 있는 듯이 느끼는 무의식적인 반응이다. 예를 들면 어떤 사람에 대하여 미운 감정을 느꼈을 때 자신의 증오심을 상대에게 떠넘겨 그 사람이 자신을 미워해서 해칠지도 모른다고 생각하는 경우이다. 또 다른 예로써 다른 이성에게 사랑의 감정을 느끼지만 그러한 자신의 감정을 인정하고 싶지 않을 때 그 감정이 자신 속에 억제되고 상대에게 투사되어 오히려 자신을 사랑한다고 느끼는 심리적 과정을 투사라고 한다.

한동안 학원을 하고 있는 나에게 아이들을 맡겼다는 이유로, 부지런히 맛있는 반찬을 해다 준 Y, 정성 들여 만들어 갖고 오는 Y의 음식 솜씨는 나를 감동시키기에 충분했다. Y는 나의 유일한 중학교 친구였다. 30년 전 감격이 다시 되살아나는 듯, 함께 있으면 장난치고 싶고, 수다 떨고 싶고, 놀고 싶은 감정들에 아주 쉽게 빠져들었다. 어린 시절처럼 Y와 나는 숨김없이 순수한 감정을 드러내며 서로 살아온 이야기들을 수다로 풀어냈다. 수다의 중심에는 남편의 이야기가 늘 화젯거리였다. 화제 속에 담긴 유머와 분노가 오묘히 섞여, 우리는 수다를 통해, 상대의 이야기를 그저 들어주는 것만으로도 위로이다 싶어 추임새를 넣어 가며 들어주었다.

"첫애 세 살 때다. 새벽녘에 아이는 아프고 애를 데리고 병원을 가야겠는데, 애를 데리고 나와서 보니 차 열쇠를 안 갖고 나온 거야. 그래서 다시 올라갔는데, 이 인간이 술을 잔뜩 먹고 들어와서 곯아떨어진 거야. 아무리 초인종을 눌러도 문을 열어 줘야 말이지. 게다가 보조키까지 걸어 놓아서 열고 들어갈 수가 있어야지. 정말 미쳐 죽는 줄 알았어."

"너희 신랑은 웬 술을 그렇게 먹는대? 정말 속이 터졌겠다. 그래서 어떻게 했어?"

"앞집 아주머니에게 부탁해서 돈을 좀 꿔서 택시 타고 병원에 갔지. 그때는 정말 남편이 웬수야, 웬수!"

"네 말이 맞다! 조물주가 웬수들끼리 만나서 부부로 살게 하나 봐!"

"그러게 말이다!"

한동안 Y와 나는 서로 쿵짝을 맞춰가며 웃고 깔깔거렸다. 그런데 어느 순간부터인가, 남편의 이야기는 남편의 이야기로 끝나지 않았다. Y와 나는 서로를 평가하기 시작했고, 말이 많아질수록 삐그덕거리기 시작했다.

마치 남편을 향한 분노를 나에게 풀어내듯, 그 분노가 남편을 향한 것임에도 불구하고, 마치 나를 향한 지적질처럼 느껴져 나는 방어벽을 치기 바빴다. 시간이 흐를수록 이상하게도 Y와 헤어지고 나면 기분이 좋지 않았다.

Y와의 수다 속에서 Y가 그렇게 행복하게 살아오지 않았다는 것을 느낄 수 있었다. 지적당한 기분 속에서 Y와 내가 20년 가까이 연락을 하지 않고 살았던 이유들이 하나하나 기억으로 떠올랐다.

남편의 얘기가 길어지고 깊어질수록 내가 Y의 남편과 닮은 구석이 보일 때마다 Y는 나를 공격했다.

"내 남편처럼 너도 이기적이구나."

"너도 돈 버는 생색이 대단하다!"

"뒤통수를 치냐?"

"이렇게 잘해 주다가 예전처럼 또 빠져나가려고."

기분 좋게 만났음에도 불구하고 수시로 일어나는 Y의 변덕스런 감정 때문에 나는 힘이 들었다. 그 비방에는 마치 '다 너 때문이야…'가 담겨 있는 듯했다. '왜 나 때문인지…'를 생각해 볼 겨를도 없이, Y 앞에서 나는 미안한 감정에 시달렸다. Y가 나를 많이 좋아했었다는 사실에 나는 30년 만에 고마운 감정이 들기도 했다. 내가 더 많이 Y를 더 좋아한다고 믿었는데 그게 아니었던 모양이었다. 감정의 실체들을 사실화시키기 위해 애를 쓰면 쓸수록 Y와의 대화 속에 담긴 감정은 자신의 남편을 향한 감정인지 나를 향한 감정인지 모를 정도로 뒤엉켜 나에게 투사되어 왔다.

부부 일은 모르는 일이 아닌가? 나는 대놓고 Y 남편을 욕할 수도 없는 노릇이었고, 그렇다고 무조건 Y의 편을 들어줄 수도 없었다. 나는 말했다.

"사업하는 사람들이 영업을 위해서도 술을 많이 먹잖아. 남편한테 잘해줘."

"술은 좀 먹지만, 살림 잘 챙기잖아. 책임감 있는 사람과 결혼해 놓고 왜 그래?"

Y 남편은 보석 디자이너였다. 60평이나 되는 아파트에서 잘 꾸며 놓고서 꽤나 잘살고 있었다. 매번 외제차를 끌고 와서 내 기를 죽일 정도였다. 남편 잘못 만나 Y가 불행하다고 몰아붙이면서 Y의 편을 들어 줄수가 없었다. 남편에 대해서만은 Y가 도가 지나칠 정도로 감정이 복잡하고 예민해서 급기야 나는 Y 앞에서 어느 장단에 맞춰 무슨 말로 위로를 해야 할지 알 수가 없었다. 나는 Y에게서 또다시 빠져나가고 싶었다. 20년이 지나도 Y는 달라진 게 없다고, 우리는 서로 성격이 안 맞는다고 빨리 답을 내려 버리고 싶었다. 하지만 내가 하고 싶었던 말을 Y가 먼저 해버리고 말았다.

"너랑 나랑 안 맞아. 그리고 난 너 별루였어."

"우리가 나이가 몇 살인데… 맞고 안 맞고야? 유치하다! 좋아하지 않는 친구한테 너는 매년 생일선물 해주고, 음식 해다 주고, 우리 집 오고 싶어 쫓아오니?"

25년이나 지난 우리는 서로 많은 일을 겪었다. 싸우고 회복하고를 반복하며 우리는 또 만나지 않았던가! 또 화가 풀려서 얼굴 볼 사이일 수 있기에 더 이상 말하고 싶지 않았다. 어린 시절 추억까지 송두리째 공 없는 말로 무색하게 만들고 싶지 않았다.

많은 것이 채워져 있음에도 불구하고 스스로 만족하지 못하는 Y가 안타까웠다. 20년 전에도 Y는 자신의 삶에 만족하지 못했다. 사람은 쉽게 변하지 않는다는 동서고금의 진리처럼… 친구를 통해 뼈저리게 느껴야 한다는 사실을 인정해야만 했다. 그렇다고 20대에 겪었던 불화들을 다시 반복해야 한다는 사실이 견딜 수가 없었다.

열등감 "너랑 나랑 만남은 악연이야!!"

20년 전, 20대 초반에 나는 Y에게 두 번 다시는 안 볼 것처럼 소리쳤었다. 구구한 사연을 칼로 무 자르듯이 딱 끊어버리고, 7년 동안 연락을 끊었었다. 하지만 우리는 7년 후, Y가 결혼하는 날부터 다시 얼굴을 보기 시작했고, 1년에 한두 번 이어지는 통화, 몇 년에 한두 번 이어지는 만남, 그리고 다시 이렇게 보고 있지 않은가?

부모님이 안정적으로 생활을 든든히 받쳐 주면서 음대를 다니고 있는 Y가 부러울 뿐이었다. 하지만 학비 외에도 레슨비를 지불해 가며 공부를 마쳐야 하는 것이 음악대학의 현실이던 모양이었다. 게다가 문학의 세계보다 더 화려한 세계인 것이 분명했다. 양손에 커다란 가야금 두 개를 들고 다녀야 하는 Y는 대학교 2학년 때 이미 차를 구입해 끌고 다녔다. 나는 학비와 용돈을 벌기 위해 아르바이트를 하면서 대학 공부를 병행해야 했다. 나는 늘 내 코가 석 자였고, 내가 책임져야 하는 가족만으로도 벅찼다.

부모님과 떨어져 산 지 10년 만에 우리 가족은 다시 함께 살기 시작했다. 하지만 함께 살기 시작한 지 3개월 만에 아버지가 위암 판정을 받았다. 아버지의 위암이 우리 가족에게 모든 것의 기준이었다. 나에게 어둠은 가족만으로 충분했다. 그 무렵, Y의 아버지 또한 폐암 판정을 받아 Y의 가족 모두 미궁 상태에 빠져 있었다. 어린 시절부터 부모와 떨어져 살아야 하는 불행을 겪었던 나의 입장에서는 Y와 똑같은 불행을 겪는다는 것이 이물스럽게 싫었다. 이제 대학을 갓 들어간 스물한 살 나이에 맞지 않게 이상한 개똥철학이 마음에 심어졌다. 아무리 친구라 하더라도 불행이 합쳐져 배가 되지 않으려면 각자의 불행은 각자의 몫이어야 한다는 것이었다.

결국 20년 전, 나는 Y에게 어느 순간부터인가 더 이상 연락하지 않았다. 어쩌면 각자의 불행의 몫을 잘 감당하고, 더 이상 악연이 되지 않기 위해 나는 내 식으로 Y는 Y식으로 서로에게서 부지런히 도망쳤는지도 몰랐다. 게다가 Y에게는 남자 친구가 생겼다. Y에게서 빠져나가기에는 적절한 타이밍이라고 생각했다. 서로 연락을 안 한 지 5년이 지난 후, Y는 결혼을 했다. Y에게서 첫아이가 태어났다. 나의 아버지는 암을 잘 이겨냈지만, Y의 아버지는 여전히 투병 중이었다. 하지만 10년 만에 만난 바로 그날, Y의 아버지는 돌아가셨다. 왜 하필 서로가 오랜만에 회포를 풀려고 했던 그날… 나는 Y와의 만남이 정말 악연인지도 모른다고 생각했던 그 예감은 현실이 되어 버렸다. Y의 아버지가 돌아가신 것이 나의 책임인 것 같은 그 두려움 때문에, 장례식에 가서 예를 차린 후… 또 무 자르듯 오랜 세월 동안 Y에게 연락을 하지 않았다. 친구라면 아버지를 떠나보내 놓고 마음이 괜찮냐고 위로라도 했어야 했는데, 벌어진 모든 상황이 우리가 정말 악연이기에 일어난 사건인 것처럼, 어느 누구도 나에게 책임을 묻지도 않았는데 Y로부터 도망치기 바빴다. 그럼에도 불구하고 20년 후, 우리는 다시 또 만났다.

Y는 친구인 나를 제 손아귀에 넣고 흔들려 했다. 좋은 거, 맛있는 거, 고급스런 거 때때마다 사다 주고, Y의 얘기는 무조건 들어주어야 하고 자기 편이 되어 주기를 바랐다. 편이 되어 주지 않으면 내 앞에서 짜증 부리고 토라지고, 토라지면 기본 몇 달씩이나 화가 풀리지 않았다. 말도 안 하고 전화도 거부하고, 본인의 화가 풀려야만 소통하려 했다. 서로가 안 맞으면 서로를 이상 성격이라고 느끼는 것처럼, 나는 Y에게 말했다.

"남편한테 사랑받고 싶으면 사랑받고 싶다고 말해. 남편한테 못 하니까 나한테 와서 성질부리지 말고…. 나는 네 남편이 아냐! 감정을 표현하는 것이 뭐 그리 어려워?"

남편을 이해하라는 의미로 말해 주었다. 하지만 Y는 남편 때문에 속상한 감정을 공감해 주지 않는 것에 대해 짜증스럽다는 듯 극단적으로 말했다.

"나는 나 힘든 것을 말하는데 너는 왜 내 앞에서 맨날 폼 잡아? 네 잘난 체 지겨워! 네가 내 선생이기라도 해? 우리는 친구일 뿐이야. 어린 시절에도 우리 집에는 그렇게 자주 오면서 내가 뭐 하는지 다 들여다보면서 너희 집은 안 데리고 갔어. 중학교 때도 다른 애들이랑만 친하게 지내고 사람 늘 질투나게 하고 공부 좀 한다고 오만 잘난 체는 다하고… 나도 너 별루였어. 너 이제 지겨워!"

잘난 체, 지겹다는 Y의 막말에 나는 당황스러웠다. 나는 나대로 그저 자기 일상을 말한다고 생각했다. 하지만 아무리 친구 앞이라지만 남편에 대한 부정적인 이야기들이 지나치다고 여겨서 한마디해 주었을 뿐이었다. 그런데 이렇게 많은 것들이 폭발할 줄은 몰랐다. Y는 말을 이어 갔다.

"너는 실컷 잘해 주다가 어느 날 연락 끊잖아. 또 그럴 거잖아? 너는 네 멋대로야!"

"내가 내 멋대로라고? 그럼 내가 네 남편을 욕해야겠어? 그럼 너 더 기분 나빠. 이혼 안 할 거잖아. 어차피 너 남편하고 평생 살 거잖아. 네가 네 남편 욕하는 거 결국 네 남편한테 사랑받고 살고 싶다는 거잖아. 사랑받고 싶으면 사랑받고 싶다고 말하고 잘하고 살라는 의미인데 뭐 이리 지나쳐? 그리고 네가 남편 잘못 만난 게 왜 나 때문이야?"

"네가 나 챙겨 줬어 봐…. 친구니까. 내가 덜 힘들었을 거야. 내가 좀 더 괜찮은 남편 만났을 거잖아. 그리고 우리 할머니도 아프고, 아빠도 아프고, 일도 안 되고…."

Y는 결국 울음을 터트리고 말았다. Y의 눈물에 더 이상 동요하고 싶지 않았다.

"네 문제만큼 내 문제도 어마어마했어. 가족들도 챙겨야 하고 학교도 다녀야 하고 돈도 벌어야 하고… 나도 힘들었어. 네 문제는 네 문제야. 그리고 네가 해결해 가야 할 문제들이었어. 너는 내 문제를 해결해 줬어? 네 인생까지 내 책임이야?"

Y는 선생 같은 톤과 선생 같은 지적질에 지겹다는 표정으로 자리에서 일어나며 말했다.

"예나 지금이나 너는 친구 감정을 받아 줄 줄을 몰라! 이제 얼굴 안 봐! 지겨워!"

"앉아! 나도 지겨워. 지금 가면 평생 얼굴 안 봐. 그런 줄 알아!"

나는 차고 냉정하게 말했다. 그런데도 나의 말을 무시하고 Y가 의자를 박차고 일어났다. 두려웠다. 다른 사람들에게는 말했어도 Y에게만은 말하지 못했던 것을 이제는 말해야만 할 것 같았다. 가방을 어깨에 메고 나가려는 Y에게 나는 용기를 다해 말했다.

"어린 시절에 내가 우리 집에 너를 데려가지 못했던 것은 우리 집이 천막집이었기 때문이었어. 나라고 왜 너를 우리 집에 데려가고 싶지 않았겠어? 나는 맨날 너희 집 놀러갔는데 나라고 미안한 마음 없었겠어? 고등학교 2학년 때 천막집 그 자리에 제대로 된 집이 지어진 후, 제일 먼저 데리고 간 게 너였어! 내가 잘난 체 대마왕이라고? 다 갖춘 사람은 잘난 체를 할 필요가 없지? 생활이니까. 하지만 갖추지 못한 사람은 열심히 살아서 잘난 체라도 해서 원하는 것을 얻어야 하는 것이 생존인 거야. 나는 늘 네가 부러웠어! 부모님이 안정적으로 학비 다 대주고 용돈

주고 너는 늘 엄마가 옆에 있고…. 그런데도 뭐가 불만이라고 맨날 짜증 부렸어? 나랑 비교하고 주어진 것에 만족이라는 것을 할 줄을 몰라. 그런 내가 너를 어떻게 받아 줘? 나는 지금도 내가 쓸 돈은 내가 벌어서 써. 너는 20년이 지난 지금도 똑같아. 남편이 아파트 평수 알아서 넓혀 주고, 살림 다 챙겨 주는데 네가 원하는 거 때때마다 챙겨 주는데도 너는 끝없이 불만이야."

나는 두려움 없이 말했다. Y는 가방을 둘러맨 채로 어벙한 표정을 짓고는 그 자리를 떠나야 할지 말아야 할지 몹시 망설였다. 천막집에 살았었다는 말에 충격을 받은 것인지, 아님 Y 앞에서 생전 비교라는 것을 해 보지 않았던 내가 Y 자신과 나를 비교했다는 사실 자체가 충격이었는지 알 수가 없었다. Y는 무슨 말을 해야 할지를 모르겠다는 표정을 남긴 채 "갈래!" 하고 한마디를 남기고 가버렸다.

석 달이 넘었지만 Y에게서 전화가 오지 않았다. 나 또한 전화하지 않았다. 애써 봐야, 20년 전부터 아니 30년 전부터 쌓인 독 때문에라도 만나 봐야 또 말싸움을 할 게 뻔했다. 그러면서도 Y에게 화도 났고 미안했다. 마치 Y의 말대로 남편을 잘못 만나 불행한 삶을 사는 게 나의 탓인 것 같기도 했다. 하지만 Y가 남편을 잘못 만난 것이라고는 생각하고 싶지 않았다. Y는 사람과의 관계에서 늘 정성을 다하는 친구였다. 남편에게도, 암투병 중인 시어머니에게도, 시댁 식구들에게도… 하지만 그것을 인정받지 못하는 것에 대한 불만과 분노를 친구인 나에게 와서 터뜨리고 있었다. 나는 또 Y로부터 도망치고 싶었다. 그러면서도 후회가 밀려왔다.

25년 전에도 Y가 힘들 때, 옆에 있어 주는 것 자체가 Y에게는 위로였을지도 모른다고 자책하기도 했다. 친구인데, 친구란 그런 것인데, 도망가기 바빴다. 이제야 친구로서 동등하게 서로의 아픔을 열었으니까, 그 아픔을 받아 줄 여유가 생겼는데 뭐가 서로 안 맞아 이리도 힘든 시간을 보내는지 알 수가 없었다.

어린 시절 천막집에 살았었다는 내 아픔을 이야기한 것이 후회가 되었다. 가난한 현실이 부끄러움은 아닌데 그것이 늘 약점 같아, 말을 할 수가 없었다. 하지만 얘기를 해버리고 나니 마치 그것 때문에 Y에게 거부당한 것 같아 순간순간 분노가 치밀어 올라왔다. Y에게 연락이 오지 않는 동안, Y를 처음 만났던 열다섯 살에 그 이야기를 했더라면, 천막집을 공개했었더라면 어떠했을까 생각했다. 넉넉히 받아 줄 수 있는 친구가 아니라는 것을 직감적으로 이미 알았기 때문에 어쩌면 더 말하지 못했던 것은 아니었는지, 천막집에 산다는 것은 나의 수치이기에 그것이 보여지는 순간, 나를 떠날 것이라는 두려움이 앞섰기 때문인지… 그럼에도 불구하고 Y는 내가 늘 좋아했던 친구였다. 서로의 아픔을 품어 안아주지 못할 만큼 사랑과 우정은 깊은 것이 아니었다는 실망스러움, Y 또한 마찬가지였을까? 쉽지 않은 결혼생활의 어려움을 토해 놓았을 것인데 그것을 받아 주지 못한 것은 나였다. 다시 20대처럼 기약도 없이 아픔만 남긴 채, Y를 시간의 침묵 속으로 침몰시켜야 한다는 사실에 하루하루 견디기가 어려웠다.

하지만 3개월이 지나 그 침묵을 깬 것은 Y의 문자였다. 문을 두드려 준 것이다. 기뻤지만 문자는 기가 막혔다.

"너는 나에게 30년 동안 거짓말을 했어. 잘사는 척."

문자가 또 연이어 왔다.

"어린 시절 천막집에 산 게 내 탓은 아냐!"

나는 Y의 기가 막힌 문자에 곧바로 답을 보냈다.

"당연히 너의 잘못 아니지. 내가 너 오랜만에 찾아간 날, 너희 아버지

가 돌아가신 것도 내 책임은 아니거든. 그 어떤 일에도 우리는 아무 잘
못도 없어! 어린 시절 천막집에 살았었다는 말을 못했던 것은 너를 너무
좋아했기 때문이야. 혹 그 말을 하고 가난하게 사는 것을 보면 혹시 너하
고 친구 못할까 봐 두려웠던 거야."

30년 만에 처음으로 잘난 체 없이, 폼 안 잡고, 나는 솔직하게 고백했
다. 더 솔직하게 고백했어야 했나? 가장 사랑해야 할 친구의 고통을 바
라볼 때마다 본능적으로 느껴지는 부담스러움, 그래서 피하고 싶은 감
정들, 친구였기에 친구의 고통을 그저 지켜봐 줘야 하는, 옆에 있어 주는
것만으로도 위로임에도 불구하고 우리는 또다시 도망쳐 버리고 싶어 하
지 않는가? 40대에 다시 만난 우리는 아직도 미성숙한 것인가? Y에게
서 또 다른 문자를 기다려도 아무런 문자가 오지 않았다.
　나는 나에게 가장 고통스러운 시간이었던 어린 시절을 떠올렸다. 그
시절 Y는 힘든 현실에 처한 나에게 은밀한 최초의 사랑이었고 동시에 기
쁨을 안겨 준 친구임에 분명했다.

　피해의식 초등학교 6학년 어느 날, 동네에서 외떨어진 우리 집 텃
밭에 부모님이 지어 놓은 자그마한 천막집에 옮겨 와 살기 시작했다. 사
업 실패로 부모님이 집 두 채를 날렸기 때문이었다. 중학교도 어렵게 입
학했다. 그런데 중학교 1학년 생활이 그리 쉽지 않았다. 6학년 때부터
돌리기 시작한 신문을 중학교 와서도 돌려야 했기 때문에 친구들을 사귈
수 있는 마음의 여유가 없었다. 신문은 나만 돌리는 것이 아니라 오빠들
도 신문을 돌리고 학비를 마련했기 때문에 내가 신문을 돌리는 일이 특
별한 일은 아니었다.
　하지만 새로 입학한 중학교에 가면 나는 특별한 아이였다. 크림을 바

르지 못해 손이 푸석푸석하고 옷이 더럽고, 말도 없고, 숫기도 없고, 전교 꼴찌에 가깝도록 공부도 못하는 그런 아이였다. 나에게 친구를 사귈 수 있는 유일한 돌파구가 있다면 그것은 옆에 앉은 짝꿍이었다. 그런데 이 짝꿍은 80센티미터 되는 길쭉한 책상 반쯤에 늘 줄을 그어 놓고 넘어 오지 못하도록 하는 아이였다. 신문을 돌려 번 돈으로 가끔씩 맛있는 깃을 사주면 사주는 날만 잘해 주고 다음 날이면 마음이 돌아서 버리는 아주 변덕스러운 아이였다. 한 번은 쉬는 시간이었다. 어쩌다 가운데 라인을 내 손이 넘어갔다. 눈빛이 오소리 눈빛처럼 날카로워지더니 검은색의 작은 칼을 내 새끼손가락에 갖다 대었다. 순간 그동안 참아 왔던 내 감정을 견딜 수가 없었다. 그 아이에게 내가 앉던 의자를 냅다 집어 던지는 과잉행동을 벌이고 말았다. 다행히 의자가 엉뚱한 곳으로 날아가서 그 친구의 몸은 상하지 않았지만, 나는 한 학기 내내 반성문을 쓰고 화장실 청소를 도맡아 하며 반 친구들에게 왕따를 당하는 처절한 시간들을 보내야만 했다.

담임선생님이 "왜 의자를 집어 던졌니?" 정도는 물어봐 주었어야 했는데 아무것도 물어봐 주지 않았다. 하기야 누가 나에게 물어본다 한들 한 학기 동안 당했던 그 친구의 변덕스러움과 못된 행동을 어떻게 말해야 하는지 몰랐다. 그래서 반성문에는 이러한 상황을 벌인 것을 잘못했다는 똑같은 말만 반복해서 쓸 뿐이었다. 짝꿍이었던 그 아이와 나는 하루도 거르지 않고 화장실 청소를 부지런히 했다. 공부를 중간 정도 했던 짝꿍과는 더 이상 짝을 하지 않았고 다른 친구들과는 거의 말을 하지 않고 지냈다.

담임선생님은 아주 간단하게 엄마가 있는 곳으로 전학을 가라고 했다. 부모님이 찾아오지도 않고 전학을 위해 아무런 행동도 취하지 않으니 담임은 나를 관심 밖의 아이로 돌덩어리처럼 무정하게 취급했다. 담임선생님과 아이들에게 문제아로 낙인찍힌 처참한 기분. 학교에서 체육 시간에 영양실조로 쓰러졌을 때도 친구들은 나에게 냉혹한 한마디를 던 졌었다.

"너 동정받으려고 일부러 쓰러졌지?"

동정이나 해주고서 그런 말을 하면 분노가 일지를 않겠지만, 털끝만 큼의 동정을 주지도 않고 그런 식의 말을 하니 한 학기 내내 속이 상했 다. 공부도 못하고, 가난하고, 문제를 일으키는 아이, 아이들이 나에게 보낸 시선은 바로 그런 것이었다. 나는 늘 혼자 밥 먹었고, 혼자 있었 다. 나도 다가가지 않았지만 아이들도 나에게 다가와 아무런 관계를 맺 으려 하지 않았다.

가난한 데다 공부까지 못하고 부모님과 함께 살아가지 않으면 그렇게 대우해도 된다는 것 자체가 부당하다고 여겼다. 그래서 결심했다. 경제 적인 가난은 내가 해결할 수 없는 일이지만, 공부만은 내 의지에 의해서 해결할 수 있는 유일한 일이라고 믿었다.

1학년 2학기 때 신문 돌리는 것을 과감히 그만두고 미친 듯이 공부하 기 시작했다. 특별히 공부 방법도 몰랐기 때문에, 수업이 끝나면 도서관 에 앉아 교과서를 달달달 외우고 또 외우면서 무조건 반복하고 반복했 다. 예습과 복습을 하는 행위가 내 몸에 밸 정도였으니까. 1학년 2학기 중간고사 때는 360명 중에 350등으로 꼴찌에 가까웠던 나는 전교등수 가 150등 가까이 올라갔다. 내 성적 덕분에 학교에 향상상이라는 상이 생겼다. 기말고사 때 나는 또 100등이 올랐다. 그리고 중학교 2학년 1학 기가 되었을 때 다시 60등 정도가 올라 전교 60등 안에 드는 소위, 10등 안에 드는 상위권 학생이 되었다. 성적 향상으로 중학교 2학년에 들어서 면서 나는 서서히 자신감을 회복하고 있었다.

그 무렵, Y를 만났다. Y는 나와 같은 반이었고, 복숭아 속살처럼 뽀얀 얼굴로 나만 보면 늘 활짝 웃어 주는 게 가슴이 콩닥콩닥 뛰게 했다. 처음으로 좋아하는 감정이 생긴 친구를 어떻게 사귀어야 하는지 알 수가 없었다. 다른 친구들처럼 그냥 다가와서 장난을 치면 되는데 Y는 전혀 장난을 치지 않았다. 나 또한 Y 앞에서만은 어떻게 행동해야 하는지 몰라 어리벙벙한 바보처럼 굴었다. 다른 친구들과는 수다를 떨고 서로에게 지우개나 휴지를 던지며 괜스레 툭 치고 건드리거나 뛰어다니며 짓궂은 장난을 치며 놀았다. 하지만 Y는 늘 얌전했다. 그런데 2학년 1학기가 끝나갈 무렵, 수업을 파한 후 교정을 나서는데 Y가 나에게 다가와 수줍게 말했다.

"너희 집에 놀러가도 되니?"

우리 집에 오고 싶다는 말에 나는 좋으면서도 당황하고 말았다. 나의 천막집을 보여 준 후, Y가 나에게 어떤 반응을 할지 걱정이 되었다. 1학년 때 왕따를 당해 본 나로서는 집을 공개한다는 일은 다시 공포를 재현하는 말도 안 되는 일이었다.

"안~돼!"

고개를 저으며 내가 강하게 몇 번 거절을 하자, 내 사연을 모르는 Y는 실망한 표정을 띠고 수줍게 등을 보이고 돌아가 버렸다. 그 순간 가슴이 무너지는 것 같았다. Y를 집으로 데려갈 수 없는 현실이 쓸쓸하다 못해 참담하도록 비참했다. 도저히 그 천막집에 데려갈 수가 없었다. 누추한 집을 보는 순간 Y가 떠나버릴 것 같은 두려움이 앞섰다. 하지만 실망하고 돌아서서 가버리는 Y의 뒷모습을 전봇대 뒤에 숨어 지켜보면서 나는 미칠 것만 같았다. 이제 끝났구나 싶었다.

Y를 집에 데려가지 못한 그날, 자식들이 먹을 음식을 장만해서 1년 만에 엄마가 오셨다. 1년 내내 엄마가 오기만을 기다리고 기다렸는데…

엄마가 오면 엄마와 하룻밤을 지내는 날, 늘 엄마를 꼭 끌어안고 물고 빨고 안고 그동안의 그리움을 하루 만에 해소하기도 바쁘게 지나가는 시간들이었다. 하지만 Y가 나의 집에 오고 싶어 했던 그날만은, 엄마가 온 시간들이 마치 우주 밖으로 날아가 버린 것처럼 엄마가 지겹도록 미웠다. 안에 있는 분노가 폭발하지 않으면 나 스스로가 터져 버릴 것 같았다. 비닐하우스 속의 보랏빛 보온천을 두른 천막집 뒷산이 떠나갈 듯 엄마에게 소리소리 치면서 울며 발광을 했다. 집 밖에 차곡차곡 쌓여 있는 불 빠진 연탄재를 모두 박살 내고 말았다. 왜 우리는 이렇게 살아야 하냐고, 자식들을 이 모양 요 꼴로 만들어 놓고 지방으로 피해서 살아가 버리면 다냐고, 나를 왜 낳았느냐고 울고불고 난리를 치며 엄마의 가슴에 비수를 갖다 꽂았다. 엄마는 천막집 앞에 심어 놓은 감나무를 잡고 서럽게 울고, 나는 가을이면 좁쌀만 한 열매가 빨갛게 익어 즐비한 뒷산 보리앵두 나무 숲에 들어가 쭈그려 앉아 울고 또 울었던 날이었다.

다음 날, 학교에 가자마자 Y의 눈치를 살폈다. 다행히도 아무렇지도 않은 듯 Y는 나를 향해 뽀송뽀송한 미소를 날려 주었다. 그날 이후, Y는 나에게 왜 집에 데려갈 수 없는지, 묻지 않았다. 나의 집에는 데려가지도 않으면서 나는 Y가 보고 싶을 때면 부지런히 Y의 집에 놀러 다녔다. Y는 그런 나를 싫다고 하지도 않았고 나와의 관계를 끊지도 않았다. 나는 더 적극적으로 Y에게 다가갔고, 편지를 주고받으며, 좋아라 했다. 그렇게 Y는 나를 받아 주었다.

여름 방학이 되자, 시골에 계신 부모님과 지내야 했기 때문에 Y에게 편지를 쓰겠다고 약속하고 나는 시골로 내려갔다. 서해 바다 수평선을 바라보며 자주 Y에게 편지를 썼었다. Y에게 선물해 주기 위해 조개껍질을 하나하나 모아 목걸이를 만들었다. 하지만 방학 내내 잔뜩 써놓은 편지는 주소를 잊어버려 보내지도 못했다.

방학이 끝난 후, Y가 방학 내내 편지를 기다렸다고 툴툴거렸다. 편지는 주지 못했지만, 오색 빛깔 조개껍질로 만든 목걸이를 주자, 나를 더없이 행복하게 만든 Y의 미소! 손재주가 좋아서 Y는 내 생일이면 바스락거리는 투명 비닐에 한 알 한 알 모아 마치 하얀 수국처럼 예쁜 사탕부케를 만들어 주었다. 얼굴도 예쁘고 피아노도 잘 치고 가야금도 잘 타는 Y가 내 친구라는 사실이 늘 자랑스러웠다. 게다가 중학교에서 전교 60등 안에 든 학생들을 모아 따로 공부할 수 있도록 만들어 주었는데, Y가 우수반 안에 속해 있었다. 나는 Y와 동등해지고 싶었다. 그래서 게으름을 피우지 않고 부지런히 예습 복습을 반복했다. Y가 보는 앞에서는 나는 뭐든 잘하는 모습을 보여 주고 싶었다. 나는 언어 능력이 뛰어나 영어와 국어를 잘했고, 영어 말하기 대회에 나가 수상을 하기도 했다. Y는 음악적 재능이 뛰어났다.

결국 가야금 연주에 재주가 비상했던 Y는 서울에 있는 예술고등학교에 들어갔고, 가난했던 나는 명문이면서도 등록금이 아주 싼 국립고등학교에 들어갔다. 서로 학교가 다름에도 불구하고 고등학교 시절에도 연락을 끊지 않고, Y와 나는 방학 때면 만났다. 매운 쫄면을 먹으면서도 Y와 있는 시간들이 즐거웠다. Y에게 우리 집을 공개하기까지는 3년이 걸렸다. 고등학교 2학년 때 천막집이 있던 그 자리에 아담한 벽돌집으로 새 단장을 하고 나서야 겨우 Y를 집에 데리고 갔다. 나의 친구 중, Y가 우리 집 최초의 방문객이었다. 그것도 Y네 아파트만큼 훌륭한 집은 아니었지만, 그래도 내게는 궁궐이었다. 그렇게라도 공개할 수 있다는 사실이 뿌듯했고 Y 앞에 당당해졌다는 사실이 기뻤다.

어린 시절, Y에 대해 좋아하는 감정에 사로잡혀서 그런지 본능적으로 하게 되는 비교의 감정조차 일어나지 않았다. 그냥 늘 같이 있고 싶었다. 누군가를 좋아한다는 것은 그런 모양이었다. 왜 그렇게 좋아했을까? 하지만 그 좋아함은 너무나 일방적이었다는 사실이었다. 나는 Y의 세계를 들여다보면서 Y가 나의 세계를 들여다보는 것은 싫었다. Y 또한 나의 세계가 궁금했을 터인데, 이런 내 세계를 묻지 않는 한, 나는 Y가 나에 대해 궁금히 여기지 않는다고 스스로 믿어 버렸다. Y 입장에서 보면 친구 사이인데 어떤 방식으로든 공평하지 못한 것이 사실이었다. 하지만 나의 세계를 공개하는 순간 그 차이는 너무나 크게 드러날 것이라 보여 줄 수가 없었다. 무의식적으로라도 나의 삶과 Y의 삶을 비교하고 있었던 것은 분명 나였다.

아파트에 사는 Y와 천막집에 사는 나, 늘 안정적으로 부모님과 함께 살아가는 Y와 부모님의 부재 속에서 살아가는 나, 무엇이든 지지와 격려를 받는 Y와 모든 선택을 혼자 해야 하는 나. 방학이 되면 시골에 내려가 지내느라 친구를 사귈 수 없었고 방학이 끝나면 다시 도시로 돌아와 학교를 다녔으니까 나는 어디를 가나 친구를 깊이 사귈 수 없는 이방인이기도 했다. 나에게는 언니와 오빠가 친구고 형제고 엄마고 아버지였다. 부모가 있음에도 불구하고 내가 처한 현실에서는 부모님이 늘 없었다. 어려움이 올 때마다 모든 일을 알아서 판단하고 선택하고 처리해야 하는 외롭고 고독한 아이였다. 이런 이방인에게 최초의 친구가 생겼다. 그 감정은 특별할 수밖에 없었다.

3년 동안 다른 학교를 다니고 있음에도 해마다 생일을 챙겨 주었다. 입시를 치르고 나는 국문학과를 지원해서 들어갔고, Y는 예술대학교를 지원해서 들어갔다. 연락이 끊기기까지 나는 Y와 늘 붙어 다녔다.

Y와 나는 어떤 때는 사이가 아주 좋았고, 어떤 때는 싸웠고, 어떤 때는 서로 몇 년 동안 관계를 끊었고, 그랬다가 다시 만났고, 1년에 한두 번

정도 연락을 주고받았다. 그러면서 30년이라는 세월이 흘렀다.

 동탄과 용인 사이, 한 지점에서 11킬로미터, 15분밖에 안 걸리는 고속도로를 사이에 두고 우리는 서로 다시 가까워졌다. Y는 이제 화이트 빛깔의 멋진 피아노는 뒷방 시어머니처럼 잘 모셔져 있고 가야금은 어디에 세워져 있는지 기억나지도 않을 만큼, 30년이 지난 지금, 살림 잘하고, 요리도 잘하는 푸드 아티스트가 되어 있지 않은가! Y는 남편을 의지하면서도, 남편을 자기 맘대로 움직이고 싶어 하는, 자식들을 손 안에 움직이는 고상한 주부가 되어 있지 않은가! 고상한 주부가 된 것은 좋은 엄마, 좋은 아내가 되기 위해 애를 써왔다는 것이었다. Y가 꿈꿔 준 대로 나는 뒷방에서 공상을 즐기고 풀어 대고 타인의 공상을 읽어 주고 모방해서 써대는 글쟁이가 되지 않았는가. Y에 대한 내 꿈은 내 꿈일 뿐이었다. 하지만 30년이 지난 지금, 우리가 무엇이 되었든, 설령 아무것도 되지 않았다 할지라도 친구로서 충분하지 않은가? 이즈음 서로에게 솔직한 친구가 되지 않았던가! 생각해 보니 어린 시절 나의 또 하나의 꿈은 Y와 나란히 예쁜 집 두 채를 지어서 한쪽에서는 내가 살고, 그 옆에서 Y가 사는 거였다. 그 꿈이 또 꿈으로만 끝날지언정… 내 마음의 가족이 되어버린 Y 옆에 나는 평생 남아 있을 친구라는 사실이었다.
 Y에게 연락이 오지 않아도 나는 한 달에 한 번씩 Y에게 연락을 했다. 화가 풀렸는지 안 풀렸는지 알 수는 없었지만 Y의 목소리는 늘 시큰둥했다. 그리고 5개월이 지난 후, Y는 나에게 만나자고 연락을 해왔다. 또 싸우지 않을까 걱정하면서 긴장을 한 채로 나는 Y를 만났다. Y가 내게 말했다.
 "엄마가 많이 아프셔, 하늘나라로 가실 것 같아!"
 Y의 목소리에 슬픔이 묻어 있었다. Y의 아픔이 내게로 전해져 왔다.

1년 전에도 시어머니를 떠나보내지 않았던가! 나는 많이 지쳐 보이는 Y
의 눈을 지그시 바라보았다. 긴장은 사라져 있었다. 여전히 우리는 30년
지기 친구였다. 예전처럼, Y가 고통스러운 현실에 처해 있을 때 멀리하
거나 연락을 끊는 행동을 하지 않으리라는 다짐을 마음에 새기고 새기면
서 나는 진심으로 말해 주었다.

"그동안 힘들었구나!"

辯__분노, 수치, 죄 사이에서

왜 분노했을까? 남편의 착해 빠진 성격과 무능력에 부딪칠 때에도, 가족인 시댁 식구들조차 남편에게 모든 탓을 하며 희생양을 삼을 때에도, 친구가 자신의 수치는 감춘 채 투사하고 비교하며 연락을 끊을 때에도 나는 분노했다.

나는 왜 그렇게 분노했을까? 왜 분노의 감정들이 풀리지 않는지, 이해할 수도 없고, 이해할 수 없으니 용서할 수도 없었다. 내 몸에서 만들어진 분노[32]는 감전을 일으키는 전기선 같았다. 물만 가져다가 들이부으면 스파크가 팍! 팍! 팍! 어디로 튕겨 나갈지 모를 일이었다. 어쩌면 분노를

---

[32] 일상적으로 우리가 분노를 느꼈다고 하면, 대체로 내가 믿는 어떤 도리를 친구가 어겼기 때문이다. 마땅히 해야 하는 것, 옳다고 믿는 것, 즉 윤리, 원칙, 준칙, 당위, 약속, 기대와 같은 '관념'을 어겼을 때, 우리는 분노한다. 사랑하는 연인에게 분노를 느낄 때, 우리는 눈앞에 있는 사람을 보기보다는 자신의 관념에 사로잡힌다. 그녀가 부정을 저질렀다거나, 인간의 신뢰를 깨뜨렸다거나, 내가 믿는 상식을 넘어섰다고 '믿을' 때, 그렇게 관념에 강하게 사로잡힐 때 우리는 분노를 느낀다. 정지우 《분노사회》 '관념과 체제'.

내려놓지 못했던 것은 내려놓지 못한 것이 아니라 내려놓고 싶지 않은 내 무의식적인 욕구였을지도 몰랐다. 씨맨즈는 《상한 감정의 치유》에서 이런 내 감정을 정확히 읽어내고 있었다.

"자신을 책임진다는 것과 다른 사람을 용서한다는 것은 동전의 양면과 같다. 많은 사람들이 다른 사람을 절대로 용서할 수 없는 이유가, 만약 그들이 누구를 용서를 한다면 벌어진 문제에 대한 책임을 전가할 대상이 없어지기 때문이다. 38년 된 병자가 깔고 있던 자리를 뺏기기 싫어하듯이, 책임을 지는 것과 용서하는 것은 거의 같은 행동을 취하는 것이다."

결국 씨맨즈의 말에 의하면, 내가 벌인 일들에 대해 책임을 전가할 대상이 사라지기 때문에 내가 용서하지 못하고 계속해서 분노하고 있다는 의미였다. 그리고 용서한다는 것은 모든 상황을 그들의 책임으로 돌리는 것이 아니라 내 책임이라고 인정해야 하는 일이기 때문에 용서는 쉽지 않다는 것이었다. 모든 것이 내 책임이라고 인정하고 나 자신 밖에서 나와 관계를 맺는 모든 이들을 수용하고 용서하기에는 나는 성숙하지 못했다.

스캇 펙 박사는 《끝나지 않은 여행》에서 분노에 대해 다음과 같은 분석을 하고 있었다.

"분노 그 자체만으로 나쁜 것은 아니다. 인간에게 분노 중추는 다른 생명체와 정확하게 똑같이 작용한다. 분노는 생명체가 우리의 영역을 침범할 경우 자기 영역을 보호하기 위한 작동기제, 방어기제이다. 자신의 영역에서 어슬렁거리는 다른 개와 싸우고 있는 개처럼, 우리 인간은 또한 영역이 훨씬 더 복잡하다는 것만 제외하면 다를 것이 없다. … 인간은 지리적 영역을 갖고 있어서 초대받지 않은 누군가가 나의 소유지에 들어와서 꽃을 꺾기 시작하면 화가 난다. 뿐만 아니라 심리적인 영역도 가지고 있어서 누군가가 나를 비난할 때마다 화가 나기도 한다. 인간은 또 종교적인 영역이나 이념적인 영역도 가지고 있다. 그래서 누군가가 자신의 신앙을 비난하거나 자신의 신념을 비방할 때 화를 내는 경향을 보인다. 인간의 영역은 너무나 다면적이어서, 우리의 분노는 항상 촉발되고 종종 너무 부당하게 발생한 경우, 우리가 우리 영역 안으로 사람을 불러놓고도 분노가 생겨날 수 있다."

분노 속에 감춰진 감정 우리는 모두 옳다고 믿는 '신념'이 달랐다. 신념이 상대적 차이를 가진 때 우리는 서로 안 맞는 사람이라고 단정을 내려 버렸다. 하지만 다를지언정 내가 갖고 있는 신념은 적어도 평범한 것이라고 믿었다.

그런데 어린 시절 가장으로서 큰아들 역할을 잘 감당해 온 내 남편에게는 '무능력'이라는 낙인을 씌웠다. 희생의 가치를 인정해 주어야 함에도 불구하고 '모빙' 삼았다는 사실이다. 모빙이 된 사람은 돌파구를 찾지 못하면 어느 순간 바보가 되고 만다. 길들여진 모습 그대로, 희생하는 것이 당연한 것인 듯 살아야 마음이 편한 것이다. 남편이 자신이 가족에게 희생양이 되어 준 것처럼 나에게도 희생양이 되는 것이 당연한 것인듯 요구했을 때, 나는 희생의 몫을 공평하게 나눠야 함을, 그리고 그 가치를 인정해 주어야 함을 요구했다. 희생양이 되어 준 남편의 희생은 사랑 없이, 인정받거나 존중받지 못한 희생이었다. 그것은 이용당한 후 버림받는 것과 마찬가지였다. 가족의 생존이라는 명분으로 큰아들인 남편을 이용했을 뿐, 보이지 않은 폭력을 행한 것이었다. 가족에게 사기를 당하고 뒤통수를 맞았다고 하면 어느 누가 믿을 것인가? 가족이라는 이름으로 사랑을 포장하여 멋지게 이용하고 사용하다가 버리는 행위는 정당했고, 게다가 자신들의 신념이 옳다고 주장했다. 하지만 내 입장에서 그것은 사악한 신념에 불과했다. 남편과 나는 서로의 신념이 달랐던 것일까? 서로의 신념이 다르니 우리는 각자 지냈다. 서로 부부라 할지라도 나는 삶이 공평하기를 원했고, 남편을 가장으로서 의지하고 싶었고, 안정적인 의지 아래서 남편을 위해 폼 나는 헌신을 하고 싶었다. 그리고 헌신의 가치를 존중받고 싶었다. 남편이 시댁에서 당한 것과 같은 가치 없는 모빙, 희생양을 원하지 않았다.

불안을 숨겨놓은 분노 시댁 식구들은 어떤 신념을 갖고 있기에 남편을 공격하는 것인가? 자신들의 수치를 숨기기 위한 투사였고, 탓일 뿐이었다. 영화의 한 장면처럼, 불의한 일이라 할지라도 우정을 나누고 가족애를 나누는 관계라면 짜고 치는 고스톱을 쳐도 의리를 지켜야만 하는 것이 내 신념이었다. 그렇다면 가정은 어느 누구보다도 그 의리를 지켜주어야 하는 곳이었다. 그런데 가족들조차도 생존 앞에서 수시로 실리에 따라 배신을 하는 시댁 식구들의 신념은 나의 신념과 너무도 달랐다. 시어머니조차 을의 모습일 뿐, 형과 오빠의 희생을 인정하거나 존중하지 않고 자식과 형, 오빠의 분깃을 착취해 가는 모습은, 말 그대로 탐욕에 빠진 인간들일 뿐이다. 그리고 이 수치들을 숨기고 사느라 가족은 서로 만나지도 않고 대화도 하지 않았다. 이런 나와 다른 신념 때문에도 나는 분노[33]가 치밀어 올라왔다.

---

[33] 분노는 우리 신체에 가해진 반응으로서의 감정이 아니라, 어떤 관념에 사로잡혀 있을 때 일어나는 감정이다. 관념이 없다면 분노는 없다. 분노는 인간이 언제나 관념을 향해 있고 관념에 사로잡혀 있다는 증거가 되는 감정이다. 만약 한 사회가 분노로 넘쳐나고 있으며, 그 분노가 만성화되어 있고, 심심치 않게 분노가 폭발하듯 터져 나온다면, 문제는 그 사회의 관념에서 찾아야 한다. 정지우 《분노사회》 '관념과 체제'.

하지만 신념의 문제만은 아니었다. 궁극적인 분노는 남편을 의지하고 싶은데 의지할 수 없는 대상이라는 사실을 알아버렸을 때, 극에 달했다. 모든 것을 알아서 처리해 나가야 하는, 내가 가장이 되어 버린 그 상황 자체가 무엇보다 받아들이기 어려웠다. 의지할 대상이 없다는 그 자체가 내 안에 깊은 불안을 불러일으키며 분노하게 했다.

바른 마음의 기준들 조너선 하이트는 자신의 사회과학 보고서 《바른 마음》에서 모든 호모 사피엔스는 호모 에코노미쿠스 곧 '경제적 인간'으로 전제를 내린다. 지혜를 갖고 있는 호모 사피엔스, 인간은 이익과 손해를 계산할 줄 안다는 것이다. 원시 시대부터 인류는 도덕 심리학적으로 5가지 영역에서 자신의 신념과 맞지 않을 때 분노한다는 것을 밝혀냈다.

> 1. 배려와 피해의 심리[34]
>   ▸ 배려받지 못하고 그래서 피해(손해)를 입었을 때
> 2. 공평성과 부정의 심리[35]
>   ▸ 비례의 원칙에 입각하여 기여한 만큼의 보상이 이루어지지

---

34 무력하고 연약한 아이들을 돌봐야 한다는 도전과제에 임하면서 인류는 고통과 필요의 시각에 초점을 맞춰 촉각을 세웠다. 이 때문에 잔혹함을 경멸하는 경향을 보이고 나아가 고통 받는 아이들을 돌봐주려는 마음이 우러난다. 조너선 하이트 《바른 마음》'정치는 어떻게 도덕을 이용하는가?' pp.235-236.

35 협동으로 보상을 얻되 착취는 당하지 말아야 한다는 적응도전과제에 임하면서부터였다. 이 때문에 인간은 누가 협동과 호혜적 이타주의에 훌륭한 파트너다 싶으면 그 신호에 촉각을 세우게 된다. 우리가 사기꾼이나 부정행위자와 관계를 끊거나 그에게 벌을 주고 싶어 하는 것도 이 때문이다. 조너선 하이트 《바른 마음》'정치는 어떻게 도덕을 이용하는가?' pp.235-236.

않고, 공평성의 원칙에 어긋나고 분배를 하는 데 있어서 불평
등한 결과가 발생했을 때

3. 충성과 배신의 심리[36]

▸남자는 팀이나 조직에 충성하지 않고 배신했을 때, 여자는 두
사람 사이의 관계에 충성하지 않고 배신했을 때

4. 권위와 전복의 심리[37]

▸권위나 위계서열을 인정하거나 존중해 주지 않고 무시했을 때

5. 고귀함(성스러움)과 추함의 심리[38]

▸고귀하고 성스럽게 여기는 사물들(국기, 십자가), 국가의 발상
지 역할을 하는 메카, 고귀한 사람(성인, 영웅), 원칙(자유, 동지
애, 평등)을 위반하고 무시했을 때

---

36 연합을 구성하고 유지해야 하는 적응도전과제에 임하면서부터였다. 이 기반 때문에 누
가 훌륭한 팀플레이어인지 촉각을 곤두세우게 된다. 이 기반 때문에 그런 사람에게는
신뢰와 보상을 주고 싶어 하고, 반대로 나 혹은 우리 집단을 배반하는 사람에게는 추방,
심지어는 살인으로 응징하고 싶어 한다. 조너선 하이트《바른 마음》'정치는 어떻게 도
덕을 이용하는가?' pp.235-236.

37 사회적 위계서열 내에서 인간관계를 잘 구축하여 모종의 이득을 거두어야 한다는 적응
도전과제에 임하면서, 이 기반 때문에 우리는 서열이나 지위의 표시에 촉각을 곤두세
우게 된다. 타인이 자신의 주어진 지위에 맞게 잘 행동하고 있는지도 민감하게 살핀다.
조너선 하이트《바른 마음》'정치는 어떻게 도덕을 이용하는가?' pp.235-236.

38 잡식동물의 딜레마라는 적응도전과제에 임하면서 병원체와 기생충이 득실대는 세상에
서 살아야 하는 광범위한 도전과제가 이 기반을 발달시키는 원동력이 되었다. 고귀함
과 추함의 기반에는 행동면역체계도 포함되는 바, 우리는 이를 통해 다양한 상징적 사
물과 위협에 조심스러운 태도를 엿보인다. 사람들은 집단을 하나로 뭉쳐주는 데 중요
한 역할을 하는 것이라면 거기에 비합리적일 정도로 엄청난 가치를 쏟아붓는데, 이런
경향이 나타나는 것도 이 기반 때문이다. 조너선 하이트《바른 마음》'정치는 어떻게 도
덕을 이용하는가?' pp.235-236.

분노 뒤에 있는 수치 밝히기 1년 동안 부부관계를 거부해서 남편에게 매 맞는 아내가 되었다는 사실을 밝히면 아내는 부끄러움을 느낄까? 남편의 권위를 인정하지 않아 남편을 분노하게 했다는 사실을 밝히면 아내는 부끄러움을 느낄까? 몇 년 동안 가장으로서의 역할을 하지 않고 돈을 벌어오지 않아 섹스를 거부한 사실을 밝히면 남편은 부끄러움을 느낄까? 부끄러움의 실체를 밝혔지만 오히려 아내에게 폭력을 행사함으로 자신의 부끄러움을 감추려고 한 것은 아닐까? 그렇다면 폭력은 자신의 수치를 감추기 위한 방어의 수단이다.

형이 10년 동안 일한 것에 대한 분깃이 공평하게 비례 원칙에 의해 분배되지 않고 자신들이 착취해 갔다는 사실을 밝혔을 때, 시누이와 시동생은 부끄러움을 느낄까? 형의 권위를 인정하거나 존중하지 않고, 무시했다는 사실을 밝혔을 때 그들은 부끄러움을 느낄까? 시어머니는 자기 연민 때문에 어린 아들을 공포감에 방치했다는 사실을 밝혔을 때 부끄러움을 느낄까? 오히려 온 가족이 자식을, 형을, 오빠를 모빙 삼았다는 사실을 밝히면 부끄러움을 느낄까? 자신들의 부끄러움이 밝혀지는 순간 오히려 방어벽을 치고 자신들의 수치를 인정하고 싶지 않아 그들 또한 공격적으로 분노를 터뜨리지 않을까? 오히려 피하고 연락을 끊어버리지 않을까? 어쩌면 소통을 거부하는 것은 그들이 자신들의 수치를 알고 있다는 사실일 것이다.

가족을 위해 희생양이 되어 주었던 남편에게 아내에게까지 그것을 그대로 요구하여 고통에 빠뜨리는 현실은 악을 모방하는 일이라며 배려하지 못하고 피해를 주는 일이라는 사실을 밝히면 남편은 부끄러움을 느낄까? 가장의 역할을 제대로 하지 않으면서 그리스도의 사랑을 외치는 일이 얼마나 이중적인 삶인지 밝히면 부끄러워할까? 늘 회피했던 남편은 부끄러움의 실체가 밝혀지는 순간 도망쳤을 것이다.

10대 이후로 동등한 친구 관계가 되지 못해 오랜 세월 연락을 주고 받지 않았다는 사실을 밝히면 부끄러움을 느낄까? 30년 만에 다시 만난 친구로서 나는 Y에게, Y는 나에게 서로가 최선을 다한 것은 친구로서 동등한 관계를 이어가고자 하는, 부끄러움을 남기지 않으려는 것은 아니었을까?

수치 인정하기 수치를 인정하지 않으면 인간은 스스로도 알 수 없는 고통 속에 빠진다. 이 고통을 피하기 위해 인간은 스스로가 해결해야 할 자기 문제를 타인에게 의존한다. 자기 자신이 저지른 일에 대한 책임을 감추기 위해 타인에게 분노하고, 투사하며, 탓을 하고, 회피하고, 도망치는 등 악한 방어벽을 친다는 사실이다. 수치는 꽁꽁 숨겨 둔 채, 오랜 시간 자신의 내면의 연약함과 두려움을 가장 동물적인 악한 방식으로 표현하고 사는 것이다. 겉보기에 강자인 것 같다. 강자인 것처럼 포장했지만 '사악함'이 덧입혀 있기에 도움의 손길들은 비껴간다. 철옹성 같은 방어벽으로 포장되어 있는 그 뒷면의 그림자, '연약'한 내면을 어느 누구도 들여다봐 주지 않는다. 그 문제를 해결해 주지도 않는다. 온전히 자신이 해결해야 할 문제이다.

수치를 숨기려는 이 거센 몸부림 때문에, 어느 타인과도 원활한 소통을 거부한다. 때문에 누군가는 이해할 수 없는 상처를 받고, 함께 살아가는 사랑하는 사람들이 고통받고 살아간다는 사실을 인식하지 못한다.

수치를 인정하는 일은 결코 쉽지 않다. 수치를 인정하는 일에도 용기가 필요하다. 두려움을 모르는 것은 일종의 뇌상(腦傷)이다. 두려움에도 불구하고 고통을 무릅 쓰고 전진하는 것이 용기라면, 용기 있게 이 수치를 인정해야 한다. 그렇지 않으면 우리는 일평생 수치를 감추고 살아가는 악인이 되어 버리고 만다. 그리고 유전의 대를 잇듯 사랑하는 사람들에게 '악'을 전이시킨다. 그러면서 악은 퍼져 간다. 카를 융은 악을 다음과 같이 정의한다.

"악이란 우리가 부인하고 싶어 하는 인격의 일부이며 우리가 생각하거나 의식하지 않으려 하며 지속적으로 의식이라는 덮개 아래 숨겨 두고 무의식을 지킴으로써 우리 자신의 '부끄러운 그림자'를 대면하지 않으려고 해서 생겨나는 것이다."[39]

악을 양산하지 않기 위해서라도 수치를 인정해야 하는 것이다.

연약함을 인정하는 것 내가 빚을 갚을 수 없는 자임을, 이웃의 것을 뺏어 오면 안 되는 것임에도 불구하고 원칙을 어기고 뺏어 올 수밖에 없는 탐욕에 취한 자임을, 끝없이 타인에게 배려받고 의존하고 싶어 하는 자임을, 피해를 줄 수 있는 자임을, 끝까지 희생할 수 없는 자임을, 서열과 권위를 무시할 수 있는 자임을, 집단에 충성하지만 충성의 대가를 모두 셈을 하여 돌려받고 싶어 하는 욕망이 있는 자임을 인정하는 것이다. 그리고 그 욕망대로 살 수밖에 없는 연약한 자임을, 스스로 온전할 수 없어서 생겨난 수치들을 인정하는 것이다. 인정한 후 하나하나 셈하여 돌려주는 것이다. 돌려주지 못한다 할지라도 돌려주려고 애쓰는 순간, 악한 수치심 속에 배어 있는 분노와 회피는 사라져 가고 건강한 수치심으로 변해 간다. 그리고 부끄러워하며 공평해지도록 하나하나 돌려주는 순간 삶은 당당해진다. 하지만 우리 인간이 얼마나 빚을 지지 않고 온전히 공평해지도록 인생을 살 수 있다는 말인가? 우리 인간은 불완전하다. 온전히 모든 것을 잘할 수 없는 연약한 자이다.

[39] 《끝나지 않은 여행》 1장 의식과 치유, p.22.

죄인임을 인정하는 것 아담과 하와가 하나님이 먹지 말라고 한 선악과를 따 먹은 후, 그들에게 발생한 첫 번째 수치스러움은, 자신들이 벌거벗었다는 것을 인식하는 것이었다. 하나님이 하지 말라고 한 것을 어겼으므로 죄를 지었다는 두려움을 느꼈다. 두려움에 나무 뒤로 피하고 말지만 하나님이 "아담아 아담아 어디 있느냐?"고 소통을 하길 원하실 때 아담은 "이르되 내가 동산에서 하나님의 소리를 듣고 내가 벗었으므로 두려워하여 숨었나이다." 하고 표현한다. 아담은 벌거벗었다는 사실을 고백한다. 인간에게 두려움을 안겨 준 문제의 원인들을 밝히려 하시는 하나님의 모습을 살펴볼 수 있다. "이르시되 누가 너의 벗었음을 네게 알렸느냐 내가 네게 먹지 말라 명한 그 나무 열매를 네가 먹었느냐." 이때 아담과 하와는 "제가 정말 하나님처럼 될 수 있는지 호기심이 나서 먹고 싶어 따 먹었습니다"라고 솔직하게 표현하지 못했다. 죄를 고백하고 솔직하게 표현했더라면 인류 역사 속 인간에게 수치의 감정은 그래도 덜 파고들었을지 모른다. 하지만 아담은 인간스럽지 않게, 힘 있는 호랑이 앞에서 토끼처럼 말한다. "하나님이 주셔서 나와 함께 있게 하신 여자 그가 그 나무 열매를 내게 주므로 내가 먹었나이다." 하와의 탓을 해버리고 자신의 호기심과 탐욕은 인정하지 않는다. 이것은 하와도 마찬가지이다. "여자가 이르되 뱀이 나를 꾀므로 내가 먹었나이다"(창 3:10-13). 아담이나 하와나 모두 회피하고 탓을 하기 바쁘다. 수치를 인정하고 절대자 앞에 나아갈 때, 하나님은 우리가 도움이 필요한 연약한 자임을 인정해 주시지 않는가? "이와 같이 성령도 우리의 연약함을 도우시나니 우리가 마땅히 빌 바를 알지 못하나 오직 성령이 말할 수 없는 탄식으로 우리를 위하여 친히 간구하시느니라"(롬 8:26)고 말씀하고 있지 않은가? 우리의 연약함을 도우시겠다고 약속하고 있다. 그렇다면 연약함을 인정한다는 것은 자신의 수치를 인정한다는 것이고, 하나님 앞에 자신이 타고

난 죄성이 있는 온전한 죄인이라는 사실을 인정하는 것이다.

진실 밝히기 30년이 지나 천막집에 살았었기에 친구를 집에 데려갈 수 없었다는 진실을 말했을 때, Y는 당황스러워했다. Y를 좋아하는 마음 뒤에 열등감과 비교의식을 숨기고 살았던, 그래서 오랜 시간 동안 연락하지 못했었다는 내 부끄러움을 말했을 때, Y는 긴 시간을 두고 내 진심을 받아 주었다. 30년이 넘도록 나의 부끄러움을 숨기느라 행했던 지나친 잘난 체 때문에 언제나 나와 경계를 두고 살아온 Y, 나에 대해 모든 것을 알아버린 Y는 비로소 나를 있는 그대로 받아 주었다. 나는 이제야, 편안한 친구가 생겼다.

보상을 받지 않고 가족과 함께 일한 10년을, 아무런 대가를 얻지 못한 피해를 무슨 수로 보상을 받는다는 말인가? 남편이 가장 노릇을 못해 아내인 내가 7년 동안 행한 그 수고를 무슨 수로 보상받는다는 말인가? 하지만 보상을 하기 위해 목회를 그만두고 직장생활을 하며 남편이 진정성을 보여 주었을 때, 나는 남편을 용서하기 시작했다. 하지만 형제들은 남편에게 아무런 진정성을 보여 주지 않았다. 그들의 수치가 무엇인지를 밝히 드러냈음에도 불구하고 소통 자체가 없으니 여전히 수치를 감추고 살아가는 '악인'들임을 인정할 수밖에 없는 현실이었다. 남편에게 가족은 가족이 아니라 남보다 더 못한 남이었다. 남보다 더 못한 남에게 어떻게 해야만 그들의 반성과 후회를 받아낼 것인가?

성경 속 인물 요셉 또한 자신을 애굽 상인들에게 팔아넘긴 형제들이 먹을 것이 없어 애굽으로 양식을 구하러 왔을 때, 그들이 자신을 알아보지 못한 상태에서 요셉은 형제들을 정탐꾼으로 몰아붙였다. 이때 형제들은 이렇게 말하지 않았던가. "막째 아들은 오늘 아버지와 함께 있고, 또 하나는 없어졌나이다"라고. '없어진' 것과 '팔아먹은' 것은 엄청난 차이가 있다. 형제들의 말에 요셉은 기가 막혔을 것이다. 형제들은 어떤 누구 앞에서도 자신들의 수치와 죄를 밝히지 않을 것이다. 10명이나 되는 형제들 가운데 이 진실을 밝히려는 사람은 단 한 명도 없다는 사실이었다. 암묵적인 묵인을 하고 있는 형제들의 집단 분위기에, 요셉은 분노했을 것이다. 이때 요셉은 형제들을 정탐꾼으로 몰아붙이며 막째 아우를 데려오라고 한다. 아우를 데려오면 정탐꾼으로 보지 않고 양식을 주겠노라고 제안한다. 그러자 형제들이 아버지에게 돌아가 아버지를 설득하여 베냐민을 데리고오지 않던가. 이때 요셉은 형들의 진정성을 알기 위해 치밀하게 일을 꾸민다.

> "요셉이 그의 집 청지기에게 명하여 이르되 양식을 각자의 자루에 운반할 수 있을 만큼 채우고 각자의 돈을 그 자루에 넣고 또 내 잔 곧 은잔을 그 청년의 자루 아귀에 넣고 그 양식 값 돈도 함께 넣으라 하매 그가 요셉의 명령대로 하고 아침이 밝을 때에 사람들과 그들의 나귀들을 보내니라 그들이 성읍에서 나가 멀리 가기 전에 요셉이 청지기에게 이르되 일어나 그 사람들의 뒤를 따라 가서 그들에게 이르기를 너희가 어찌하여 선을 악으로 갚느냐 이것은 내 주인이 가지고 마시며 늘 점치는 데에 쓰는 것이 아니냐 너희가 이같이 하니 악하도다 하라"(창 44:2-4).

요셉은 형제들의 자루에 돈을 넣고 자신의 친동생 베냐민의 자루에는 일부러 은잔을 넣어 형제들을 도둑으로 몰아간다. 그리고 은잔을 넣어둔 베냐민만을 남겨두고 다른 형제들은 떠나라고 말한다. 이때 유다가 말하지 않던가.

"아버지의 생명과 아이의 생명이 서로 하나로 묶여 있거늘 이제 내가 주의 종 우리 아버지에게 돌아갈 때에 아이가 우리와 함께 가지 아니하면 아버지가 아이의 없음을 보고 죽으리니 이같이 되면 종들이 주의 종 우리 아버지가 흰 머리로 슬퍼하며 스올로 내려가게 함이니이다 주의 종이 내 아버지에게 아이를 담보하기를 내가 이를 아버지께로 데리고 돌아오지 아니하면 영영히 아버지께 죄짐을 지리이다 하였사오니 이제 주의 종으로 그 아이를 대신하여 머물러 있어 내 주의 종이 되게 하시고 그 아이는 그의 형제들과 함께 올려 보내소서 그 아이가 나와 함께 가지 아니하면 내가 어찌 내 아버지에게로 올라갈 수 있으리이까 두렵건대 재해가 내 아버지에게 미침을 보리이다"(창 44:30-34).

아버지에게 가장 귀한 동생 베냐민을 잃지 않기 위해, 자신이 볼모로 잡혀 있을 것을 제안하는 유다의 진심 어린 모습과 비로소 달라진 형제들의 모습을 보고 요셉은 형제들의 수치와 죄를 용서를 하고 자신의 정체를 밝히며 고백하지 않던가!

"요셉이 시종하는 자들 앞에서 그 정을 억제하지 못하여 소리 질러 모든 사람을 자기에게서 물러가라 하고 그 형제들에게 자기를 알리니 요셉이 그 형들에게 이르되 나는 요셉이라 내 아버지께서 아직 살아 계시니이까 형들이 그 앞에서 놀라서 대답하지 못하더라 요셉이 형들에게 이르되 내게로 가까이 오소서 그들이 가까이 가니 이르되 나는 당신들의 아우 요셉이니 당신들이 애굽에 판 자라 당신들이 나를 이 곳에 팔았다고 해서 근심하지 마소서 한탄하지 마소서 하나님이 생명을 구원하시려고 나를 당신들보다 먼저 보내셨나이다"(창 45:1-5).

　변화된 형제들의 진정성 있는 모습에 요셉은 형제들의 과거를 밝히고
그 수치 때문에 근심하지 말라고 하며 위로까지 한다. 그리고 하나님이
생명을 구하시려고 애굽에 먼저 보내셨다고 당당히 말하지 않던가. 이
렇듯 진정한 용서가 이루어지기 위해서는 진실이 밝혀져야 한다. 나아
가 진정성 있는 변화를 보아야 한다. 그래야만 우리는 상대의 수치를 품
고 용서할 수 있다. 수치가 있는 이들은, 성숙한 이들을 제외하고는, 대
부분 먼저 다가와 미안하다고 용서해 달라고 얘기하지 못한다. 단지 피
할 뿐이고 숨길 뿐이다. 너무나 안타까운 것은 이런 이들에게 수치를 밝
히고 진정한 변화를 드러내는 일 또한 피해자들이 가해자들을 위해 해주
어야 할 몫이라는 사실이다. 스캇 펙 박사는《끝나지 않은 여행》에서 용
서해야 하는 이유에 대해 다음과 같이 전한다.
　"용서의 과정은 이기적으로 이루어진다. 다른 사람들을 용서하는 것
은 그 사람들을 위한 것이 아니다. 그들은 자신들이 용서받을 필요가 있
다는 것을 알려고도 하지 않을 것이다. 이런 사람들은 '네가 그 일을 꾸
며낸 거지' 하고 말하기 십상이다. 이들은 심지어 무감각할 수도 있다.
우리가 용서를 해야 하는 것은 우리 자신을 위해서이다. 우리 자신의 건
강을 위해서, 왜냐하면 치료에 도움을 주는 정도를 넘어서 분노에 집착
하게 되면 성장을 멈추고 영혼은 오그라들기 시작한다."

　피해를 본 것도 억울한데 진실의 여부를 밝히는 것까지 피해자의 몫이
다. 진실을 밝힌다 할지라도 가해자들은 끝까지 자신이 피해를 끼친 사
람들이 보복을 하지 않을까 두려워만 할 뿐이다. 피해자들은 가해자들
의 진심 어린 변화를 기다려야만 한다.

그 기다림이 있는 동안 우리는 고통스럽다. 그 시간 동안 절대자 하나님의 힘이 필요하다. 그 힘은 상대를 품을 수 있는 수용의 폭이 넓어지기 위한 하나님의 마음에서나 나올 수 있는 이해와 사랑이다. 그리고 고통을 감내할 인내가 필요하다. 이것이 인간적 의지로 가능할까? 절대자 하나님의 은혜가 부어져야만 가능한 일이 아닐까? 17세에 애굽에 끌려온 이후 총리가 되고 흉년으로 인해 애굽에 찾아온 형제들을 만나기까지 20년 동안 요셉은 부모 형제가 생각날 때마다 하나님께 기도했을 것이다. "형제들을 용서할 수 있게 하옵소서!" 그리고 용서의 실증이 펼쳐지기까지 20년 이상이 걸렸다. 그리고 20년의 시간을 하나님을 의지하며 살지 않았던가! 성숙하고 성장한 사람은 분명 요셉이었다. 그래서 형제들에게 당당히 고백할 수 있지 않았던가! "당신들이 나를 이 곳에 팔았다고 해서 근심하지 마소서 한탄하지 마소서 하나님이 생명을 구원하시려고 나를 당신들보다 먼저 보내셨나이다"(창 45:4-5).

부디 내 남편을, 내 아내를, 내 형제를, 내 친구를, 내 이웃을 용서할 수 없는 고통의 시간이 있다면, 그 시간 동안은 '나'의 영혼이 성숙하고 성장할 수 있도록 하나님이 동행해 주시는 시간임을… 믿어야 살 수 있다. 그래야 살 수 있다.

주는 영이시니 주의 영이 계신 곳에는 자유가 있느니라 (고후 3:17)

부끄러움을 고백하다!

공동의 관심사를 가진 집단을 말한다. 인간의 공동체에서는 믿음, 자원, 기호, 필요, 위험 등의 여러 요소들을 공유하며, 참여자의 동질성과 결속성에 영향을 주고받는다. 공동체는 정서적이고 감정적인 유대를 통해 공동의 정신적 가치를 동일하게 추구한다. 서구의 공동체를 뜻하는 커뮤니티(community)는 라틴어로 같음을 뜻하는 communitas에서 왔으며, 이 말은 또한 communis, 즉 같이, 모두에게 공유하는 데에서 나온 뜻이다. communis라는 말은 라틴어 접두사 con-(함께)와 munis(서로 봉사한다는 뜻과 관계 있다)의 합성어이다. 공동체는 혈연이나 지연에 기반한 전통적 닫힌 공동체와, 공동의 관심사와 목표, 이해를 가지고 구성된 근대적 열린 공동체, 즉 사회나 결사체 등으로 나뉜다. 이는 퇴니스가 분류한 공동사회와 이익사회를 공동체와 결사체 또는 연합체로 다르게 번역하는 이유이기도 하다. 공동체를 이루는 요소는 참여자들이 소속감을 느끼고, 권위와 질서 아래 충성심을 느끼고, 그룹으로 뭉쳐서 계속 일하고 타인을 돕도록 한다. 참여자들은 공동체 안의 일들을 하며 서로가 서로에게 신의를 지키며 영향을 끼친다. 대화문화아카데미 《녹색 대안을 찾아서》, 닫힌 공동체? 열린 공동체! pp.183-191.

예수
모방

자유 의지

새벽녘이었다. 지익 지지익, 진동으로 설정해 놓은 스마트폰 신호음이 계속해서 울려 댔다. 꿈속에서 울리는 것인지, 실제로 울리는 것인지 무의식과 의식 사이에서 나는 잠결을 벗어나야 하는지 갈등을 하다가 툭! 하는 둔탁한 소리에 눈을 뜨고 말았다. 스마트폰이 침대 아래 방바닥으로 떨어진 것이다. 스마트폰은 또 쉼 없이 진동소리를 내며 바닥을 두드리고 있었다. 전화가 온 것이었다. 나는 서둘러 전화를 받았다. 엄마였다. 연로한 엄마가 다급함이 섞인 목소리로 말했다.

"얘야, Q가 자살했단다. 그 어린 것이, 목매달아 죽었단다."

번개를 맞은 듯, 남은 잠이 싹 날아가는 순간이었다. 침대에서 몸을 벌떡 일으키며 나는 되물었다.

"죽어? Q가 왜 죽어? 왜?"

한 톤 높아진 엄마의 목소리에도 답답함이 묻어 있었다.

"방문을 열어보니 목을 매고 죽어 있더란다. Q 엄마가 실신해서 교회가 난리도 아냐. 내일이 발인예배야. 시간 되면 와! 그 어린 것이… 예수 믿는 사람에게 어찌 이런 일이 벌어졌나 모르겠다."

인사도 없이 전할 것을 다 전한 엄마는 서둘러 전화를 끊었다. 전화가 끊어졌다는 신호음이 뚜뚜 소리를 내고 있었다. 종료를 누르고, 나는 한참을 멍하니 어둑한 창밖을 바라보았다.

6개월 전 우연히 보게 된 Q가 떠올랐다. 30미터 정도 되는 거리에서 본 Q는 육교를 건너 육교 가까이에 있는 자신의 아파트로 돌아가고 있었다. 꽉 끼는 청바지에 청재킷을 입고 있던 Q는 씩씩한 20대로 보이기보다 어깨가 처지고 구부정한 것이 마치 40대 같았다. 나는 Q에게서 그림자가 느껴졌다.

교회학교 선생을 할 당시, Q는 초등학교 5학년이었다. 얼굴이 갸름하고 까무잡잡하고 항상 머리를 묶고 다녔다. 어린 Q는 담임목사님 딸과 교대로 매주 교회 반주를 담당했었다. 피아노를 꽤나 잘 친다고 느꼈다. 70~80여 명의 성도가 Q의 반주에 의지해서 예배를 드렸었다. Q는 교회 창립 멤버인 신앙이 좋은 안수집사님의 어린 딸이어서 더 유독 주목을 받았다. 부모의 신앙을 이어받아 교회 안에서 차분히 안정적으로 잘 클 것이라고 믿어지는 아이였다. 그런 Q가 중등부로 올라오면서 나와 1년 간 교회학교 제자와 선생으로서 매주 만났다.

하지만 대학원에 입학한 후, 나는 교회학교 봉사를 그만두었다. 주일만 예배를 드렸기 때문에 가끔 지나가다 인사하는 정도로만 만남이 이어졌다. 대학원을 졸업하고, 결혼을 하고 애를 낳아 키우는 동안, Q가 대학을 다니고, 남자 친구를 사귀었다. 아르바이트를 한다는 평범한 이야기들을 귀동냥으로 전해 들었을 뿐이었다. 내가 남양주로 이사 가기 2주 전, 먼발치서 Q를 보았다. 지나가고 나서야 기억한 일이지만 그때 마음의 소리가 스치듯 지나가며 속으로 중얼거렸었다. '녀석, 잘 지내나? 왜 이리 어두워 보여? Q를 데려다가 한번 얘기를 나눠야겠다 싶네.' 이게 내가 본 Q의 마지막인 것이었다.

나는 2톤 트럭에 살림살이를 잔뜩 싣고 남양주로 이사를 왔다. 남편의 이직 때문이었다. 남편은 남양주를 오고 가며 이직한 직장에서의 생활이 힘이 들 때마다 남양주에 있는 한 교회에 찾아가 철야 예배를 드리다가 성령 체험을 했다고 했다. 하나님을 뜨겁게 만나는 경험을 한 이후, 남양주로 이사를 가자고 제안했다. 나 또한 시부모의 그늘을 떠나 남편과 둘이서 독립적으로 살아보고 싶었다. 남편의 제안에 동의를 하고 이사를 강행했다.

남양주로 이사를 한 이후, 아이를 유치원에 입학시켜야 하고, 남편은 신학교에 입학해서 늦깎이 학생으로서 공부를 시작했으니 부족한 생활비를 보태기 위해 나는 직장도 알아봐야 했다. 2주 전 우연히 Q를 보며 스쳤던 마음의 소리는 있었는지조차 잊어버리고 살고 있었다.

직장을 구하지 못하고 아이와 함께 하루하루 지내는 사이, 6개월이 지났다. 그런데 그 Q가 죽었다는 소식이 전해져 온 것이다. 정신이 혼미한 듯, 심장이 두근거렸다. 어떻게 이런 일이 일어날 수 있는지…. 창밖에 새벽빛이 점점 환하게 흘러들어 왔다. 시계를 보았다. 새벽 5시가 넘어가고 있었다.

잠들어 있는 남편을 흔들어 깨웠다. 남편에게 말했다.

"아이 챙겨서 유치원에 보내. Q가 죽었대. 장례식 갔다 와야 해."

남편은 눈을 떴다. 장례식에 갔다 와야 한다는 말만 들은 모양이었다. 어, 어, 어 하고 다시 눈을 감아버렸다. 남편은 깊은 잠에 빠져드는 것 같았다. 지난 봄 장례식용으로 사둔 검정색 투피스 정장으로 옷을 챙겨 입었다. 하얀 봉투에 부조금을 담아 가방에 챙겨 넣고 서둘러 집을 나왔다.

차가 남양주 시내를 빠져나오기까지 15분이 채 걸리지 않았다.

붉은 새벽빛이 차창을 뚫고 들어왔다. 고속도로에 들어서자, 나는 액셀러레이터를 힘 있게 밟아 달리기 시작했다. 창문을 활짝 열었다. 6월인데도 더운 바람이 차 안으로 실려 들어와 여름을 알리고 있었다. 평범하다고 여겼는데 특별한 일상들이 바람결에 스쳐가고 있었다. 어쩌면 우리 모두에게 특별한 일상인데 모두가 평범하다고 여기며 살아가는 것 같았다. 평범하다고 느꼈던 Q가 오랜 세월 평범한 아이가 아니었다는 실체를 알아버린 새벽이었다. 또 6개월 전 내가 Q에게서 느꼈던 어둠의 실체가 명확히 다가와서 당황스러웠다. 무심히 지나친 결과는, 참담했다. 교회학교 선생으로서 제자를 잘 가이드했어야 했다는 자책감이 몰려왔다. 왜 스물두 살밖에 안 된 Q여야 하는가? 세상살이가 그토록 힘이 들었는가? 아무리 힘이 들었어도 Q에게는 하나님이 살아 계시지 않았던가? 하나님을 의지하지 않았던가? 혼란이 밀물처럼 내 영혼 속으로 스며들었다.

한 시간 만에 나는 가야장례식장에 도착했다. 교회에서 멀지 않은 곳에 새로 생긴 장례식장은 주차장이 넓었다. 새벽이라 주차 공간은 비어 휑했다. 장례식장 건물 바로 옆에 주차를 하고 장례식장 안으로 들어갔다. 사망자 목록에서 Q의 이름을 확인했다. 옆에 살아 있는 Q의 부모의 이름이 나란히 적혀 있었다. 지하 1층 1호실이었다. 계단으로 천천히 내려갔다. Q 엄마 장 집사님의 울음소리가 지하 1층 전체를 울리고 있는 듯했다. 너무 울어서 눈물과 콧물이 뒤범벅이 된 다 쉬어가는 목소리는 말 그대로 통곡이었다.

"주여, 왜 이리 빨리 데려가십니까! 주여, 우리가 무엇을 잘못했습니까? 주여, 저도 데려가 주세요. 주여! 주여!"

나 또한 눈물이 북받쳐 올라왔다. 어디서부터 어떻게 말을 하고 위로를 해야 하는지 아무 생각도 나지 않았다. 어떤 것을 궁금해해야 하는지도 알 수가 없었다. 왜 죽음을 선택했는지 부모들이 알 것인가? 그 어떤 것도 알 수가 없기에 통곡하는 것이 아닌가? 부모를 말할 수 없이 슬프게 하고 떠나버린 스물두 살 밖에 안 된 Q가 원망스럽기도 했다.

1호실에 안에 장치된 영정 사진과 국화꽃들, 꽃향기와 함께 피어 오르는 향불, 장 집사는 영정을 앞에 두고 쭈그리고 앉아 실성한 사람처럼 울부짖고 있었다. 나는 신발을 벗고 들어가 영정 앞에 국화꽃 한 송이를 올린 후, 울고 있는 장 집사님 옆에 조용히 무릎을 꿇고 앉았다. 하나님께 어떻게 기도를 드려야 하는지 아무 생각도 나지 않았다. 장 집사님의 서러움과 울분이 내게로 들어와 그 옆에서 울고 또 울었다. 한참을 울고 우는데 장 집사가 정신을 차렸는지 눈물을 멈추고 말했다.

"박 선생님, 시간도 없으셨을 텐데 이렇게 와줘서 고마워요."

"어떻게 이런 일이 일어나요?"

나의 말에 장 집사는 또 눈물이 북받쳐 오르는지 눈물이 뺨을 타고 흘러내렸다.

"나도 몰라, 나도 우리 애가 언제 어떻게 죽었는지 나도 몰라. 아이 방문을 여니까 아이가 목을 매달고 죽어 있었어요. 선생님, 어쩌면 좋아요?"

목소리가 잠겨 들어가며 슬픔을 쏟아내는 장 집사의 손을 잡아 드렸다. 오열을 하는 장 집사를 나는 꼭 안아 드렸다. 장 집사는 내 품에서 울음을 토하며 아이처럼 다시 울먹이며 말했다.

"일주일 전, 나하고 사우나 가자고 했어. 내가 반찬가게가 바빠서 친구들이랑 가라고 했어. 알아서 잘 지내겠거니 했는데… 며칠 동안 방문도 열어 보지 않았어. 워낙 잠을 많이 자는 아이라… 그러다가 어제 아침에 잠을 너무 오래 자는 것 같아서 깨우려고 문을 열어 봤더니… 죽어 있는 거야. 어떻게 이런 일이 나한테 일어날 수가 있어? 어떻게 이런 일이….”

나는 평소 잠이 많았다는 말에 장 집사에게 조심스럽게 물었다.

“집사님, Q가 우울증이 있었어요?”

장 집사는 고개를 끄덕였다.

“우울증이 있었는데 한동안 좋아졌어. 직장생활을 하다가 그만두고 한동안 놀다가 다른 직장을 다녔는데 그것도 그만뒀어. 남자 친구하고도 잘 지내고 한동안 쾌활하게 잘 지냈어. 대학교 졸업하고 첫 직장을 다니다가 그만두고 나서 아이가 너무 침울해서 홍 집사한테 병원에 보내서 아이 치료를 받게 하자고 했는데… 무슨 우울증 치료냐, 하나님이 치료해 주실 텐데 쓸데없는 소리 하지 말라고 해서 안 보냈어. 박 선생님, 난 우리 애가 잘 이겨 낼 줄 알았어. 그런데 이런 일이 벌어질 줄은 몰랐어. 내가 죽였어! 엄마인 내가 죽인 거야!”

장 집사는 다시 오열했다. 어느 누구보다도 사람들 앞에서 내세우고 싶어 하던 딸이지 않았는가? Q의 영정을 앞에 두고 나와 장 집사가 오열하는 사이 시계가 오전 7시를 가리켰다. 사람들의 발걸음이 분주하게 움직이는 소리가 들려왔다. 오열을 멈추고 조문객들이 고인의 영정 앞에 예를 차릴 수 있게끔 접견실로 자리를 옮겨야겠다고 생각하고 일어섰다. 마침 키가 작고 얼굴이 다부져 완고해 보이는 Q의 아빠 안수집사 홍 집사가 1호실 앞에서 망연자실 멍하게 영정을 바라보고 있었다. 언제나 교회 정문 앞에서 주보를 돌리며 친절하게 인사하던 홍 집사는 딸의 죽음 앞에서는 무표정이었다. 나는 일어나서 인사를 건넸다. 홍 집사는 이내 친절하게 웃으며 말했다.

“시간도 없었을 텐데… 이렇게 와줘서 고마워요!”

홍 집사의 안내로 접견실로 인도되어 한 중앙에 자리를 잡고 앉았다.

부인 장 집사도 눈물을 멈추고 접견실 안으로 들어와 내 옆으로 와 앉았다. 장 집사는 나에게 Q가 왜 죽었는지를 다시 되뇌이며 주절주절 말을 이어갔다.

"우리 애가 왜 죽었는지 모르겠어. 찜질방 가자고 했을 때 같이 갔어야 했는데, 내 일이 너무 바빠서 같이 못 갔어. 하루 종일 잠만 잔 날도 많고 우울증이 있었지만, 친구 소개로 남자 친구를 사귀면서 많이 나아지는가 싶었어. 남자 친구 애가 워낙 착한 아이라 잘 지내겠거니 했어. 몇 달 전에도 남자 친구하고 장사하는 곳에도 놀러오고, 장사하는 일도 도와주다가 가고 그랬어. 그런데 남자 친구하고 좀 관계가 뜸한가 싶었는데… 지난주에도 둘이 만나서 데이트를 했다고 하더라구. 찜방 가자고 했는데… 친구들하고 안 간 모양이야. 집에서 잠만 잔 모양이야…. 우리 애를 챙겼어야 했는데, 하루 전날이라도 장사를 미루고 찜방을 데려가서 우리 애 얘기를 들어줬어야 했는데… 선생님, 어쩌면 좋아? 내가 죽였어, 내가 죽였어! … 병원에 데리고 갔어야 했어. 치료를 받게 했어야 했어…."

두서없는 넋두리가 반복되고 또 반복되었다. 남편 홍 집사 역시 직장에서 며칠 동안 당직을 하느라 집에 들어오지 못한 상황에서 벌어진 일인 모양이었다. 장 집사의 자책과 후회가 사무치게 내게도 밀려들어 왔다. 어쩌면 나도 6개월 전에 Q를 만나 어떻게 지내는지 관심을 가져 주었어야 했다고, 왜 그 순간 스치는 어둠을 보았음에도 불구하고 그 어둠의 원인이 무엇인지 알려 하지 않았는지, 왜 그랬는지… 장 집사의 자책과 후회는 고스란히 내게 전이되어 다시 한 번 슬프게 나에게도 몰아쳤다.

두 여자는 슬픔을 타고 슬픔에 출렁이는데 홍 집사는 부인의 얘기를 들으며 슬픔에 출렁이지 않았다. 오열도 없었고, 슬픈 표정도 없었고,

눈에 눈물이 자욱한 표정도 없었고, 괴로워서 못 견디겠는 표정도 아니었다. 부인의 얘기를 듣고 싶지 않아 회피하지도 않았다. 미동 없이, 감정의 흔들림 없이 단지 부인의 얘기에 추임새를 넣어가며 호응했다. 단지, 응, 어이, 응… 하고 답할 뿐이었다. 자신의 딸의 이야기를 듣는 것이 아니라 낯선 망자의 얘기를 듣고 있는 듯한 태도였다. 나는 이상했다. 아버지가 아닌가! 남자와 여자의 차이인가 싶었다. 보이는 표정과 보이지 않는 표정 속에 내가 판단할 수 없는 심리 상태가 있는 모양이라고 생각했다. 하지만 홍 집사가 아버지로서 슬픔을 숨기느라 애를 쓴다고 보이지는 않았다. 완고하고 고집스러운 아버지가 이웃의 어느 죽은 딸 이야기를 감정 없이 듣고 있는 듯했다. 순간 Q의 오랜 무기력은 교회에서 언제나 친절했던 저 아버지의 완고함 속에 파묻힌 무감함 때문이 아니었을까 하고 나는 그동안 알지 못했던, 홍 집사 속에 숨어 있는 그림자 하나를 느꼈다.

8시가 될 무렵, 김 목사 부부가 왔다. 뒤를 따라 집사들과 권사들이 줄줄 따라 들어왔다. 모두 각자 망자에게 예를 차리고 식당에 차려 놓은 상을 둘러싸고 자리를 잡고 앉았다. 집사들과 권사들은 장 집사를 품어 안아주면서 한바탕 눈물을 또 흘렸다. 홍 집사는 김 목사 부부에게 목례를 하고는 1호실로 들어가 오는 손님들을 맞이했다. 나는 김 목사와 마주 앉았다. 나는 교회의 책임자인 김 목사가 모든 사정을 잘 알 것 같아 물었다.

"목사님, Q에게 우울증 있는 것을 알고 계셨어요?"

진지한 표정이 되어 허스키하게 쉰 듯한 목소리로 김 목사가 말했다.

"알고 있었지요. 병원에 데려가서 치료받게 하라고 몇 번을 제안했었어요. 그런데 치료를 받을 줄 알았는데, 아이를 그냥 방치했던 모양이에요. 안타까워서 견딜 수가 없네요."

나는 속상해서 이 일에 책임져야 할 사람을 만난 듯 따져 물었다.

"목사님이, Q의 상태를 아셨다면 조금 더 다가가셔서 강권하시지 그러셨어요."

담임 목회자로서의 책임이 느껴졌는지 김 목사는 주춤거리며 당황스러운 표정을 지었다.

"강권했어요. 홍 집사가 보통 고집불통이어야지 말이야. 답이 하나인 분이야. 하나님이 계시니까 우울증도 쉽게 치료해 주실 거라고, 목사님이 그런 얘기를 하시면 어떻게 하느냐고 가림막을 확 치면 우리가 어떻게 하겠어? 우리가 나설 수 있는 영역에 한계가 있더라고."

나는 고개를 끄덕였다. 옆에 앉아 있던 김 목사의 사모가 코맹맹이 소리를 내며 거들었다.

"Q가 우울했다가, 한동안은 다시 또 좋아져서 교회 생활도 잘하고 다시 4부 예배 피아노 반주도 하고 그랬어요. 우리는 별 문제가 없겠지 했어요. 그리고 얼마 전부터는 다시 교회 생활을 시큰둥하게 하더라고요. 장 집사 말이 집에서 잠만 잔다고 해서 좀 걱정을 했는데… 기도하니까 잘 극복할 줄 알았지, 이럴 줄 알았나? 우울증이 지나쳐서 조울증이지 않나 싶어. 감정 표현이 없는 아이라 우울한 정도려니 했어요. 빨리 치료를 했어야 했는데…. 나도 너무 당혹스러워서 뭐라고 말을 못 하겠어요."

김 목사가 진중한 얼굴이 되어 나에게 말했다.

"박 선생, 하나님의 뜻이 무엇인지 나도 잘 모르겠어."

이미 벌어진 일을 갖고 누구 탓을 하겠는가? 홍 집사와 장 집사는 20년이 넘은 교회에서 초대 목사님이 15년 넘게 목회를 하다가 간암으로 돌아가시기까지 동고동락한 개척교회 초창기 멤버였다. 어느 누가 보아도 교회가 바로 세워지기까지 정성을 들인 분들이었음이 분명했다. 그리고 김 목사 부부는 참사랑교회로 부임해 오신 지 5년 정도밖에 안 된 사람들이었다.

김 목사 부부가 Q를 5년 동안 보았다면 나는 어린 시절부터 22세 성인이 될 때까지 15년 가까이 보아왔다. 예배에 빠지지 않는 한, 매주 보았기에 Q를 보는 일은 일상이었다. 이 일상 속에 Q의 정신이 건강하지 못하도록 파고든 실체가 무엇인가? 사탄인가? 사탄마귀가 벌인 일이라면 누가 사탄이라는 말인가? 보이는 사탄인가? 보이지 않는 사탄인가? 누가 뱀을 키웠는가? 누가 뱀이 커가도록 방치했는가? 누가 뱀꼬랑지인가? 누가 Q를 방치했다는 말인가? 알고도 방관한 것인가? 부모인가? Q가 서너 살 애기 때부터 20년 동안 보아온 교회 성도들인가? 교회의 역사 속에 가장 일어나면 안 되는 일이, 가장 신앙이 좋다고 믿었던 집사님 부부에게 일어난 것이었다. 교회는 이 일을 어떻게 수습할 것인가? 교회는 한 하나님을 섬기고 예수를 주라고 고백하는 공동체였다. 이 공동체가 이 일을 수습해 가는 길은 무엇인가? 김 목사의 송사리처럼 생긴 아주 작은 눈과 눈빛 속에 깊은 고민과 고뇌가 느껴졌다.

말씀 모방

모방적 갈등 남양주에서 한 시간 정도 걸렸지만 주일날, 참사랑 교회로 주일 예배를 드리러 오길 잘했다 싶었다. 어린 시절부터 다녔던 교회의 한 구성원으로서, 교회가 걱정스러웠다. 예배에 참석하니 고향에 온 것처럼 익숙하고 마음이 평안했다. Q의 부모 홍 집사와 장 집사가 평소처럼 언제나 앉던 그 자리에 나란히 앉아 있었다. 나는 옆자리로 가서 자리를 잡고 앉았다. 딸이 자살하여 죽었어도 그 아픔과 원망을 풀어낼

곳은 교회뿐인 듯, 교회 생활 외에 그 어떤 곳에서도 돌파구를 찾지 못했다. 집에 처박혀 술을 먹을 수도 있었고, 우울에 깊이 빠져 하나님을 원망할 수도 있었는데, 그들은 또 예수 그리스도 앞에 나왔다. 그리스도의 보호하심 아래 있었는데, 왜 치유될 수 없는 깊은 상처를 평생 짊어지고 살아야 할 일을 당해야만 했는지 가슴이 또 쓰려 왔다. 20년 넘게 교회 생활을 하신 권사와 집사 들이 앉아 있었다. 중고등학생과 대학생으로 성장한 자녀들이 성가대를 서고, 찬양을 인도하고, 300여 명 남짓한 성도들은 하나님 앞에 예배를 드리기 위해 모여 앉은 것이다. Q의 장례를 치르고 난 후, 예배 분위기는 먹구름이 한가득 끼인 하늘처럼 침울하고 우울했다. 위로의 말씀을 선포해야 하는 게 맞다고 보았다. 하지만 김 목사가 전하는 하나님 말씀은 무거웠다. 수치와 죄[41]에 관한 말씀을 전했다. 말씀은 마치 Q의 죽음이 교회 성도 모두의 책임인 것처럼 전해져 왔다. 김 목사는 말씀을 선포했고 성도들에게 회개를 촉구했다.

"주께 내 죄를 아뢰고 내 죄악을 숨기지 아니하였더니 곧 주께서 내 죄의 악을 사하셨나이다(시 32:5).

인간은 하나님 앞에 죄(오페이레마)를 지을 수밖에 없는 연약한 죄인입

---

41 성경에서 사용된 죄라는 용어들을 살펴보면 죄의 의미는 다음과 같다. 구약에서는 **하타**—과녁을 벗어남(사람이 하나님의 뜻에서 벗어나는 것), **아바르**—하나님의 율법을 어기는 행위, **마안**—하나님의 명령에 복종하기를 거절함, **하나프**—거룩한 것을 모독함, **마알**—신성모독이나 하나님을 배신하는 죄, **라샤**—의롭지 못한, 불의한 죄, **라아**—악(惡), **아온**—악으로 인하여 발생하는 슬픔을 모두 죄라고 표현하였다. 신약에서 죄라는 말의 의미는 **하마르티아**—표적에서 빗나감(히브리어 "하타"), **파랍토마**—범죄, **파라바시스**—금지된 선을 넘어감(침범함), **아노미아**—불법(하나님의 법을 어김), **아세베이아**—신성모독, 불경죄, **아디키아**—불의(의롭지 못한 일을 함), **카키아**—악(선과 반대되는 의미), **포네로스**—성적, 도덕적인 죄, **오페이레마**—하나님께 지은 빚이다.

니다. 그리고 100% 죄인입니다. 죄인이기에 날마다 수치를 저지르고, 수치를 스스로 만들어 내고, 수치를 끌어안고 살아가는 존재입니다. 하지만 인간이 하나님 앞에 죄인 됨을 인정하지 않으면 인간은 자기 '의'로 살아갑니다. 자기 안에 수치를 부끄러운 줄도 모르고 살아가면서 악을 전이시킵니다. 그렇지 않으면 부끄러움을 아는 사람들은 수치를 숨기든가 타인의 시선을 피하며, 마음을 열지 못해 스스로 고독하고, 유리하며, 도망 다니며 방황하는 삶을 살아가게 됩니다. 하지만 우리에게는 수치를 용서하시고 품어 주시는 예수 그리스도가 있습니다. 예수 그리스도 앞에 우리의 수치를 들고 나아가 고백한다면, 예수 그리스도께서는 우리의 죄를 용서하십니다. 마태복음 6장 14절에서는 너희가 사람의 잘못을 용서하면 너희 하늘 아버지께서도 너희 잘못을 용서하시겠다고 말씀하십니다. 주님은 2천 년 전, 십자가에 못 박혀 죽으시므로 주님께서 흘리신 보혈의 피로 우리의 죄를 이미 용서하신 분입니다.

그러셨기에 죄인인 우리의 삶은 은혜 받은 자의 삶을 살아가게 된 것입니다. 내 안의 나의 수치를 들고 예수님께 나아가 '주여, 제가 죄인입니다! 제가 죄인입니다!' 고백하십시다. 허물의 사함을 받고 자신의 죄가 가려진 자는 복이 있도다(시 32:1)라고 말씀하십니다. 우리 스스로가 죄인이라는 사실을 인정하면 예수님은 우리의 죄를 가려 주십니다. 죄인임을 인정하고 죄를 고백할 수 있다는 그 자체가 우리에게 은혜이며 축복입니다. 참사랑교회 성도 여러분, 그리스도의 은혜 안에 들어가기 위해서는 우리의 수치를 들고 하나님 앞에 나아가 용기 있게 고백해야 합니다. 주님께 용서를 구하십시다. 회개의 기도를 드리십시다."

'예수 나를 위하여 십자가를 질 때… 예수여, 예수여, 나의 죄 위하여….' 찬송가가 흘러나왔다. 성도들은 머리를 조아리고 기도하기 시작했다. 무엇을 회개해야 하는가? 생각하다가 나는 기도했다. '주님, Q에게 관심 갖지 못했던 죄를 용서하여 주옵소서. 제가 하루하루 살아가느라 너무나 바쁘다는 이유로 꽃답게 살아갈 수 있었던 교회학교 제자 Q를 떠나보내고 말았습니다. 진심으로 사랑하지 못했던 죄를 용서해 주옵소서.'

나는 장 집사와 홍 집사가 하나님 앞에 어떤 죄들을 고백하는지 본능적으로 한쪽 귀를 열고 있었다. 그런데 옆에 앉아 있는 장 집사의 기도 소리만이 울먹이듯 들려올 뿐, 홍 집사의 기도 소리는 들려오지 않았다. 집사, 권사, 장로 모두 울며불며 회개의 기도를 드렸다. 나는 홍 집사가 묵상기도를 하는지도 모른다고 생각하면서도 마음속으로 왜 홍 집사의 기도 소리가 들려오지 않는지, 극단적인 슬픔은 오히려 슬픔을 드러낼 수가 없는 것인지, 딸의 죽음을 자기 책임으로 돌리고 싶지 않은 것인지 은근히 궁금해지기 시작했다. 김 목사의 설교가 또 들리기 시작했다.

"우리가 우리에게 죄은 자를 사하여 준 것 같이 우리의 죄를 사하여 주옵시고 마태복음의 원문에는 헬라어로 '오페이레마'라 하여 죄가 빚의 의미를 갖고 있습니다. 채무인 것입니다. 이 기도의 주된 내용은 '우리의 죄를 사하여 주옵시고'이고 거기에 조건문처럼 '우리에게 죄 지은 자를 사하여 준 것같이'라는 말씀이 있습니다. 이 구절의 주제는 '죄'와 '죄의 고백'과 '용서'입니다.

참사랑교회 성도 여러분, 오늘 이 시대의 위기는 부끄러움이 없는 시대라는 것입니다. 부끄러움이 없으니 '죄'에 대한 의식이 매우 희박해져 간다는 데 문제가 있습니다. 서구 기독교에서는 '죄'라는 용어를 점점 기피하고 있습니다. 그것과 더불어 '회개'라는 용어도 점점 사라지고 있습니다. 요즘 서구사회는 죄와 회개라는 말을 하면 상대방의 자존심을 손상시키는 것으로 받아들이는 경향이 있습니다. 이 시대의 사람들은 죄책감을 매우 싫어하고 거부합니다. 그래서 가급적이면 '희생양'을 만들어 내고 싶어 합니다. 그래야 죄책감에서 벗어날 수 있기 때문입니다. 이러한 현상을 오늘 우리 사회에서도 볼 수 있습니다. 지금 우리에게 닥친 이 어려움의 현실을 자신과 관련시켜 생각해 보려는 사람이 많지 않습니다. 가급적이면 희생양을 만들어내서 그에게 모든 책임을 다 뒤집어씌우려고 합니다. 올바른 사회의식을 가진 사람들의 좌절과 실망은, 바로 그러한 잘못된 집단의식으로 이 사회가 이끌려 가고 있다는 데 있습니다. 그러나 냉철하게 생각해 볼 때, 현실의 문제에 대한 죄책감으로부터 벗어나기 위해 희생양을 만들어 낸다고 하여 우리 자신이 깨끗하다고 할 수 있습니까?

참사랑교회 성도 여러분, 기독교 신앙에서 죄는 어둠의 현실에서 몸을 도사리고 착하게 살았느냐, 그렇지 못했느냐에 있지 않습니다. 죄는 좀 더 적극적인 면에서 '책임'과 관련된 것입니다. 만약 죄의 문제를 생각할 때 얼마나 착하게 살았느냐에 초점을 맞춘다면, 우리는 항상 이 현실로부터 도피해서 지극히 개인주의적인 삶으로 빠져들 수밖에 없습니다. 그러한 가운데 죄의 고백은 어디까지나 자기중심적이 됩니다. 그러나 이 기도에 나타나 있는 죄의 문제는 그러한 의미와는 다릅니다.

여기에 기록된 죄는 사회의 고립된 상태에서가 아닌 사회와의 관련 가운데 부여되는 '책임'과 관련이 있습니다. 즉 우리 사회는 이 사회의 공동체의 구성원으로서 우리가 하나님께로부터 위탁받은 책임을 다했는가 하는 문제인 것입니다. 그러므로 기독교 신앙에서 죄의 고백은 자신을 부인하는 것이 아닙니다. 자신을 받아들이는 것이며 사회공동체의 구성원으로서 정체성을 인정하는 것입니다. 자기 정체성이 분명한 사람일수록 자신의 책임과 실수를 인정할 줄 알게 됩니다.

에덴의 비극은 이 책임 회피에서 시작되었습니다. 그들은 자기 삶에 스스로 책임을 지고 사는 자유인임을 부인했습니다. 에덴에서 여자는 뱀에게 책임을 전가했고, 남자는 여자에게 책임을 전가했습니다. 거기에는 책임을 갖고 사는 자유인이 없었습니다. 죄책감을 느끼고, 죄를 고백하는 것은 참 신앙인으로서 자유인이 되는 것입니다. 죄를 고백하는 것은, 자기 정체성이 분명한 사람만이 할 수 있는 아름답고 신성한 일입니다.

기독교 신앙에서 죄의 고백은 도피가 아니며, 한 번 더 '참 자유의 영역으로 들어가는 새로운 시작'입니다. 종에게는 책임감도 없고 그것과 결부된 죄책감도 없습니다. 오직 자유하는 주인에게만이 책임이 있으며, 책임을 다하지 못했을 때 죄책감도 가능한 것입니다. 그러므로 그리스도인은 신앙적으로 성숙하면 할수록 더욱더 자기 정체성이 분명해지면서 자유인으로서 책임감을 갖는 것입니다. 이 책임감 때문에 우리 시대와 사회의 문제 앞에 애통해하면서 눈물을 흘릴 수 있는 것입니다.

우리는 모두 하나님 앞에 빚을 진 사람들입니다. 우리가 하나님께 진 빚은 양적으로 많고 적음을 계산할 수 없는 것입니다. 우리가 하나님께 빚을 지고 있다는 것은 우리 모두가 죄인이라는 뜻입니다. 하나님 앞에 100% 죄인인 우리가, 우리의 죄를 고백함으로써 참 자유인으로 살아갈 수 있습니다. 하나님은 우리의 죄가 무엇인지 알고 다가오셔서 용서해 주시는 분이십니다. 용서함을 받은 우리는 참 자유인으로, 참 그리스도인으로 성장해 갈 수 있습니다."[42]

설교는 죄를 고백하는 삶은 우리를 자유인으로 성장시킬 수 있다는 내용이었다. 설교는 30분 안에 끝이 났다. 또 한 차례의 죄를 회개하는 기도의 시간을 갖고 예배는 끝이 났다. 김목사는 Q의 자살을 공개적으로 말하지 않았다. 설교를 통해 Q의 자살이 부모의 책임뿐만 아니라 참사

---

42 엄진용 〈주기도문〉 설교.

랑교회 성도 모두의 책임일 수 있다는 메시지를 간접적으로 전달하고 있었다. 모든 것을 죄로 몰아가는 것이 교회 성도들과 Q의 부모에게 마음의 짐을 더 얹어주는 일이 아닌가 싶어 걱정이 되었다. 김 목사는 몇 년 전 불면증으로 잠을 못 이루는 나에게도 질문했었다. "박 선생, 죄 지은게 있어요?" 죄가 있기 때문에 잠을 못 이룬다는 신앙의 논리는 나에게전혀 와 닿는 위로가 아니었다. 힘든 상황에서 오히려 마음에 고통을 안겨주는 듯하여 마음이 불편했었다. 당시 모든 고통은 죄로부터 오는 것인가 하는 의문이 들며 고통 속에 위로와 사랑을 주시는 이가 하나님이시잖은가 하고 반문했었다.

하지만 김 목사의 죄 인식은 무엇을 잘못해서 저지른 죄라는 개념보다는 하나님을 바라보지 않고 하나님이 아닌 세상에 있는 엉뚱한 것을 바라보지 않았느냐는 의미였다. 하나님을 바라보지 않으면 죄였다. 하나님의 명령을 어기고 선악과를 따 먹은 인간은 하나님께 빚진 자로 살아야 하는 죄인이지 않은가? 근원적인 죄 인식을 이해하고 나서야 나는 김목사에게 마음이 편안해졌다. 그런데 성도들 중 본질을 알고 있는 사람이 얼마나 될 것인가? 대부분 자기가 잘못을 저지른 게 무엇이 있나 하고 인간 중심의 세상적인 죄 인식을 할 것이었다.

예배가 끝난 후, 성도들의 표정은 침울하고 복잡한 것 같았다. 홍 집사와 장 집사는 설교 말씀 앞에 부끄러운 감정을 숨기지 않고 일찌감치 얼굴을 들지 못하고 교회를 빠져나갔다. 어쩌면 교회에 와서 앉아 있는 그 자체가 가시방석이었을지도 몰랐다.

성도들 모두가 Q의 자살 소식을 듣지는 못했을 것이다. 하지만 교우실에 모여 앉아 점심식사를 할 때, 성도들의 분위기는 예사롭지 않았다. 삼삼오오 모여 앉아 작은 목소리로 여기저기서 수군거렸다. 역시 교회 또한 사람이 모인 곳이었다. 20년이 넘은 집사들끼리, 권사들끼리, 안수집사들끼리, 평신도는 평신도끼리, 부교역자는 교역자들끼리 모여앉아 장례식장에서 못다 한 또 다른 궁금한 이야기들을 서로가 서로에게 전달하고 있었다.

"우울증이 아니라 조울증이라고?"

"감정 기복이 심한 건디, 이 조울증이 더 무서운 거야."

"정신과 치료가 뭐가 이상한 거라고 치료를 왜 안 받게 했어?"

"홍 집사가 신앙의 힘으로 이겨 내 보라고 했다는 거야."

"정신과 상담이 비싸? 돈을 들이고 싶지 않았겠지."

"돈이 문제야? 그게 병이면 고쳐 줘야 하는 거지."

"부모가 죽인 거네. 아직 어려서 정신과 치료 받으면 쉽게 나을 수 있었을 텐데…."

"그런 소리하지 마, 자식인디 노력을 안 했겠어. 자식 문제 앞에 두고 우리도 뭐라고 할 수가 없는 거야."

"안타까워서 그러지."

"그런데 자살해서 죽으면 천국에 가나? 지옥에 가는 거 아냐?"

"지옥에 가는 걸로 성경에 나오지 않아?"

"스스로 목숨을 끊었으니, 당연히 지옥에 가지 않겠어?"

"그럴까? 우울증이든 조울증이든 그것도 병인디…. 일종의 망상적인 상태에서 자기를 분별할 수 있는 정신적인 힘이 있을까? 병으로 죽었다고 봐야 하는 것 아닌가?"

"그런 식으로 따지면 자살해서 죽은 사람은 아무도 없겠어. 자살은 자살일 뿐이야."

"왜 우리 교회에서 그런 일이 있나 몰라. 께름칙하게… Q를 지난주에도 봤는데, 섬뜩하고 무섭다."

"오죽 힘들었으면 죽었겠어. 그런데 그 엄마는 뭐했을까?"

"평소 무심했어? 딸하고 사이가 좋지 않았나? 교회 반주 다시 시작하면서 장 집사가 엄청 기뻐했던 것으로 아는데…."

"평소 다정했으면 Q가 스스로 목숨을 끊는 일을 했겠어?"

"무심했다는 얘기지. 그런데 교회 생활은 어떻게 그렇게 열심히 하셨나 몰라."

"이 교회 창립 멤버니까, 교회를 열심히 섬기는 일이 교회를 지키는 일이라고 봤겠지."

"교회만 섬기고 가정은 잘 돌보지 않은 것인가?"

"홍 집사가 교회 창립 멤버로 초대 목사님 간암으로 돌아가실 때도 자기 집을 팔아서 그 돈을 다 해드릴 정도였으니까. 이 교회가 자기 교회라고 믿는지도 모르지. 그렇게 교회에 정성을 들였는데, 왜 그런 일을 당하셨나 몰라."

"우리가 하나님 하시는 일을 어찌 알아?"

"홍 집사님 장례식 때 뵈었는데 울지도 않아. 표정이 없어. 딸이 자살해서 죽었는데 어떻게 표정 하나가 없어. 눈물 한 방울 흘리지 않으셨다니까. 그게 너무 이상했다니까."

"힘든 일 겪으면 경황이 없으니까 그럴 수 있지."

"교회에서 하는 행동하고 가정에서 하는 행동하고 다르다고 그러더라고. 교회에서는 그렇게 우리들한테 친절하잖아. 집에서는 굉장히 권위적이고, 엄한 아버지였다고 그러더라고."

"애가 마음 둘 곳이 없어 스스로 목숨을 끊었겠지."

"장로 피택을 해야 하는데 목사님이 그걸 안 해주는 이유가 그런 이유인지도 모르겠네."

"교회에 그렇게 이중적인 사람이 교회 리더면, 존경심이 생기겠어? 교회를 다니는 걸 생각해 봐야 하는 문제야. 교회에 악한 영이 떠도나? 자살은 자살을 낳는다는데…. 연예인들 한동안 계속 자살해서 죽었잖아."

"그러게, 나도 좀 생각해 봐야겠네. 우리 애가 Q하고 어느 정도 친하게 지냈는지 물어봐야겠네."

"나도 그 생각은 못했네."

…

설교 말씀을 듣고 불과 한 시간이 지나지 않았다. 하나님 말씀에서 준 교훈은 주마등처럼 십리 밖으로 사라져 달아나 버린 모양이었다. 사람들 속에 남아 있는 것은 오직 수군거림이었다. 그 수군거림 속에는 Q의 자살 원인이 자신들의 탓은 아니라는, 책임을 회피하고 싶은 감정들에 휩싸여 있는 듯했다. 모든 책임은 Q의 부모가 져야 하는 일인 것 같았다. 수군거림은 물살을 타듯 흘러가 또 교회의 분위기를 만들었다. 하지만 부임해 오신 지 얼마 안 된 40대 중반의 심방 여 전도사가 집사들의 입방아에 독침 하나를 놓았다.

"내가 겪은 일 아니라고, 그렇게 쉽게들 수군거리는 게 듣기가 좀 그렇네요. 하나님이 마태복음 7장 3절에서 어찌하여 형제의 눈 속에 있는 티는 보고 네 눈 속에 있는 들보는 깨닫지 못하느냐고 말씀하시잖아요. 저는 부임한 지 얼마 안 돼서 Q에 대해 잘 모르지만, 오늘 목사님 말씀처럼 하나님 앞에 빚진 자로 살아야 하는 죄인인 우리가 누가 더 죄가 있다고 비판하겠어요. 저 또한 Q에 대해 조금 더 관심을 가져 주었더라면 이런 불행한 일은 없었을 텐데 하고 후회가 되네요. 위로하기도 바쁜 시간들 아닌가요?"

삼삼오오 모여 앉아 입방아를 찧던 집사들은 당혹스러운 모양이었다. 가까운 거리에 여 전도사가 앉아 있는 것을 몰랐던 모양이었다. 입방아는 더 이상 나설 곳을 찾지 못하고 쥐구멍 속으로 들어가고 말았다. 교회의 소식에 초고속 로켓 역할을 하는 오 집사는 표정이 확 구겨져 얼굴이 벌겋게 달아올라 있었다. 참사랑교회 초창기 멤버였던 70대 임 권사가 일어나서 교우실에서 식사를 하는 모든 사람들을 향해 또 한마디를 거들었다.

"목사님도 계신데, 식사 중에 제가 나서서 죄송합니다. 우리 교회가 생긴 이래 초대 목사님이 간암으로 돌아가신 일 이후 두 번째 위기인 것 같아요. 70 평생을 살아보니 세상살이는 이 모양 저 모양 힘이 들어요. 어떤 누구에게도 고통은 늘 따라다녀요. 저는 우리 남편과 일찌감치 사별을 했어요. 제 남편이 임파선암도 아니고 임파선염으로 그 열을 이기지 못하고 3일 만에 죽었을 때 하늘이 무너지는 듯, 하나님은 정말 살아 계신지 모든 게 다 의심스럽고 하루하루 고통을 견디며 살아야 했어요. 그때도 많은 사람들이 제게 팔자가 세다고, 남편을 잡아먹었다고들 비판하더라고요. 우리는 모두 한 번은 죽는데 나는 그 일을 다른 사람보다 빨리 겪었을 뿐인데… 그런 말을 들으면 너무나 괴로웠고, 죽고 싶을 정도였습니다. 마태복음 7장 2절에 보면 너희가 비판하는 그 비판으로 너희가 비판을 받을 것이요 너희가 헤아리는 그 헤아림으로 너희가 헤아림을 받을 것이라고 말씀하시잖아요. 우리 교회에서 벌어진 이 두 번째 위기를 어떤 비판도 하지 말고 헤아려 품어줍시다. 그럼 우리도 우리가 인생에서 그런 일을 겪었을 때 헤아림을 받지 않겠어요. 지금 너무 고통스럽게 아픈 사람에게 비판을 가하는 것은 너도 죽으라는 소리처럼 들릴 수 있어요. 우리 성도들끼리 조금씩 말을 조심하자고요."

고집스럽게 주름이 많이 잡힌 강 권사가 일어나서 말했다.

"임 권사 말이 맞아요. 저도 70이 넘었지만, 제 딸이 저보다 먼저 30대 중반에 위암으로 죽었답니다. 자식을 먼저 떠나보내야 하는 심정은 이루 말할 수 없이 큰 고통이고 환란이랍니다. 장 집사와 홍 집사가 얼마나 고통스럽겠어요? 시편 32편 6절 말씀에 경건한 사람이 고난을 받을 때에 모두 주님께 기도하라, 고난이 홍수처럼 밀어닥쳐도 그에게는 미치지 못할 것이라고 하시니까 고난 받고 환난을 받은 사람들을 위해 말 없이 기도해 주는 것이 우리가 할 일이라고 봐요."

강 권사와 임 권사의 말이 끝나니 성도들 모두가 고개를 끄덕거렸다. 입방아를 찧는 것에 대해 반성과 후회를 하는 눈빛들을 보내고 있었다. 잠시 잠깐 교회의 식사 분위기는 엄숙하게 흘러갔다. 그런데 오 집사가 벌떡 일어나더니 결국 자기 할 말을 쏟아내고 말았다.

"두 권사님들의 말씀은 천부당만부당 맞는 말씀이세요. 하지만 분별이 없는 한참 자라는 우리 아이들에게까지 이 소식이 전해지면, 자살해서 죽어도 되는 것인가라는 혼란을 겪을 수 있다고 봅니다. 목사님께서 말씀을 통해 분명한 메시지를 전해 주셔야 한다고 봅니다. 그리고 홍 집사님과 장 집사님 부부는 이 교회를 떠나시는 게 맞다고 봐요. 우리 교회는 장로가 없어서 안수집사인 홍 집사님이 거의 장로 역할을 다 하셨잖아요. 교회의 리더였던 분의 딸이 자살해서 죽었다는 것으로 교회의 이미지가 안 좋아질 수 있고, 영적으로 어두운 분위기를 형성할 수 있는데… 이런 교회에 누가 나오겠어요? 교회가 20년 만에 한참 속도를 타고 부흥을 하려고 하는데 집사님 부부가 이 교회를 떠나 주셔야 하는 게 맞다고 봐요."

또 한 명의 안수집사 최 집사가 일어나 언성을 높이며 말했다.

"오 집사님, 장례 치른 지 얼마나 됐다고 말을 마구 하시나요? 우리 교회가 20년이 넘어갑니다. 교회에서 성도의 아픔을 품지 못하면 누가 품죠? 교회가 해야 할 일이 성도의 수치와 아픔을 품는 일 아닌가요? 홍 집사님 부부가 우리 교회를 위해 비가 오나 눈이 오나 한결같이 주일을 하루도 안 거르시고 주일학교 봉사, 식당 봉사, 성가대까지 홍 집사님 부부의 손길이 닿지 않는 곳이 있습니까? 왜 이러한 일이 벌어졌는지 알 수 없지만, 하나님만이 아시겠지요. 그렇게 함부로 말씀하시는 게 아닙니다."

점심식사를 하기 위해 모여 앉은 50~60여 명 정도의 성도들은 웅성 거리기 시작했다. 성도들은 식사가 끝나가니 삼삼오오 모여서 자리를 털고 일어나 가버렸다. 식당 봉사를 하는 집사들은 반찬 그릇과 국그릇 을 주섬주섬 치우고 있었다. 새신자를 맞이하고 있던 김 목사 부부는 분 위기를 파악했는지 뒤늦게 식당으로 나타났다. 김 목사가 나타났지만, 성도들은 목례를 할 뿐 더 이상 얘기를 꺼내지 않고 교회 밖으로 나가 버렸다. 김 목사는 자신이 걱정했던 일이 생각보다 빨리 터졌다고 여기 는 것 같았다. 나도 목사님 부부와 교회 집사님들과 인사를 나누고 교회 를 빠져나왔다.

1부 예배를 드리고 이미 집에 가 있는 친정 엄마를 보고 저녁 예배를 드린 후, 남양주 집으로 출발해야겠다 싶었다. 이번에는 교회가 어디로 흘러갈 것인지 궁금했다. 초대 목사님이 15년간 목회를 하시다가 간암 으로 사망하신 후 교회는 크게 해체 위기를 맞이했었다. 이때도 교회는 사분오열을 겪지 않았던가? 아이 둘을 혼자 키워야 하는 사모님께 교회 의 재정을 한 푼도 남기지 않고 드리느냐 안 드리느냐로 교회는 시끄러 운 상황에 직면했었다. 교회를 세우기 위해 초대 목사가 들인 돈과 그동 안의 수고의 비용을 퇴직금처럼 챙겨 갖고 나가려는 사모의 입장과 교회 재정을 관리하는 집사들의 반대 입장이 팽팽하게 맞섰었다. 게다가 사 모를 동정하는 동정론파가 합세해 교회는 위기에 직면해 있었다. 사모 의 생계를 책임지기 위해 교회를 매매할 수는 없는 일이지 않은가? 매매 하는 순간 교회는 해체였다. 당시 교회가 당장 혼자가 된 사모에게 해줄 수 없는 부분을, 홍 집사가 자처해서 자신의 집을 팔아 사모 가정에 돈을 해드리고 교회를 지켰다. 사모는 아이 둘을 데리고 참사랑교회를 편안히 떠나갈 수 있었다. 새로 부임한 김 목사 부부가 온 후, 교회는 빠르게 안정되어 갔다. 그런데 다시 교회에 큰 위기가 온 것이다.

일부 성도들은 Q가 자살해서 죽은 일 자체는 지옥 가는 일로서, 악행을 저지른 것으로 여겼다. 성도들은 이 악행을 끊어 내야 한다고 보는 분위기였다. 저질러진 악행을 책임지는 일은 부모의 몫인 모양이었다. 부모조차도 악행을 저지른 듯, 희생양을 삼고 싶은 집단적 욕망이 부지불식간에 교회 안에서 전이되고 있음이 느껴졌다.

오 집사의 선동으로 팽배해진, 지금 교회에서 벌어진 Q의 일이 악행이니 악행을 끊어 내야 한다는 의견에 나는 동의하고 싶지 않았다. Q의 부모까지 악으로 규정하는 그 행위는 우리가 할 일이 아니었다. 하나님이 심판하실 일이라고 보았다. 죽음은 우리가 알 수 없는, 하나님의 영역 안에 있는 판도라의 상자였다. 이미 Q가 자살해서 죽었다는 자체가 심판받은 것이며, 동시에 홍 집사와 장 집사는 지옥 속에 있는 것이나 마찬가지였다. 우리가 이 고통을 당하지 않았다 하여 이들의 고통을 단죄하는 일 또한 그리스도인으로서 우리가 할 일은 아니라고 보았다. 어쩌면 죽음을 자기 마음대로 할 수 있다고 여긴 Q의 자유의지가 악행이었을 뿐, Q는 자기 안에 파고들어 온 악을 이겨 내지 못한 것이었다. 이겨내기에는 Q가 너무 어리지 않는가.

참사랑교회에 말씀과 기도가 절대적으로 필요한 시기라고 느껴졌다. 어려서부터 보아 온 교회는 말씀 중심으로 모였고, 말씀을 중심으로 화해했고 회복하지 않았던가. 말씀을 중심에 두고 서로가 서로의 고통을 위해 중보기도 하는 곳이 교회였다. 게다가 나의 수치와 죄와 허물[43]을 고백하는 영적인 공간이 교회였다. 영과 육의 싸움이 있지만 하나님의 영이 늘 승리하는 곳이 교회였다. 승리할 수밖에 없는 것이, 성도들은 교회를 통해 하나님의 말씀을 듣고, 말씀대로 살기 위해 소망하지 않던가? 말씀은 곧 하나님이시지 않던가? 그 말씀을 사모하고 소망하기에 우리 인생의 많은 문제들이, 우리의 잘못된 신념들이 교정되고, 삶이 변화되지 않던가? 말씀을 모방하는 것은 하나님을 소망하는 것이 아닌가? 이 말씀 모방은 말씀을 낳고, 변화된 삶은 변화된 삶을 양산하듯, 말씀 소망은 세상을 살아가는 인간들에게 그 어떤 것보다 거룩하고 건강한 모방욕망이지 않은가?

사람에 대한 소망의 끈을 놓은 교회는 더 이상 교회가 아니다. 세상보다 더 악해 질 수 있는 곳이 교회다. 세상은 아무 부끄러움 없이 또 다른 악을 양산해 내는 곳이다. 하지만 교회는 그 악과 타협하기 싫어서 윤리적으로, 신앙적으로 갈등하고, 가슴 아파 하고, 고통을 지켜보면서 고통이 기쁨이 될 때까지 기다려야 하는 곳이었다. 고통스럽지만, 하나님이 육의 고통을 치유해 주실 것을 간절히 바라고 기다리는 곳이 교회였다. 악이 살아 숨 쉬며 악이 흘러 다녀도 악이 악을 전이시키고 싶어도 교회가 수천 년을 이어 가는 이유는 교회는 성경 말씀을 전하는 곳이기 때문이었다. 세상의 것을 모방하는 것이 아니라 성경 말씀을 모방하도록 반복하고 반복해서 말씀을 전하지 않던가.

지체장애아를 둔, 바람피우는 남편 때문에 20년간 애달프게 사는, 몇 년째 백수로 살아가는, 감옥에 갔다 온, 알코홀릭 남편 때문에 날마다 속을 끓이고 사는, 부인이 바람나 도망간, 남편의 매질 때문에 살 수가 없는, 결혼과 이혼을 반복하는 성도 등등 자신의 수치를 끌어안고 하나님 앞에서 몸부림치고 있는, 죄지을 수밖에 없는 하나님의 연약한 자녀들

---

43 허물은 의의 한계를 넘는 행위고, 죄 된 행동의 결과물이다. 선 밖으로 나가는 것이 허물을 범하는 것이다. 선 안에서 권리를 가지고 있으나 선을 벗어나 행동한다면 권리를 넘어서는 것이다. 불법, 불의한 행동을 이미 저질렀을 때 그 결과로 허물이 남는 것이다.

이 있는 곳이 교회이지 않은가? 문제가 해결될 때까지 그 연약함이 해결될 때까지 십수 년이 걸리기도 한다. 평생 고통을 짊어지고 살아야 하는 사람도 있다. 나 또한 이런 교회를 부모와 떨어져 사는 그 외로운 시절에도 놀이터에 놀러가듯 다니며 성장한 사람이었다. 목사님과 사모님, 전도사님들은 내 영적인 부모였다. 이들은 가족이었고, 그 자체가 교회였다. 이 교회가 나를 보호하지 않았던가. 성도의 고통에 함께 고통스러워하고 성도가 외로울 때 함께 있어 주고, 성도의 회복과 기쁨을 함께 기뻐하는 곳이 어린 시절부터 내가 지켜보아 온 교회였다. 내가 살기 위해서라도, 내가 보호받기 위해서라도, 교회는 그 어떤 곳보다 정죄와 단죄보다 죄의 고백과 용서[44]와 사랑이 있어야 하는 공동체가 되어야 한다고 나는 굳게 믿었다.

희생양의 진실

죄의 고백 오 집사의 영향인지, 예배를 드릴 때마다 성도들의 수가 줄어드는 듯했다. 50~60명이 드렸던 9시 1부 예배도 40~50명으로 줄었다. 2부 11시 예배는 늘 200명 이상이 드렸는데 150명 정도로 줄어든 것 같았다. 할 소리를 다 하고 사는 오 집사도 몇 주째 출석을 하지 않

---

[44] 용서의 행위는 나와 하나님, 나와 타자, 나와 이웃에게 적용될 수 있다. 하나님 앞에서의 우리의 용서는 채권자의 관계에서가 아니라 채무자의 관계에서 나타나는 것이다. 하나님의 용서는 새로운 삶 그 자체이다. 하나님은 우리의 모든 빚을 변제해 주셨다. 때문에 하나님께 용서함을 받고 새로운 삶을 사는 우리는 우리들의 삶의 관계에서 구체적인 행동으로 나타나야 한다. 우리가 하나님께 모든 채무를 변제받았듯이 우리가 다른 사람을 용서한다는 것은 상대방의 잘못을 없던 일로 한다든지, 잊어버린다든지, 원상태로 돌려놓는다는 의미가 아니다. 분명히 손해가 있고 상처가 있고 아픔이 있다고 하더라도 그럼에도 불구하고 더 이상 상대방의 실수와 아픔과 원한에 묶어 놓지 않고, 해방시켜 주는 것을 의미한다. 그리고 우리 자신도 그것으로부터 자유케 되는 것을 의미한다. 엄진용 〈주기도문〉 설교.

고 있었다. Q의 부모인 홍 집사와 장 집사는 늘 앉는 그 자리를 지켰다. 장 집사는 정신과 치료를 받고 있었고, 홍 집사는 직장에서 당직 근무가 더 많아져서 집에 자주 못 들어온다고 했다. 딸이 죽었다고 날마다 울고 있을 수는 없는 일이었을 것이다. 살아야 할 사람은 살아야 하는 것이었다. 홍 집사는 교회에서 안수집사로서의 활동을 멈추고 있었다. 성도가 줄어드는 것에 대해서 안수집사인 최 집사가 걱정이 되는 모양이었다. 나에게 볼멘소리로 말했다.

"박 선생님, 기도 좀 많이 해줘. 20년이나 된 우리 교회가 위기인 것 같아. 성도들이 줄어드는 것 같지 않아?"

나는 시원스럽게 별일 아니라는 듯이 말했다.

"참사랑교회가 저 어렸을 때는 50명밖에 안 됐었어요. 하나님이 회복시켜 주시겠죠."

20년이 넘었는데도 여전히 200~300명밖에 안 된다는 것은 대형교회에 비하면 전도가 그만큼 어렵다는 것이기도 했다. 인원은 적어도 성도들의 생활과 사연을 속속들이 알 만큼 가족적이었다. 20년 이상 다니고 있는 성도들은 모두 한동네에 살았고, 교회를 중심으로 삶을 이어 가는 사람들이었다. 그 속에서 자녀들이 커갔고, 시집 장가를 보냈고, 시부모 친정부모를 떠나보냈다. 폐쇄적이라고 말할 수 있었지만, 교회는 보이지 않은 영적인 끈으로서, 성도들의 삶의 '기준'점이었다. 큰 풍파도 어쩌면 큰 풍파가 아닐 수 있는 까닭은, 그 '기준'을 두고 살아가니 사람들이 많이 엇나가거나 벗어나지 않은 것이다. 벗어난다 할지라도 그들은 돌아왔다. 교회는 어떤 의미로든 '안식'이었고 '평강'이었다. 때문에 늘 그랬듯이, 쉽게 회복할 수 있으리라고는 믿음이 내게 자연스럽게 생겨 버렸다.

김 목사는 Q의 자살 사건이 있고 난 그 주부터 모든 성도들에게 하루에 두 번 새벽 5시와 오후 8시에 기도회를 한다고 공고했다. 남양주에서 1시간에 걸쳐 운전을 하고 와서 기도회까지 참석하는 일은 나에게 버거운 일이었다. 하지만 친정 아버지가 종친회에 참석하기 위해 지방에 내려가셔서 친정 엄마가 혼자 자야 하는 날, 나는 오랜만에 엄마와 함께 하룻밤 잘 수 있었다. 새벽 4시쯤 일어나 준비를 하고 함께 새벽 예배를 드리기 위해 엄마와 일찌감치 참사랑교회로 향했다.

친정집에서 10분 거리에 있는 참사랑교회의 십자가 종탑에서 흘러나오는 붉은 빛은 온 마을을 비추고 있었다. 큰길 건널목에 붉은 신호등이 꺼지고 파란 신호등이 켜지자 길을 건넜다. 친정 엄마와 내가 큰길가 앞에 있는 교회 건물 계단을 타고 2층으로 올라가 교회 문을 연 것은 4시 30분 즈음이었다. 예배실은 어둑했다. 강대상의 십자가에서 흘러나오는 여린 불빛만이 예배실을 밝혀주고 있었다. 찬송가 〈주 예수보다 더 귀한 것은 없네〉만이 잔잔히 흘러나왔다. 김 목사가 4시부터 나와 새벽 예배를 준비하고 있었던 모양이었다. 강대상 안쪽에서 십자가를 바라보고 무릎 꿇고 앉아 기도하는 목사님의 방언 기도가 잔잔히 내 귓가로 흘러들어 왔다. 중간 정도의 자리에 한 성도만이 일찌감치 나와 기도를 드리고 있었다. 어둠에 휩싸여 누군지 알 수가 없었다. 성도의 목소리는 대예배 대표기도 때 늘 들었던 40대 후반 남자의 익숙한 목소리였다. 홍 집사인 듯했다. 평소 감정의 미동을 보이지 않았던 홍 집사는 간헐적으로 감정을 드러내며 기도하고 있었다. 눈물을 흘리는 것 같지는 않았다. 하소연을 하듯, 하나님께 고백하고 있었다.

"주님, Q가 죽을 때 어디에 계셨습니까? Q가 어디로 갔습니까? 지옥으로 갔습니까? 하늘나라로 갔습니까? 주님, 우울증이 무엇이기에 Q를 거둬 가셨나요? 주님, 제 잘못입니까? 주님, 저는 주님이 고쳐 주실 줄 믿고 기도드렸습니다. 그리고 신앙으로 극복하라고 Q에게 말했습니다. 하나님은 우리를 고쳐 주시고 치료해 주시는 분이지 않습니까? 양 목사님도 간암을 고쳐 주셔서 15년을 더 살게 해주지 않으셨습니까? 죽었던 나사로도 살려 주신 분이 주님 아니셨습니까? 주님, 우리 Q를 고쳐 주실 줄 알았습니다. 왜 하필 자살이었습니까? 왜 자살로 죽어야만 했습니까? 주님, 저도 죽고 싶습니다. 죽고 싶은데 죽지도 못하겠습니다. 좋은 아빠가 아니었다는 남들의 시선과 손가락질이 무섭습니다. 내 딸을 내가 죽인 것 같아 죄책감에 시달리고 있습니다. 도망치고 싶은데 도망도 못 가겠습니다. 주님, 저는 하나님을 만나고 최선을 다해 살아왔습니다. 교회에 봉사했고, 전도를 위해 애썼습니다. 정 사모님이 떠날 때에도 저희 집을 팔아서 그 삶을 마련해 드리지 않았습니까? 왜 저에게 이런 일이 일어나야만 하는 것입니까? 복을 주실 줄 알았습니다. 복을 주실 거라고 믿고 지금까지 살아왔습니다. 왜 제 딸이어야 합니까? 주님, 우리 Q가 죽고 싶은 마음이 들 때에 주님께서 그 마음에 조금만 살아야 겠다는 마음을 주셨더라면 우리 Q가 죽지 않았을 것입니다. 내가 주님을 탓하고 있다고요? 내가 한 일은 무엇이냐고요? 모르겠습니다. 주님, 저는 가장으로서 열심히 의무를 다하며 살았습니다. 아이들을 학교에 보냈고, 뒷바라지했습니다."

홍 집사는 기도 속에서 하나님과 대화를 나누는 것 같았다. 반문했고, 대답했다.

"의료 기관과 치료 약도 모두 주님의 손길 안에서 창조되었다고요? 우울증을 느껴 보았냐고요? 왜 병원에 보내지 않았냐고요? Q가 정신병은 아니라고 보았습니다. 단지 우울증이라고 보았습니다. 우울증은 다른 사람보다 마음의 고통이 심하다고요? 이겨 낼 수 있는 사람과 이겨 낼 수 없는 사람이 있다고요? 의지가 강한 사람과 의지가 약한 사람이 있다고요? 다 저처럼 의지가 강한 사람만 있는 것은 아니라고요? 그동안 내가 행했던 모든 봉사는 나의 의지였다고요? 자식을 키우는 것도 내 의지와 힘으로 키웠다고요? 신앙도 의지였다고요? 나의 열심히 모두 의지였다고요? 의지가 너무 강해서 그게 사람들에게 억압을 느끼게 했다고요?"

홍 집사는 흐느끼기 시작했다.

"주님, 저는 어디로 가야만 하는 것입니까? 제 딸은 제 말을 늘 잘 따라주었습니다. 교회에서 피아노 반주를 하라 하면 피아노 반주를 했고, 공부를 열심히 하라고 하면 공부를 열심히 하는 착한 딸이었습니다. 제 말을 거역해 본 적이 없던 딸이었습니다. 저는 Q를 정말 사랑하고 예뻐했습니다. 정말 귀하게 여기며 키웠습니다. 주님, 그 사랑이 잘못되었습니까? 제가 저의 욕망으로 Q를 키웠습니까? Q가 정말 피아노 반주를 좋아했냐고요? Q가 정말 공부를 좋아했냐고요? Q가 정말 좋아하는 음식이 무엇인지 아느냐고요? Q가 정말 싫어하는 게 무엇인지 아느냐고요? Q의 기쁨과 슬픔을 진정으로 느낀 적이 있냐고요? Q가 그토록 열심히 살았던 이유는 엄하고 엄격한 아빠인 저에게 잘 보이기 위한 것이었다고요? Q를 제가 창조했냐고요? 저의 신앙적인 의로움을 드러내기 위해 Q도 필요했고, 애 엄마도 필요했고, 아들도 필요했다고요? 사람들에게 친절했지만, 체면을 따지고 품위를 따졌다고요? 주의 종 위에서 힘을 부렸다고요? 집안에서도 저의 허락 없이는 쓸 수 있는 게 없었다고요? 다 꽉 쥐고 흔들어서 모두를 힘들게 했다고요? 어떤 누구의 말도 듣지 않았다고요? 제 말만 옳다고 주장했다고요? 저에게는 사랑이 없었다고요? Q를 사랑했다고 말하지만, 사랑이 아니었다고요? 아내를 사랑하고 자식을 사랑하고 교우들을 사랑한다고 말했지만 사랑이 아니었다고요? 그것은 사랑이 아니라 폭력이었다고요? Q가 죽기 2주 전에 왜 그렇게 심하게 매질을 했냐고요? 잠만 자는 Q를 정신 차리게 하겠다고 매질을 하면 아이가 정신을 차릴 것이라고 믿는 제 믿음이 옳으냐고요? 다 큰 딸을 때리는 것이 정당하다면, Q를 창조한 것이 누구냐고요? Q가 소유물이냐고요? 잘못된 애정[45]이었다고요? 그래서 저를 방관하셨다고요? 제 주장만 하는 완고한 고집쟁이였을 뿐이라고요? 그래서 사람들을 너무나 힘들게 했다고요? 제가 법이고 제가 신이었다고요? 제 속에 하나님의 사랑이 없으니 그런 거라고요? 제가 불의한 자라고요? 겸손히 사랑하라는 명령에 순종하지 않은 불법을 행한 자라고요? 저는 빚진 자라고요? 주님께 갚아야 할 것이 너무 많은 빚진 자라고요? 빚진 자임에도 불구하고 빚진 제가 교회에서 주인 행사를 했다고요? 빚진 자임에도 불구하고 Q가 잘못했을 때 진정으로 용서해 본 적이 없다고요? 수십 년 동안 수천 번 말씀을 했는데도 깨닫지 못하는 죄인 중에 죄인이었다고요? 어떻게 사랑하고 어떻게 용서해야 하는지를 몰랐던 것은 저였다고요? 제가 환자였다고요? 정신과에 가서 심리치료를 받아야 할 사람은 바로 저였다고요?"

홍 집사는 급기야 울기 시작했다. 그리고 괴성을 지르듯 울부짖었다. 교회 천장이 뚫릴 것처럼 울음은 무서운 괴력을 발휘했다. 홍 집사의 자아가 깨지는 시간인 모양이었다. 마치 자복[46]하고 회개[47]의 몸부림을 치

---

[45] 왜곡된 애정에는 증오의 씨앗이 담겨 있다. 애정이 삶의 절대 주권자가 되면 그 씨앗은 발아하기 시작하여 스스로 애정의 신이 되고 만다. 신이 되어 버린 사랑은 악마로 변모한다. 애정에는 애정 이상의 무언가가 필요하다. 단순히 감정만으로는 진정한 애정이라고 할 수 없다. '상식' 즉 이성이 필요하다. 서로가 공정하게 주고받을 줄 알아야 하고, 애정이 시들해질 때 다시 자극해 주고, 애정이 망각하고 무시하려 할 때는 제어해 줄 '정의'(justice)가 필요하다. 또한 선량한 태도가 필요하다. 다시 말해 우리에게는 인내나 자기부인과 같은 겸손한 '선'(善)이 있어야 하며, 우리의 애정은 애정보다 훨씬 높은 차원의 사랑으로부터 지속적인 관심을 받아야 한다. 그렇지 않으면, 인간의 애정으로만 살려고 하면 애정은 그만 '썩어 버려' 증오와 미움의 화신으로 변모한다. C. S. 루이스 《네 가지 사랑》 '애정' pp.99-101.

고 있는 것 같았다. 홍 집사의 자아가 깨지는 시간이 좀더 빨리 왔었더라면 Q는 죽지 않았을 것이라고 생각했다. 게다가 우울증에 걸린 Q가 죽기 전에 홍 집사에게 심하게 매질을 당했다는 기도의 고백을 들으며, 나는 충격에 빠졌다. 홍 집사가 세상살이를 하는 데 답을 하나만 갖고 사는 단순한 사람이라는 것이 확인되는 순간이었다. 단순하게 답을 하나만 갖고 산다는 것이 순수해 보이고, 속 편하게 사는 것일 수도 있겠지만, 동시에 무지한 것일 수 있었다. 무지함으로 홍 집사 부부는 딸을 잃은 것인가? 무소부재하신 하나님을 믿는 행위가 단순한 것인가? 오히려 무궁한 하나님의 세계는 나와 타인의 다름을 받아들여야 하는, 받아들여야만 진정으로 사랑할 수 있는 것이 아닌가? 어쩌면 믿음이란, 다양하고 복잡한 다름의 세계를 인정하고 4차원을 넘어, 하나님의 무궁한 초월의 세계를 인정해야만 하는 것이었다. 내가 믿는 믿음의 대상, 하나님으로 인해 나의 인식의 지경이 자연스럽게 드넓어지고 깊어지는 것이 신앙세계였다.

그런데 20년 넘게 신앙생활을 한 홍 집사는 1차원적인 단순한 믿음 속에 머물러 있었던 모양이었다. 믿음 위에 바로 서지 못한다고, 게으르

---

46 '자복하다'로 번역된 헬라어 동사 '엑소몰로게오'는 세 가지 의미를 지니고 있다. 첫 번째 의미는 '고백하다'이다. "제가 이러한 잘못을 했습니다"라고 자신의 잘못을 고백하는 것이다. 두 번째는 '동의하다'이다. "당신이 지적한 잘못을 인정합니다"이다. 세 번째 의미는 '약속하다'이다. '앞으로는 바르게 살겠습니다'라고 약속하는 것이다. 이 세 가지 공통점은 고백이든 동의이든 약속이든 말로 이루어진다는 것이다. 이재철 《성숙자반》 '회개' pp.99-100.

47 '회개하다'는 헬라어로 '메타노에오'인데 180도 돌아서거나 길을 바꾸는 것을 의미한다. 이는 동쪽으로 가던 사람이 정반대 방향으로 가고 있음을 깨닫는 즉시 서쪽으로 돌아서는 것이다. 회개는 움켜쥐고 있던 것을 놓아버리는 것이다. 회개는 말이 아니라 철저하게 행동으로 이루어진다. 자복이 행동으로 드러나는 것이 회개이다. 이재철 《성숙자반》 '회개' pp.99-100.

다고 딸을 때리고, 그것을 견디지 못한 딸은 자살을 선택한 것인가? 20년 넘게 보여 준 홍 집사와 장 집사의 신앙적 격과 품위는 무엇이란 말인가? 나는 혼란스러웠다. 그리고 Q가 불쌍하고 안타까웠다. Q는 홍 집사와 장 집사의 허위적이며 과시적인 신앙을 깨부수기 위한 홍 집사 가정의 희생양이었던가? 그 변화 하나 때문에 어린 Q가 죽어야 했다는 사실 앞에, 하나님이 죽이신 것도 아니고 스스로 죽음을 선택한 것임에도 불구하고, 하나님의 방관하심에 나는 하나님이 무서웠고, 두려웠다. 자신의 생각이 100% 옳다고 믿는 홍 집사의 '완고함'이 악행을 자행하는 일일 수 있다는 사실에도 충격을 받았다. 하나님의 말씀으로 '악행'을 교정시켜 주시고 물리쳐 주셨으면 되는 일이지 않은가? 하나님은 악행을 저지르는 자들과 싸워 이기시는 분이 아닌가? 하나님에게 모든 탓을 돌리고 싶었다. 과연 하나님이 살아 계신가에 대한 나의 신앙이 흔들렸음 또한 인정할 수밖에 없었다. Q를 아는 모든 참사랑교회 성도들이 나와 같은 신앙의 무기력을 겪었을 것이다. 그런데 광명으로 눈부신 이 새벽에 하나님은 Q의 아버지 홍 집사를 흙먼지처럼 산산이 부서뜨리고 계셨다. 무엇을 만드시려는 것인지⋯ Q가 죽은 후에 무슨 소용이 있는 것인지⋯ 아이러니였고 말도 안 되는 모순처럼 느껴졌지만, 장 집사와 홍 집사 가정에 어떤 변화가 일어날지 나는 궁금했다.

성도들이 5시 예배에 맞춰 한두 사람씩 들어와 자리를 잡고 앉았다. 김 목사는 10여 명 정도 되는 성도 한 사람 한 사람에게 다가와 말씀이 없으니 기도하시다가 돌아가시라고 작은 목소리로 부탁했다. 아마 홍 집사가 계속 기도할 수 있도록 배려하고 있는 것 같았다. 잠시 후 홍 집사는 소리소리 치며 하나님께 울부짖었다. 그 울부짖음은 너무나 명확하고 정확하게 앉아 있는 우리 성도 모두에게 들려왔다.

"주님, 제가 환자였습니다! 제가 미쳤습니다! 환자는 저였는데, 저는 우리 애를 아무것도 할 줄 아는 게 없다고 몰아붙이고, 딸아이를 궁지에 매번 몰아넣었습니다. 제 신념과 다르면 아이를 다그쳤습니다. 딸아이가 제 기대치에 미치지 못하면 못 한다고 주눅이 들게 했습니다. 죽기 전에도 잠만 잔다고 타박을 했고 심하게 매질까지 했습니다. 왜 아이가 잠을 그렇게 자는지 알려고도 하지 않았습니다. 게으르고 쓸모없다고 구박했습니다. 할 줄 아는 게 왜 그렇게 없냐고 타박했습니다. 직장을 그만두고 나왔을 때 아무것도 극복하지 못하는 바보라고 했습니다. 제 의무를 다하는 저는 항상 선하다고 여겼고 당당했습니다. 주님, 저는 Q가 제 기대와 소망을 채워 주고 잘하도록 채찍질하는 것이 사랑이라고 여겼습니다. 세상의 모든 부모가 다 그럴 것이라고 나 또한 평범한 아빠에 불과하다고 여겼습니다. 이런 잘못된 신념 때문에 주님께서 저를 통해 주신 딸이 죽었습니다. 저 자신은 있는 그대로 주님께서 받아 주길 바라면서 어느 누구도 있는 그대로 받아 주질 못했습니다. 하나님의 사랑을 제 식으로 왜곡해서 이기적으로 받아들여 놓고, 그 이기적인 기대와 사랑이 채워지지 않으면 힘을 사용했습니다. 이 힘이 아버지로서의 권위인 줄 알고 맘껏 휘둘렀는데, Q가 죽었습니다. 이 힘이 교회 안수집사로서의 권위인 줄 알고 맘껏 휘둘렀는데 Q가 죽었습니다. 주님, Q가 얼마나 고통스러웠겠습니까? 제가 제 딸을 죽였습니다. 제가 죄인입니다. 죄인 중에 죄인입니다. 주님, 저는 어디로 가야 하는 것입니까? 어디로 가야 제가 숨을 쉴 수 있겠습니까? 주님, 저를 용서해 주옵소서. 주님, 저를 용서해 주옵소서. 죽고 싶습니다. 주님….”

괴성과 몸부림은 하나님과의 독대였다. 독대의 시간은 마치 여름날 정오에 쨍쨍 내리쬐어 타들어 갈 것 같은 강렬한 햇빛과 같았다. 타들어 죽을 만큼, 소멸이 우습지 않을 만큼, 자기를 소멸시키는 뜨거운 시간이었다. 나는 너무나 안타까워 눈물을 흘렸다. 하나님께서 홍 집사에게 내려 주시는 은혜와 자비의 시간처럼, 나 또한 불이 붙듯 뜨겁게 홍 집사 가정을 위해, Q를 위해 중보기도를 올려 드렸다.

"주님, 홍 집사님의 삶에 주님의 빛이 임하게 해주셔서 감사합니다. 이 빛이 멈추지 않고 흘러가게 하옵소서. 이 빛이 교회를 회복시키고 그 가정을 회복시키고, 주님의 영광을 드러내도록 아름답게 흘러가게 하옵소서. 이 가족에게는 Q의 죽음이 희생양이었지만, 2,000년 전 예수 그리스도께서 저희의 구원을 위해 희생양이 되어 주신 것처럼, Q가 이 가족을 빛 가운데로 회복시키는 거룩한 희생양이 되도록 역사해 주시고 인도해 주옵소서! 비록 자살을 하였지만 그 불쌍한 영혼을 굽어살피셔서 주님의 나라로 인도하여 주옵소서."

홍 집사에게 괴성 어린 기도가 터져 나온 그날, 새벽 예배에 참석한 모든 성도들은 함께 울었다. 그리고 홍 집사의 삶의 변화와 홍 집사 가정이 주님께 영광이 되기를 진정으로 바라며 중보기도를 드렸을 것이다.

진실을 모방하다

혼란을 잠재우는 말씀 홍 집사와 장 집사 부부가 교회를 떠날 것이라는 소문이 떠돌았다. 떠나야 하는 게 옳다는 부류와 주의 사랑 안에서 홍 집사 부부의 아픔을 품고 함께 가야 한다는 부류가 팽팽히 맞서고 있었다. 이제껏 교회에서 구설이 돌 때마다 말씀을 내세우며 구설을 제거하는 데 앞장선 사람들이 홍 집사와 장 집사였다. 그런데 홍 집사 부부가 구설의 주인공이 된 것이다. 구설의 주인공이 된 것 자체가 자존심이 상했을 수도 있었다. 김 목사가 대표기도를 할 수 있게 차례를 정했는데 그것조차 거부했다. 새벽녘에 하나님과의 독대를 하면서 자복과 회개를 하지 않았던가. 악을 끊어 내는 일보다 악을 견디는 것이 훨씬 어려운 일인 것처럼, 교회 안에서 견디는 것보다 교회를 떠나는 것이 오히려 이 상황에서 아주 간단하고 쉬운 일일 수 있었다. 하지만 다른 곳에 가도 홍 집사 부부는 딸의 이야기를 숨긴 채 신앙생활을 해야 할 것이었다. 나는 김 목사에게 전화를 하여 물었다.

"목사님, 홍 집사님네 교회 떠나세요?"

"글쎄요. 내가 떠나가지 못하게 지금 강권하고 있는데, 주장을 잘 안 꺾으시네. 본인들이 교회를 떠나가는 게 교회의 회복을 위해 도움이 될 거라고 하시는데… 회복에 도움이 되는 일인지는 모르겠어요. 미궁에 빠지는 일이 되지는 않을지… 떠나더라도 여기서 해결하고 가까운 사람들에게 영적인 도움도 받고 그래야 자유함을 얻을 텐데… 기도하고 있어요. 박 선생도 기도 좀 부탁해요."

전화를 끊고 나니 김 목사의 말 속에 담긴 '자유'라는 말이 진지하게 다가왔다. 수치가 없는 사람은 없었다. 그렇다면 수치로부터 어떻게 하면 자유로워질 수 있는가가 항상 고민이지 않던가. 우리가 하나님 앞에 100% 죄인이라는 사실을 인정하고, 다른 사람들의 죄도 인정하고 수용하고 용서하면 되는 일이었지만, 그것이 현실에서는 말처럼 쉬운 일이 아님을 확인할 수 있었다. 우리 속에 이미 뿌리박혀 있는 선입견과 편견들이 신념처럼 굳어져 있어 다른 이가 눈치를 주지 않아도, 나 스스로가 먼저 타인의 시선에 붙들려 눈치를 보지 않던가. 나는 장 집사에게 전화를 걸어 설득을 해볼까 하다가 그만두었다.

홍 집사 부부가 떠나려는 데에는 교회 성도들의 수군거림만 느껴질 뿐, 사랑이 느껴지지 않았기 때문인지도 몰랐다. 어쩌면 홍 집사 부부 또한 그동안 교회에서 따뜻한 사랑이 느껴지게끔 하지 않았다. 홍 집사와 장 집사는 교회 일에 의무를 다했지만, 교회 일 하나하나에 정성스러움이 묻어나지는 않았다. 단지 교회의 초창기 리더로서, 장로를 대신하는 안수집사라는 직분 때문에 교회에서 인정받기에 최선을 다했는지도 몰랐다. 소위 세상에서 말하는 '지위 중독'[48]에 빠져 오랜 세월 살아온 것인지도 모른다. 이 중독에 빠져 있어야만 세상에서 성공하지 못한 것을 보상이라도 받는 듯, 하나님의 복인 양 살 수 있었던 것은 아니었을까? 명실공히 교회에서만은 홍 집사와 장 집사는 사람들에게 칭찬받는 최고의 신앙인이었다. 그래서 교회 생활에 열심이었는지도 몰랐다. 교회공동체 안에서 획득한 지위 하나를 내려놓는 것도 얼마나 힘든 일인가? 예수 그리스도의 은혜 안에서 겸손히 내려놓고 섬겨야만 해낼 수 있는 자리가 교회의 지위였다. 교회 봉사는 이익을 주는 일이 아니지 않은가. 하나님과 홍 집사 부부만이 아는 깊은 진실을 더 이상 알고 싶지 않았다. 홍 집사 가정의 고난이 하나님의 인도하심 안에 들어가 있기를 굳게 믿고 싶을 뿐이었다.

주일 저녁 예배 때, 김 목사는 우울증에 관한 경고 메시지를 성도들에게 전했다. Q의 이야기도 담겨 있었다. 다행히 홍 집사와 장 집사가 참석하지 않아, 더 자유롭게 Q의 이야기를 풀어내는 듯했다. 입에 로켓을 달고 분위기를 이끄는 오 집사가 짝패처럼 늘 함께 다니는 끼리끼리의

---

48 민주사회에서 '능력주의'는 모든 사람에게 기회를 균등하게 배분하는 사회적 '정의'이지만, 성공한 자와 성공하지 못한 자의 기준은 성공한 자들의 사회적 지위로 평가받는다. 이 지위가 사라질 때 사람들은 불안을 느낀다. 이 불안을 느끼지 않기 위해 사람들은 지위 중독에 빠지고, 이 사회적 지위를 유지하기 위해 단체와 기관, 집단에서 벗어나지 않고, 자기의 지위를 차지하려 애를 쓴다. 하지만 불안으로부터 완전히 자유로운 좋은 인생을 상상하기란 어렵다. 실패하여 다른 사람들에게 창피한 모습을 보일 수도 있다는 두려움은 야심을 품고, 어떤 결과들을 선호하고, 자신 외의 다른 사람들을 존중하는 데서 나오는 자연스러운 결과일 뿐이다. 지위에 대한 불안은 성공적인 삶과 성공적이지 못한 삶 사이의 공적인 차이를 인정할 경우 치를 수밖에 없는 대가다. 알랭 드 보통 《불안》 '보헤미아' p.356.

집사들과 함께 나란히 앉아 예배를 드리고 있었다.

"항상 기뻐하라 쉬지 말고 기도하라 범사에 감사하라 이것이 그리스도 예수 안에서 너희를 향하신 하나님의 뜻이니라(살전 5:16-18).

요즘 현대인들에게 자주 일어나는 정신 질환 중 하나가 우울증입니다. 우울증은 어느 날은 슬펐다가 어느 날은 기뻤다가 하는 슬픔과 기쁨을 드러내는 단순한 감정의 현상은 아닙니다. 뇌 패턴 자체가 오랜 세월 동안 우울한 상태에 빠져 있으면 뇌에 우울한 호르몬이 규칙적으로 분비되어 뇌 구조 자체가 우울하게 변형되는 것을 우울증이라고 합니다. 그렇기 때문에 우울증은 어느 날 일이 안 풀린다 하여 뚝딱 생기는 정신질환이 아닙니다. 우울해 있는 동안 감정은 왜곡되어 있고, 정체성도 분명하지 않으며 자존감도 낮아집니다. 자신이 필요 없는 존재라며 열등감에 시달리기도 하고, 불안감에 시달리기도 합니다. 피해의식에 휩싸여 살기도 합니다. 그래서 고통스럽습니다. 감정이 고통스러운 상태에 빠지기에 오래도록 아무 일도 할 수가 없는 것입니다. 고통스러운 감정 상태를 멈추게 하기 위해 약물을 통해 우울한 호르몬이 더 이상 분비되어 나오지 않도록 하는 것이 우울증 치료입니다. 치료를 통해 변형된 뇌의 구조를 바꿔 놓는 것입니다. 그래서 장기적이고 꾸준한 치료가 필요하다고 정신과 의사들은 말합니다. 어쩌면 평생 약을 먹어야 하는 일이 발생하기도 합니다. 참사랑교회 성도 여러분, 하나님은 우리에게 항상 기뻐하라고 말씀하십니다. 쉬지 말고 기도하라고, 범사에 감사하라고 말씀하십니다. 이것이 하나님의 뜻이라고 말씀하십니다. 우리가 왜 기쁘고 감사한 삶을 살아야 하는지 분명한 이유가 여기 있습니다. 우리가 여호와를 경외하고 즐거워함으로 늘 기뻐하고 감사한 삶을 살아야 하는 이유는 그리스도인들을 향한 하나님의 명령이기 때문입니다.

우리는 죄성을 가진 인간인지라 빛보다는 어둠에 익숙합니다. 그래서 모든 인간에게는 어두운 그림자가 있습니다. 이 어두움에 젖어 살다 보면 사단은 한순간에 우리의 뇌 구조를 바꿔 놓고 우리가 어둠 속에서 우울하게 살아가게 만듭니다.

우리는 얼마 전 Q를 떠나보냈습니다. Q는 우울증이었습니다. 우리는 왜 그것을 몰랐을까요? 우리가 조금만 더 관심을 가져 주었더라면 Q 스스로가 우리를 떠나야 하는 불상사는 일어나지 않았을 것입니다. Q가 천국에 갔느냐, 지옥에 갔느냐가 중요한 것이 아닙니다. 오랫동안 우울증 상태에 빠져 있는 사이 우리 모두가 Q에게 얼마나 사랑과 관심을 보내 주었느냐는 것입니다. 우리 모두가 Q의 부모님의 책임이라고 말할지 모릅니다. 남의 일이니 상관없는 일이라고 치부할지도 모릅니다. 책임을 전가하고 우리는 마음 편히 사는지도 모릅니다. 과연 저를 비롯하여 어린 시절부터 Q를 보아온 성도 여러분에게는 책임이 없겠습니까? 우리는 하나님 앞에 빚을 돌려드려야 하는 죄인들입니다. 그런데 우리에게는 빚이 없다고, 책임이 없다고 하는 것은 하나님 앞에 또 한 번의 죄를 짓는 일일 것입니다. 우리는 어떤 누구도 비판하거나 정죄할 수 없습니다.

사랑으로 관대하게 이번 일을 기도하면서 지켜봐 주시기 바랍니다. 무엇보다도 내가 하나님 앞에 빚진 자로서 나를 책임지는 일을 소홀히 해서는 안 될 것입니다. Q의 일과 같은 사건이 우리 교회 안에서 다시는 일어나지 말아야 할 것입니다. 그것은 하나님 앞에 중죄입니다. 게다가 나를 책임지는 일, 어둠의 습성에서 빠져나와 하나님의 명령대로 '항상' 기뻐하고 '쉬지 말고' 기도하고 '범사'에 감사하게 삶으로 세상의 빛과 소금이 되며, 세상의 빛으로서 우리의 사명을 다하는 것이 하나님의 뜻입니다. 여기서 중요한 단어는 '항상', '쉬지 말고', '범사'라는 단어입니다. 모든 일에 늘 항상, 어둠보다는 빛과 살라는 의미입니다. 그리고 빛 가운데 사는 것이 나를 지키고 보호하고 책임지는 일입니다. 우리의 빛은 예수 그리스도 성령 하나님이십니다. 데살로니가전서 5장 5절에서는 우리가 모두 빛의 자녀요, 낮의 자녀이며 우리는 밤이나 어둠에 속한 사람이 아니라고 말씀하십니다.

참사랑교회 성도 여러분, 제2의 Q가 되어서도 안 되지만, 제2의 Q가 나오지 않기를 간절히 기도합니다. 우울증이라는 병을 앓다가 죽은 Q의 고통을 주님께서 받아주셨을 것이라고 믿습니다. 사탄은 언제 우리를 낙담시키고 좌절하게 할까 기회를 엿보고 있습니다. 예수님께서 흘리신 보혈로 사탄의 권세를 물리치십시다. 이런 불행이 다시는 생기지 않도록 하나님이 우리에게 주신 성령에 붙들려 살아가십시다. 성령은 연약한 우리를 돌보시는 보혜사 성령이십니다. 우리 안에 어둠이 다가와 우리를 두렵게 할 때마다 성령 하나님께 우리 자신을 내려놓고 부르짖으며 우리 문제를 들고 나아가십시다. 성령 하나님은 슬픔을 기쁨으로 교정해 주시고, 절망을 희망으로 교정해 주시고 치유해 주시므로 자고 일어나는 숨 쉬는 모든 순간 동행해 주십니다. 이것이 하나님이 뜻이기에 우리를 세상의 악한 영으로부터 우리를 승리하게 해주실 것을 믿습니다. 날마다 예수 그리스도 때문에 우리가 승리하니 우리는 세상의 빛인 것입니다. Q 또한 성령께서 강권적으로 Q의 고통을 받아주시고 하늘나라로 이끄셨으리라 믿습니다…."

말씀을 전하는 김 목사의 목소리에서 진심이 묻어났다. 나의 심장에 데살로니가전서 5장의 말씀이 감동으로 새겨졌다. 성도들 또한 Q의 이야기 때문인지 그 어떤 시간보다도 진지하게 김 목사의 설교 말씀에 경청했다. 예배는 김 목사의 축도로 끝이 났다. 예배를 마치고 나가려는데 오 집사가 보였다. 얼굴 표정은 몇 주 전보다 한결 밝고 가벼워져 있었다. 오 집사의 끼리끼리 집사들도 Q와 Q의 부모 홍 집사와 장 집사의 아픔을 비로소 불쌍히 여기는 듯했다. 내가 오 집사에게 인사를 건네니 나를 보며 말했다.

"남양주에서 여기까지 예배 드리러 오려면 힘들겠다. Q 때문에 놀랐지? Q의 교회학교 선생이었으니까 마음이 더 힘들었겠어."

"저만 그런가요? 참사랑교회 성도라면 다 그렇죠. 안타깝죠."

"나도 마음이 무거워서 잠을 못 이루었어. 오늘 말씀을 들어보니 우울증이라는 게 무섭네. 기뻐하며 살아야 되는 이유들을 오늘 정확히 알았어. 우리 목사님 말씀이 참 훌륭하셔. 그런데 홍 집사와 장 집사님은 예배 참석을 안 하셨네."

홍 집사 부부가 예배를 드리지 않았다는 오 집사의 묘한 뉘앙스가 지적질처럼 느껴졌다. 본인도 몇 주 동안 예배에 불참하지 않았던가? 자식을 잃은 슬픔을 마음껏 모든 것을 거부할 만큼 표현하는 일이 뭐가 그리 이상한 일인가? 가장 인간다운 일이었다. 그래도 홍 집사와 장 집사가 교회의 끈을 놓고 있지 않은 것이 다행이다 싶었다. 형식과 외식을 중요시 여기며 판단을 수시로 하는 오 집사와 가까이 지내고 싶지 않았다. 오 집사가 언제 참사랑교회에 나오기 시작했는지 모르지만, 십여 년이 넘게 교회를 다니고 있는 사람이었다. 구역장을 맡고 있었고, 여전도회 회장도 맡고 있었다. 오 집사의 한마디 말은 교회 여집사들 사이에서 꽤나 영향력을 끼치는 것 또한 사실이었다. 오늘 말씀 앞에 오 집사의 생각이 교정되었다면 교회의 분위기 또한 한결 부드러워지지 않을까 기대도 되었다.

하지만 목사든, 장로든, 집사든, 성도든 교회 안에서 권력을 부릴 때, 교회 안 또한 갑과 을이 발생하고, 세상 권세가 파고들어 교회는 순식간에 공동체이기보다는 세상의 집단과 다를 게 없는 곳이 되어 버리지 않던가? 성도 한 사람 한 사람의 심장 속에 말씀이 살아 있는 것은 그 어떤 것보다 중요한 일이라는 생각이 들었다. 오 집사의 오른팔 차 집사가 교회 소식을 전해 주었다.

"목사님이 구역 재편성을 한다고 하는데 들었어요?"

오 집사는 불만인 듯이 말했다.

"이제 구역원들이 신앙 안에서 불붙고 있는데… 또 구역 재편성을 하면 어쩌라고."

"Q의 일로 교회가 시끄러우니까 그런 것 같아요."

"교회 시끄러운 일이 한두 번이야? 교회 사람들이 Q의 일을 다 아는 것은 아니잖아. 구역장 하는 일도 쉬운 일이 아냐. 봉사도 시간을 내야 하는 일인데, 그런 정성을 전혀 고려하지 않으시는 것 같아. 이제 친밀감이 깊어졌는데… 어떻게 하시려고? 목사님 말씀에 순종은 해야겠지만 한번 말씀을 드려 봐야겠어."

교회 점심식사 시간에 Q의 자살을 공개적으로 끄집어내어 홍 집사 부부가 교회를 나가야 한다고 몰아붙인 사람이 오 집사였지 않은가? 교회의 분위기를 정죄와 편견이 숨 쉬도록 분위기를 리드한 것은 분명 오 집사였다. 오 집사 또한 아마도 교회의 일이 자신의 지위를 공고히 다지기 위한 일이라고 착각하고 있는지도 몰랐다. 나는 오 집사에게 한마디 거들며 말했다.

"오 집사님, 구역을 재편성하는 게 교회를 말씀 중심에 서게 하는 방법일 수 있어요. 구역 예배 끝나고 나면 사실 교회 일을 수군거리게 되잖아요. 목사님도 나름 기도해 보고 선택하시는 거겠죠."

수군거린다는 말에 오 집사는 찔리는 모양이었다. 양미간이 올라가며 얼굴 표정이 구겨졌다. 오 집사에게 인사를 건네고 나는 서둘러 교회를 빠져나왔다. 남양주까지 거리가 멀었다. 남양주에 남편이 다니는 교회에서 믿음생활을 착실히 해야 할 것인데, 남편 따로 나 따로 따로국밥처럼 언제까지 이 먼 거리를 다니며 예배를 드리러 와야 하는지, 나도 지쳐가고 있었다. 정든 사람들을 끊고 새로운 사람들과 관계를 맺고 그 속에서 하나님의 사랑을 이어 간다는 것이 쉬운 일만은 아니었다. 새로운 교회에서 낯선 이들과 적응하는 것이 싫어서 먼 거리임에도 불구하고 교회에 오고 있는 것이 아닌가. 하지만 기름값을 들여 가며 1시간 이상 운전을 해서 와야 하는 교회를 오래도록 다닐 수 없다는 것은 내 자신이 더 잘 알고 있었다. 적당한 시점에서 20년 이상을 다닌 참사랑교회를 떠나야 한다는 것이었다. 그리고 다른 교회에 가서 사람들과 사귀며 신앙생활을 해야 한다는 것이었다. 낯선 것을 싫어하고 부끄러움을 많이 타는 내가 얼마나 관계에 잘 적응할 수 있을까? 적당히 사귀는 것은 누구나 할 수 있는 일이었다. 자기 자신에 대해 보여 주어야 할 것만 보여 주고 보여 주지 말아야 할 것을 보여 주지 않으면 되는 일이기 때문이다. 하지만 자기를 보여 주지 않고, 그 안에서 어떤 깊은 소통을 할 수 있다는 것인가? 충돌 없이 걱정도 없이 '적당히'.

민음이 좋은 집사님 부부의 딸로서, Q의 자살이 Q를 '적당히' 알았기 때문에 일어난 불행은 아니었던가? 어느 선까지 사랑해야 하는 것인지, 어느 선까지 사랑을 받아 주어야 하는 것인지… '적당함' 그 기준을 안다면 우리 인생의 복잡한 관계의 문제가 없을 것이다. '적당'하지만, '진정한' 관계로 이어 가고 싶은 그리스도인이라면, 그리스도인이 아니어도 관계지향적인 인간이라면 누구나 다 갖고 있는 욕망이 아니던가? 게다가 진정함이 없다면 대상을 향해 하나님께 진실한 중보기도를 올려 드리기가 어려울 것이다. 진정성 없이 입으로만 기도할 뿐일 것이다. 진실함과 적당함 두 단어가 머릿속에 굴러다니는 채로, 나의 차는 고속도로의 어둠을 뚫고 속도를 내어 남양주를 향해 달리고 있었다.

진실은 진실을 낳고

수치 드러내기 구역 편성이 되었다. 오 집사네와 최 집사네, 명 집사네, 홍 집사 부부, 그리고 내가 엮어졌다. 장 집사님은 구역장에서 빠지셨고, 오 집사가 구역장이었다. 일주일에 한 번씩 구역 예배를 드려야 하는데, 오 집사가 남양주까지 구역 예배를 드리러 오겠다고 열의를 보였다. 이 같은 상황에서 홍 집사와 장 집사가 구역 예배에 잘 참석할 수 있을지 의문이었다. 오 집사, 최 집사, 명 집사 가정에서 돌아가면서 구역 예배를 드릴 때마다 멀다는 이유를 대고 나는 구역 예배에 참석하지 않았다. 그런데 오 집사에게 전화가 왔다. 구슬 굴러가듯 정말 빠른 말씨인 오 집사가 말했다.

"박 선생, 장 집사님이 구역 예배를 드리시겠다고 하네. 나도 기대는 안 했는데 선뜻 오케이를 하셔서 놀랐어. 애가 방에서 목매달아 죽어서 나도 좀 꺼림칙한데… 우리가 기도를 세게 해주고 그 집안에 도는 악한 영들을 내쫓아야 하지 않겠어? 시간 되겠어요? 같이 갑시다."

홍 집사 부부 가정에서 구역 예배를 드린다고 하니 왠지 그 구역 예배만은 드려야 한다고 생각되었다. 이미 누군가가 함께 예배를 드렸어야 했다. 소문에 의하면 홍 집사가 집을 내놨다는 얘기도 들렸다. 나의 친정집과 불과 200미터 거리밖에 안 되는 곳으로, 멀지 않은 곳에 살고 있었다. 친정집을 갔다가 남양주로 다시 오기 위해 홍 집사 집 앞을 지나칠 때마다 한번 들러 인사를 해야 하는 것은 아닌가 하고 부담을 안고 있었던 것도 사실이었다. 나는 흔쾌히 대답했다.

"참석하겠습니다."

사흘 후, 구역원들은 장 집사와 홍 집사 가정에서 모였다. 예상과는 달리 집안은 대체적으로 깔끔하게 정리되어 있었다. 현관문에서 정면으로 보이는 아이보리 빛깔의 Q의 방 문이 굳건히 닫혀 있었다. 장 집사는 눈빛이 흐릿해진 채, 살이 빠져 초췌해 있었다. 날이면 날마다 눈물을 흘렸는지 거친 돌이 섞여 굴러가는 듯한 탁한 목소리를 내고 있었다. 장 집사는 쉰 목소리로 말했다.

"예배드리러 와줘서 고마워요. 박 선생님 집도 먼데 이렇게 와줘서 고마워요!"

Q가 죽은 지 한 달이 지나가고 있다. 고통이 있는 자에게 무엇으로 위로를 해야 하는가? 나는 또 망설여졌다. 자식의 죽음을 경험한 이가 얼마나 있을까? 고통의 깊이를 얼마나 알기에 제대로 위로를 할 수 있을까? 함께 울어 주는 것밖에는… 그리고 지옥에 갔는지 천당에 갔는지를 따질 것도 없이 하늘나라에 갔을 것이라는 확신을 주는 것 외에는 무엇을 할 수 있다는 말인가? 나이가 가장 어린 내가 분위기를 가볍게 만들기 위해 말했다.

"집사님, 집사님 계속 슬퍼하면 Q가 하늘나라에서 미안해서 더 슬퍼할 텐데… 이제 힘내세요!"

장 집사는 살짝 웃으면서 말했다.

"그렇게 말해 줘서 고마워요!"

오 집사 또한 구역장으로서 분위기를 띄우려고 애를 쓰면서 〈예수의 보혈 능력 있도다〉 찬송을 힘차게 선창했다. 예수가 십자가 위에서 흘린 보혈의 피가 집안의 악한 기운들을 다 씻어 냈으면 하는 마음에서 구역원들은 힘차게 찬송을 불렀다. 하지만 입만 웅얼거리는 듯 장 집사의 찬양 소리는 거의 흘러나오지 않았다. 구역 공과의 주제는 누가복음 24장 4절 말씀을 바탕으로 전달되는 〈예수 보혈〉이었다. 구역원들이 돌아가면서 한 사람씩 소주제 한 장씩 읽어 내려가는 형식으로 구역 예배를 드리는데, 우선은 오 집사가 구역장이기에 담임목사님처럼 카리스마가 담긴 목소리로 〈예수 보혈〉의 구역 공과 1장을 읽어 내려가기 시작했다. 오 집사는 정확한 발음으로 또박또박 내용을 읽어갔다.

"예수께서 힘쓰고 애써 더욱 간절히 기도하시니 땀이 땅에 떨어지는 핏방울같이 되더라(눅 22:44).

예수 그리스도께서 흘리신 피의 호소와 그 의미에 관해 여러분에게 말씀드리고자 합니다. 첫 번째가 피땀을 흘리셨다는 것입니다. 예수님께서는 십자가 고난을 앞두고 겟세마네 동산에서 기도를 하셨는데 얼마나 간절히 기도하셨는지 피땀을 흘리셨습니다. 온 인류의 죄를 다 짊어지시고 십자가에 달리셔야 할 예수님께서는 그 고뇌가 극도에 다다라 피땀을 흘리시게 된 것입니다. 그러므로 겟세마네 동산에서 예수 그리스도의 피는 결코 무의미하지 않습니다. 그 피는 거룩한 하나님의 아들의 흠 없는 피입니다. 그런데 이 피는 무엇을 호소하고 있을까요? 이 피는 하나님께 "네 원대로 마시옵고 아버지의 원대로 되기를 원하나이다."(눅 22:42)라고 호소하고 있습니다.

오늘날 예수님을 믿는 그리스도인들은 하나님의 뜻과 내 뜻 사이에서 무섭게 갈등하고 있습니다.

신앙이 성숙하고 깊어진다는 것은 무엇을 의미하겠습니까? 그것은 자아를 깨뜨리고 하나님의 뜻을 점점 따른다는 것을 의미합니다. 예수님께서는 겟세마네 동산에서 인간을 대신하여 온전한 기도를 드렸습니다. 예수님께서는 하나님의 뜻대로 되기를 기도하셨습니다. 하나님의 뜻은 무엇입니까? 그 뜻은 예수님께서 십자가에서 인류를 대신하여 속죄 죄물이 되시는 것입니다. 십자가의 고통은 말로 표현할 수 없는 엄청난 고통입니다. 죄가 없으신 예수님께서 십자가의 고통을 당하신다는 것은 인간적으로 보면 보통 억울한 일이 아닙니다. 그러나 하나님의 뜻을 택하셨습니다. 겟세마네 동산에서 예수께서 피를 흘리시면서도 "내 원대로 마시옵고 아버지의 원대로 되기를 원하나이다"(눅 22:42)라고 외치고 있습니다. 따라서 기도할 때 이 겟세마네 동산에서 흘리신 예수 보혈에 의지해서 "그 피의 능력으로 나를 깨뜨리시고 하나님의 뜻대로 살기를 원하나이다"라고 기도해야 합니다. 그럴 때 우리에게 하나님의 뜻대로 살 수 있는 능력이 임하는 것입니다. 이 피는 우리에게 큰 능력이 되고 증거가 됩니다. 마음이 원이로되 육신이 약하여 자꾸만 시험이 들 때, 우리는 이 피의 능력을 의지하여 더욱 강력하게 부르짖어야 할 것입니다."[49]

구역장답게 구역 공과 1장 말씀을 전하고 오 집사는 우리 구역원들에게 질문을 했다.

"예수 그리스도 십자가 보혈 앞에서 우리가 하나님 아버지의 뜻대로 해야 하는데, 하나님 앞에서 우리 자신이 내려놓지 못한 것이 있다면 무엇이 있는지 한번 돌아가면서 이야기를 나눠 봅시다."

자신이 내려놓지 못한 것을 이야기한다는 것은 육신의 죄를 하나님 앞에 고백하라는 의미였다. 구역원들은 머뭇거렸다. 홀로 독대하듯 하나님 앞에 하는 고백이라면 모를까 사람들 앞에서 자신의 수치를 공개하는 것은 쉽지 않은 고백이었다. 역시 오 집사가 먼저 이야기를 하기 시작했다.

"제가 먼저 얘기해 볼게요. 저는 사실 남편을 내려놓지 못하고 있어요. 우리 남편은 10년 전, 저와 재혼을 한 사람이에요. 알고 있는 분들도 있고, 모르는 분들도 계실 텐데… 저는 당시 노처녀였고, 애 아빠는 큰애를 데리고 살던 중에 저와 결혼을 했어요. 그런데 아이 문제로 첫 부

49   엄진용 〈주의 보혈〉 설교.

인을 가끔 만나는 것 같아요. 또 아이가 엄마를 가끔 몰래 만나는 것 같기도 하고, 그럼 제 마음이 불편해요. 남편을 뺏길 것 같은 불안감, 첫아이를 열심히 키웠는데, 크면 자기 엄마한테 가버리는 게 아닌가 하고 해주는 게 아깝기도 하고, 나도 모르게 거리를 두고 관심을 덜 갖게 되어요. 이 문제를 놓고 십자가 앞에 내려놓으려고 하는데 그게 쉽지가 않아요. 기도하고 나면 그때뿐이에요. 어차피 제가 결혼을 한 번 했던 사람과 결혼을 한 이상, 제가 평생 짊어지고 가야 할 십자가인 것을 아는데… 내려놓기가 쉽지 않습니다. 오늘 말씀을 보니, 내 의지로 제 가정을 지키려고 했기 때문에 일어나는 내 안에 갈등이며 혼란이었구나 싶습니다. 제 원대로 하지 마시고 하나님 아버지의 뜻대로 우리 가정이 이끌려 갈 터인데… 그것을 내려놓지 못하고 끙끙거리며 산 것이 주님 앞에 죄송하네요."

오 집사는 어느 누구보다도 자신의 상황과 감정을 잘 전달하고 있었다. 사뭇 진지했다. 나는 오 집사가 이혼남과 결혼했다는 것을 알고 있었다. 오 집사는 20대부터 청년부 활동을 했던 사람으로 청년부 회장을 할 정도로 어느 누구보다도 열심이었고, 이혼한 후 여섯 살밖에 안된 아이 하나를 데리고 살아가는 이 집사님과 결혼한 것은 15년 이상 교회에 다닌 분들이라면 다 알고 있는 사실이었다. 어느 누구보다도 잘 살고 있어 보이지 않았던가? 자신의 문제를 이렇게 쉽게 열어 말한다는 것은, 오 집사는 이미 오래전부터 자신의 문제로부터 자유로워져 있는지도 몰랐다.

오 집사와 동갑내기였고 친하게 지내는 착하고 온순해 보이는 명 집사는 모르고 있었던 모양이었다. 뽀글거리는 파마머리 얼굴 안에 담겨진 동그란 눈이 더 동그래지면서 기품이 담겨진 표정 속에 놀라는 기색이 역력했다. 이를 눈치 챈 오 집사는 명 집사에게 하나님 앞에 내려놓지 못한 것이 무엇이 있는지 마음을 열고 말하도록 독려했다. 하지만 명 집사는 이야기하고 싶어 하지 않았다. 오 집사는 키꺽다리라는 별명이 붙여질 정도로 키가 크고 기골이 남자처럼 장대한 최 집사에게 눈길을 보냈다. 남편의 폭력적인 행동 때문에 힘들게 살아가고 있는 최 집사에 게 부드럽게 물었다.

"최 집사님, 예수님 앞에 내려놓지 못한 것이 있다면 얘기해 보세요. 자유로워지실 거예요!"

최 집사는 얘기를 할 듯 말 듯하다가 가장 여성스러운 미성의 목소리 로 어렵게 얘기를 꺼내었다.

"제가 내려놓지 못하는 것은, 저 또한 남편이에요. 남편은 화가 나면 애들 앞에서든, 제 앞에서든 욕을 하는 일에 부끄러움이 없어요. 워낙 우 리 시부모님이 욕을 잘하는 분들이라 닮았나 보다 싶은데, 저는 그게 너 무 싫어요. 가끔 밖에서 스트레스가 많이 쌓이는 일이 있으면 술을 잔뜩 먹고 들어와서는 욕만 하는 게 아니고 미친 사람처럼 집안의 살림살이들 을 때려 부수거나 꼬투리를 잡아서 아이를 때리거나 가끔 저를 때리기도 해요. 정말 그런 일이 있을 때면 저도 남편을 죽이고 싶은 감정에 시달려 요. 그런데 술이 깨고 나면 손이 발이 되도록 빌어요. 그리고는 한동안 얼마나 잘해 주는지 몰라요. 남편이 하는 일이 아니라 술 마귀들이 남편 속에 들어가 남편을 미친 사람처럼 만드는 것이라고 마음을 다스리는데 도 이혼하고 싶은 감정에 너무나 시달려요. 내가 왜 저리 개차반 같은 인 간을 만났나 싶고… 아빠에 대해 아이들이 너무나 혼란스러워해요. 아 빠가 술이라도 먹고 오는 날이면 벌써 집안 분위기 파악을 하고 슬슬 아 빠를 피하고 주눅이 들어 있는 게 보여요. 얼마 전에도 또 그 미친병이 도져서 큰아이가 심하게 맞았어요. 이런 상황을 어떻게 신앙으로 극복 해야 하는지 모르겠어요. 이혼하고 말아야 하는 것인지, 남편이 예수님 앞으로 돌아와 그 인격이 변화될 때까지 기다려야 하는지 견디기가 너무나 어려워요! 그게 언제쯤인지 예수님께 묻고 싶어요!"

최 집사는 문제 있는 폭력 남편을 부끄러워하지 않고 전도해 보겠다고 가끔씩 교회로 데리고 나오고 있었다. 정말 인상 좋고 말할 수 없이 선하게 생긴 인상을 가진 남편이었다. 아마도 기골이 장대하고 키가 큰 최 집사 같은 마누라와 아이들을 때리는 폭력 남편이라고 하면 아무도 믿지 않을 것이다. 최 집사의 남편은 내면에 감춰지고 억압된 폭력성을 가장 보호해 줘야 할 가족들한테 풀고 있는 것이 아닌가 싶었다. 최 집사 남편의 이야기는 교회 내 중보기도팀의 팀원들은 대부분 알고 있던 터여서 모두가 남편의 변화를 위해 계속해서 기도하고 있기도 했다. 오 집사는 익히 아는 최 집사의 속풀이를 격려하며 말씀을 이어 갔다. 그리고 당부했다.

"우리가 개인적인 이야기를 마음을 열고 말씀드린 것은 중보기도를 부탁드리고 싶어서입니다. 육의 영들은 이성으로 자기를 조절하려고 하지만, 이성적인 능력이 떨어지고 철저히 감정적인 사람들은 감정으로 모든 것을 해결하려고 하기 때문에 더 많은 중보기도가 필요한 것 같아요. 자신의 상처 받은 감정을 상처를 준 가해자에게 가서 푸는 것이 아니라, 가장 연약하고 보호해야 할 가족들에게 스트레스를 풀어 대는 경우가 많습니다. 세상의 악한 습성들을 따르지 않겠다는 강한 신앙적인 결단이 필요한데 우리가 너무나 연약해요. 최 집사님 남편분 또한 스스로가 연약하여 자기 안의 분노와 혈기를 조절하지 못하는 거 아니겠어요? 폭력의 혈기들이 예수 보혈의 피로 사라지고 박멸되도록 새로 구성된 구역원 모두에게 중보기도 부탁드릴게요. 한 사람의 기도보다 여러 사람의 기도가 모여 하나님께로 상달되면 하나님께서 우리들의 아픔을 아시고 성령의 도우심을 받도록 해주시지 않겠어요? 기도해 주실 줄 믿고 다음 말씀을 이어 가겠습니다."

오 집사가 말했다.

"시계 방향으로 돌아가면서 읽어가면 됩니다. 이번에는 명 집사님 차례네요."

오 집사를 기준으로 오른쪽에 앉아 있었던 명 집사가 구역 공과 2장을 또박또박 읽어가기 시작했다.

"빌라도가 무리에게 만족을 주고자 하여 바라바는 놓아 주고 예수는 채찍질하고 십자가에 못 박히게 넘겨 주니라(막 15:15).

두 번째 예수님 피의 의미를 찾을 수 있는 곳은 빌라도 뜰에서 흘리신 피입니다. 예수님께서 맞으신 채찍은 보통 무서운 채찍이 아닙니다. 당시 사형수를 치는 채찍 끝에는 다섯 갈래의 가죽 끈이 있었습니다. 그 끝마다 예리한 갈고리가 붙어 있었습니다.

사람들이 이것을 맞게 되면 살이 파헤쳐져 극한 고통을 당하게 됩니다. 예수께서는 바로 이 무서운 채찍을 맞으신 것입니다. 그렇다면 예수님께서 채찍에 맞으셨다는 것은 무엇을 의미할까요? 선지자 이사야는 이 사실에 대해 "그가 채찍에 맞으므로 우리는 나음을 받았도다 그는 실로 우리의 질고를 지고 우리의 슬픔을 당하였거늘 여호와께서 그에게 상함을 받게 하시기를 원하사 질고를 당하게 하셨은즉"(사 53:4,5,10)이라고 예언하고 있습니다. 이에 대해 "예수께서 말씀으로 귀신들을 쫓아내시고 병든 자들을 다 고치시니 이는 선지자 이사야를 통하여 하신 말씀에 우리의 연약한 것을 친히 담당하시고 병을 짊어지셨도다 함을 이루려 하심이더라"(마 8:16-17)라고 기록되어 있습니다. 그러므로 예수님께서 빌라도의 뜰에서 흘리신 피의 의미는 바로 우리 질병의 치료에 있습니다. 예수님은 제자들을 각처로 보내시면서 "가면서 전파하여 말하되 천국이 가까이 왔다 하고 병든 자를 고치며 죽은 자를 살리며 나병 환자를 깨끗하게 하며 귀신을 쫓아내되 너희가 거저 받았으니 거저 주라"(마 10:7-8)고 하셨습니다.

그러므로 우리는 예수 그리스도의 보혈을 의지해서 질병 치료를 위해 강력하게 하나님께 기도해야 합니다. 예수 그리스도의 보혈에는 치료의 능력이 있습니다. 혹시 질병의 문제로 고통 중에 있으십니까? 보혈을 의지해서 하나님께 부르짖어 기도할 필요가 있습니다. 그 보혈의 능력으로 치료함을 받는 성도님들이 되셔야 합니다."

2천 년 전, 예수는 문둥병자와 장님, 열병환자, 앉은뱅이와 귀신 들린 자 등등 질고를 갖고 살아가는 수많은 당신의 자녀들을 고쳐 주지 아니했던가. 2장의 내용이 끝이 나자 오 집사는 구역원들 한 사람 한 사람의 얼굴을 바라보며 질문을 했다.

"예수님의 보혈에는 질병을 치료하는 능력이 있습니다. 우리 안에 육적으로 짊어지고 있는 병이 있으면 하나님 앞에 내어놓고 기도하십시다. 또 영적으로 해결되지 않은 영혼의 질병이 있다면 하나님 앞에 그 문제를 드리고 고백해야 할 것입니다. 예수님의 보혈은 우리의 모든 질고와 질병을 고쳐 주는 능력의 피잖아요. 저는 갑상선기능항진증이 있었어요. 알고 보니 한방에서는 갑상선이 화병으로 생기는 병이라고 하더라구요. 그래서 제 안의 울화들을 하나님께 울며 고백하며 나아갔더니 1년 만에 약도 끊고 깨끗이 나았습니다."

기도를 통해서 하나님께 치료를 받은 오 집사의 경험이 모두에게 힘을 주는 모양이었다. 최 집사가 다시 나서며 말했다.

"제가 최근에 자궁 검사를 받았는데 근종이 있다고 하네요. 조직 검사를 했는데, 혹 암은 아닌지 두렵고 걱정이 됩니다. 주님께서 제 근종을 예수 보혈로 씻어 주셔서 자궁 근종이 사라지는 역사가 일어날 수 있기를 기도합니다."

오 집사는 확신을 갖고 말했다.

"믿는 자 안에서 능치 못함이 없다고 하셨으니까 치료해 주실 거예요."

오 집사, 명 집사, 최 집사 모두가 아멘으로 화답을 해주었다. 하지만 장 집사만이 아멘으로 화답하지 않았다. 단지 피곤할 뿐인 것 같았다. 푹 들어가고 퀭한 눈으로 구역원들의 이야기를 듣고 있을 뿐이었다. 명 집사가 내내 망설거리는가 싶더니 나서서 고백하고 말았다.

"하나님께서 치료해 주실 것을 믿고 말씀드릴게요. 전 사실 남편이 직장 여직원과 10년 전에 바람을 피웠어요. 거의 이혼 지경까지 갔는데 마지막에 남편이 저를 붙잡더라고요. 바람은 피웠어도 월급을 타면 모든 돈을 다 갖다 주지 않았냐고, 남자에게 바람은 바람일 뿐이라고 하면서 저를 붙잡더라고요. 당시 저는 마음을 돌렸고 10년째 다시 부여잡으며 남편하고 살아보고 있어요. 그런데 우리 남편은 회사 일로 외국 바이어들을 대접하다 보면 외박을 자주 하는 편이에요. 해외 출장도 많고요. 그런데 남편에게 끝없이 의심이 가요. 옷에서 여자 향수 냄새가 난다든가 스마트폰 비밀번호 설정을 해놓은 것을 보면 화가 나고, 일거수일투족을 내가 알지 못하면 불안해서 견딜 수가 없어요. 불안을 이기려고 남편에게 하나하나 확인을 하면 남편은 짜증을 내면서 저에게 의처증이라고 병원에 가보라고 몰아붙여요. 내가 정말 의처증이 있는 것인지…."

나는 대책 없이 나서서 한 가지 제안을 하고 말았다.

"심리 상담을 한번 받아 보지 그러세요?"

분위기를 파악한 오 집사가 내 다리를 슬쩍 툭 치고 말았다.

"심리 상담을 받기 전에 하나님께 먼저 기도해 보는 것이 우선이죠."

나는 오 집사의 말에 신경 쓰지 않고 말했다.

"그것은 맞는 말인데…. 남편을 의심하는 것은 결국 내 안의 불안증 때문에 일어나는 문제들인데, 이미 용서했는데도 계속 남편을 의심하는 것은 남편에게도 힘든 일이겠지만 집사님 스스로도 굉장히 힘든 일일 거예요. 의심의 골을 파고드는 것은 집착의 하나예요. 왜 끝없는 집착과 불안증이 일어나는지 내면 깊이 살펴볼 필요가 있다고 봐요."

나의 파고드는 설명에 명 집사는 용기를 내서 말했다.

"왜 그렇게 집착을 하듯 의심을 끊어내지 못하는지 저 자신이 알고 있는 문제예요. 그래서 상담 치료를 받아 볼까 하다가 이것은 좀더 영적인 문제라고 보기 때문에 마음을 열고 얘기하는 거예요."

오 집사가 오히려 깊은 믿음을 갖고 위로했다.

"내 자신이 그것을 알고 있는 것은 하나님이 그 문제를 해결하고 계시다는 의미이기도 해요. 우리는 하나님의 자녀잖아요. 하나님은 우리의 일거수일투족을 다 아는 분이시니까 부끄러워하지 말고 하나님께 기도드려 봐요. 놀라운 역사가 일어날 거예요."

명 집사는 용기를 냈는지 부끄러워하지 않고 자신의 문제를 고백했다.

"사실은 저희 아버지가 바람을 피우셔서 저희 어머니가 저 어려서 이혼을 했어요. 어머니가 이혼의 아픔이 크셨는지 오랫동안 아무 일도 못하시고 우울증에 시달리셨어요."

명 집사는 어머니 얘기를 꺼내자마자 눈에 눈물이 그렁그렁 차 있었다.

"고등학교 3학년 때 어머니가 자살해서 돌아가셨어요. 그때부터 저는 저희 신랑하고 결혼하기 직전까지 저희 아버지와 살았어요."

명 집사의 솔직한 고백에 피곤에 지쳐 듣고만 있었던 장 집사가 눈을 휘둥그레 뜨며 귀를 귀울였다. 나는 장 집사의 모습을 보면서 이 예배 시간이 장 집사 가정을 위해 성령께서 인도하시는 치유의 시간이라고 여겨졌다. 아픔이 없는 사람은 아무도 없었다. 어쩌면 우리가 당한 아픔을 어떻게 지혜를 다해 이겨 내느냐가 삶인 듯했다. 장 집사가 한마디 거들었다.

"명 집사님, 아주 큰 아픔을 간직한 채로 살아오셨네요."

장 집사에게는 이런 일이 남의 일이 아니고 자신의 일이었는지 벌써부터 눈물이 글썽거렸다. 오 집사는 예배 분위기가 무르익어 가자 하나님이 함께하신다고 믿었는지 말씀을 이어 가기보다 구역원들 다 같이 서로가 서로의 손을 잡고 중보기도를 하는 시간을 갖는 것이 우선이라고 여긴 것 같았다. 오 집사는 그 자리에서 중보기도를 요청했다.

"우리 다음 말씀을 이어가기 전에, 지금 이 시간 마음을 열고 하나님 앞에 내어놓은 이 문제를 하나님께 올려 드립시다. 우리의 기도를 들으시는 성령께서 친히 예수 보혈의 피로 우리의 아픔을 만져 주시고 치료해 주시리라고 믿습니다."

구역원들은 모두 무릎을 꿇었다. 오 집사가 주여! 하고 큰 소리로 선창을 했다. 서로가 손에 손을 잡고 마음속으로 기도를 드리는 이는 마음속으로, 방언을 하는 이는 방언으로, 입으로 하는 이는 입으로 기도를 올려 드렸다. 5분간 각자 올려 드리는 기도의 영은 뜨겁게 심장에 내려와 우리 모두를 눈물 흘리게 했다.

나는 오 집사를 위해 기도했다. 오 집사에게 결혼을 한 번 한 남편과 자기 핏줄이 아닌 아이를 키워야 하는 십자가가 그리 큰 것인 줄은 미처 생각하지 못했다. 언제나 씩씩했고, 자기 의사 표현에 거침이 없는 성격이라 마음에 그런 연약함과 두려움이 있는지를 알지 못했다. 나는 하나님께 주님 안에서 어떤 사단마귀도 오 집사의 가정을 해치치 못하도록 예수님의 보혈이 그 가정을 건강하고 안전하게 지켜 주시기를 간절히 기도했다.

최 집사를 위해서도 기도했다. 최 집사의 남편 안의 폭력성이 하루라도 빨리 예수님의 보혈로 치료되고 교정되기를, 자신이 저지른 죄들을 하나님 앞에 속죄하고 폭력적인 행동을 하고 싶은 욕망들이 일어날 때마다 참고 견딜 수 있는 예수님의 온유한 성품과 기질로 변화시켜 주시기를 기도했다. 그래서 최 집사와 최 집사의 아이들이 남편과 아빠에게 받은 상처들을 치유받게 해주심으로, 그 가정에 언제나 평안이 임하게 해달라고 간절히 기도했다.

명 집사를 위해서도 기도했다. 아버지로부터 유전의 대를 이어 내려오는 바람이라는 악한 영이 주님의 보혈로 씻겨지기를, 그리고 부모의 이혼과 엄마의 자살로 어려서부터 천형처럼 파고들어 명 집사 자신을 괴롭히는 분리불안증이 예수 보혈의 피로 깨끗이 치유함 받기를 간절히 기도했다. 분리불안증이 있었지만, 남편의 바람 때문에 분리불안증은 숨겨지고 오히려 방어벽처럼 일어나는 의심과 집착의 골을 끊어내고 있지 못하는 것임을 알 수 있었다. 나는 버림받을지 모른다는, 명 집사가 어린 시절부터 갖고 있는 내면의 분리불안증을 주님의 보혈로 씻어 달라고 기도했다. 명 집사에게 주님의 깊은 평안이 임하여서 깊은 평안을 누리며 살게 해달라고 기도했다.

Q의 자살로 상실감에 헤어 나오지 못하는 장 집사의 가정을 위해서도 기도했다. 자기 스스로 목숨을 끊어 낼 수 있다고 믿는, 그래서 하나님의 실존 자체를 무너뜨리고 하나님의 영광을 가리는 악한 자살의 영들이 이 지구 밖으로 사라지기를, 박멸되기를 간절히 기도드렸다. 군대 마귀와 같은 악한 영들이 다가온다 할지라도 예수 그리스도의 십자가 보혈이 온 교회에 둘러싸여 있음으로 인해 교회를 지켜 주시기를, 하나님의 자녀, 교회에 속한 성도의 가정을 지켜 주시기를!

수치 품어주기 2,000년 전, 마가의 다락방에 성령의 불이 내려온 것처럼, 20분간 중보기도가 뜨겁게 펼쳐졌다. 기도가 끝나자 구역원들의 해결되지 못하고 묵혀온 감정들이 허공으로 사라지고 평안이 임한 듯했다. 눈물 흘리며 뜨거운 기도를 드려서인지 눈빛들이 맑아져 갔다. 침울한 분위기도 어느덧 사라졌다. 이번에는 구역 공과 3장의 말씀을 명 집사 옆에 앉아 있었던 내가 자세를 바로잡고 목소리를 가다듬어 읽어 내려갔다.

"군인들이 예수를 끌고 브라이도리온이라는 뜰 안으로 들어가서 온 군대를 모으고 예수에게 자색 옷을 입히고 가시관을 엮어 씌우고(막 15:16-17).

예수님은 가시 면류관으로 인해 피를 흘리셨습니다. 가시 면류관을 쓸 때 이 가시는 우리나라의 찔레 가시와 다릅니다. 이것은 어른 새끼손가락 굵기만 한 것입니다. 예수님께서 쓰신 가시 면류관에는 이런 가시들이 수없이 많았을 것입니다. 이런 가시들이 예수님의 머리에 박혔다고 생각해 보십시오. 얼마나 많은 피를 흘리셨겠습니까? 예수님의 피가 무의미하게 땅에 떨어졌다고 생각하십니까? 그 피는 죄도 없고, 흠도 없는 하나님 아들의 피입니다. 예수께서 쓰신 가시 면류관은 저주를 상징합니다. 예수께서 아담의 범죄가 몰고 온 인류의 저주를 속량하시기 위해 가시 면류관을 쓰시고 피를 흘리신 것입니다. 예수님의 피는 하나님 앞에서 인간의 저주의 속량에 대해 호소하고 계신 것입니다. 따라서 누구든지 예수의 보혈을 의지하는 사람은 저주에서 해방을 얻고, 아브라함이 받았던 복에 참여할 수 있습니다. 하나님을 믿는 우리는 아브라함의 복에 참여할 수 있도록 선택받은 존재들입니다. 그러므로 우리는 예수 그리스도의 보혈을 통해 저주에서 해방을 얻었다는 마음을 가지고 우리 안에 깊은 수치심, 악한 것으로 포장되어 있는 방어벽, 부정적인 생각, 불안의식, 분리불안증, 열등의식, 피해의식 등 우리 안에 깊이 박혀 있는 마음의 가시들을 뽑아 버려야 할 것입니다. 우리가 뽑고 싶지 않아도 우리가 예수 그리스도의 산 자의 영 안에 거하면 우리 안에 계신 예수님의 영이, 2,000년 전 십자가에 못 박히심으로 우리에게 저주에서 축복을, 억압에서 자유를 주셨습니다. 우리를 해방시켜 주신 것입니다. 성경은 말씀하고 계십니다. '우리 가운데 역사하시는 능력대로 우리의 온갖 구하는 것이나 생각하는 것에 더 넘치도록 능히 하실 이'라고 말씀하십니다. 성경은 인간의 생각이 얼마나 중요한가를 말씀하고 있습니다. 우리는 먼저 예수 보혈을 의지해서 생각을 바꾸어야 합니다. 이 변화된 생각을 통해 생각하는 것에 더 넘치도록 능히 하실 하나님은 우리에게 참되고 바른 복을 주십니다."

구역 공과 3장의 내용을 다 읽자, 오 집사는 장 집사를 바라보며 다정하고 부드럽게 물었다.

"집사님, 오늘 저희가 집사님 가정에 구역 예배 오기를 잘했지요? 성령께서 인도하신 예배라는 확신이 들지 않으세요? 저는 확신이 듭니다. 사실 우리 교회에 자살이라는 끔찍한 일이 일어나서 이런 일은 우리 교회에서 사라져야 한다고 믿었던 사람 중에 한 사람입니다. 그런데 오늘 말씀을 들어보니 하나님은 하나님의 아들 예수 그리스도의 가시 면류관의 고통으로, 피를 흘리심으로 우리의 죄를 속량하시고 이미 우리를 저주에서 해방과 자유를 주셨다는 사실이 새롭게 다가왔습니다. 장 집사님, 세상 사람들에게 알리고 싶지 않을 만큼 Q의 자살이 부끄러우실지 몰라요. 그래서 집도 내놓으시고 이사를 하고 교회를 떠나고 싶은 생각이 드셨을지도 몰라요. 그런데 오늘 말씀을 들어보니 저 또한 큰 깨달음을 얻었고, 생각에 변화가 있었습니다. 장 집사님의 생각에도 변화가 있지 않으세요? 그동안 교회 생활하면서 변화받지 못했던 마음의 가시들을 한번 고백해 보세요."

오 집사의 말이 떨어지기가 무섭게 장 집사는 정말 어린아이처럼 한참을 온몸을 들썩거리며 울었다. 장 집사는 눈물을 훔쳐 대며 울음 섞인 목소리로 울면서 말했다.

"우리 부부는 Q가 항상 완벽하기를 원했어요. Q는 실제로 못하는 게 없을 정도로 사람들 앞에서 늘 자랑거리였어요. 저희 부부는 신앙생활을 열심히 하니까 교회 성도들의 칭찬에 익숙해 있었던 모양이에요. 우리 딸아이도 그렇고요. 하지만 대학을 졸업하고 취직을 하면서부터 아이가 위축되고 자신 없어 했어요. 우리 부부도 늘 잘하는 아이에 익숙해 있다가 아이가 잘 못 해내는 모습을 보니까 인정하기 어려웠어요. 직장을 다니다가 적응을 하지 못하고 여러 번 들어갔다가 그만두는 일을 반복하고 집에서 게으름뱅이처럼 놀고 잠만 자는 모습이 싫었어요…. 다른 아이들은 취직도 잘하고 사회생활을 잘하고 있는데, 내 자식만 집에서 놀고 빈둥거리는 모습이 싫고, 아이가 부끄럽고 창피해지더라고요. 어떤 때는 우울증에 걸려 있는 아이가 교회에 나오는 것도 부끄럽고 창피하다는 생각이 들었어요…. 하나님께서 저를 통해 주신 하나님의 자녀임에도 불구하고 제 육신의 소유물처럼 자랑거리로만 여겼을 뿐, 자랑으로 여길 수 없으니 아이를 창피해하고 부끄러워했어요. 이런 생각들이 아이를 얼마나 힘들게 하는 일이었는지도 모르고 채근만 했을 뿐이에요…. 아이가 죽기 2주 전에 홍 집사가 딸아이가 잠만 자고 게으르다고 심하게 매질을 했어요. 저 또한 정신 좀 차려야 한다 싶어 아빠한테 맞고 있는 딸아이를 지켜만 보고 있었어요. 그게 너무나 후회스러워요…."

장 집사의 뺨을 타고 쉼 없이 눈물이 흘러내렸다. 울먹거리며 말을 이어갔다.

"게으른 것도 아니고, 우울증에 걸려 그렇게 행동한 것인데, 매정한 엄마와 아빠 속에 살려니 Q가 너무나 힘들었을 거예요. 신실하게 믿는다고 하는 가정에서 아이를 하나님 앞에 인도하기는커녕 자살을 해서 죽게 했으니, 이 죄를 어떻게 해요? 주여! 딸아이가 자살하기까지 어디서부터 어떻게 잘못된 것인가요? 주여! 우리가 하나님 앞에 제대로 신앙생활을 하지도 못하면서 겉으로만 믿는 척을 하고 살았나 봐요. 이 죄를 어쩌면 좋아요? 주여! 주여!"

나 또한 눈물을 글썽거렸다. 온전하려고 하지만 온전할 수 없는 것이 인간인 모양이었다. 나는 위로의 말을 해주었다.

"장 집사님, 우리 모두는 연약한 사람들이에요. 누구의 책임이라고 말할 수 있겠어요?"

최 집사도 눈물을 흘리며 거들면서 말했다.

"장 집사님, 너무 자책하지 마세요. 그렇게 따지면 완벽하게 신앙생활하는 사람이 몇이나 되겠어요? 늘 거룩하게 살아 보려고 노력하며 애쓰는 거죠."

명 집사 또한 위로의 말을 해주었다,

"장 집사님, Q가 장 집사님과 홍 집사님이 이렇듯 마음 아파하는 거 알면 Q도 자신의 선택을 후회할 거예요. 이제 그만 슬퍼하셔요. 산 사람은 살아야지요. 둘째 아이가 있잖아요. 둘째 아이를 생각해서라도 마음을 굳게 먹고 살아가셔요."

오 집사는 장 집사 가정에 현재 벌어진 문제를 직접적으로 말했다.

"장 집사님, 이사 가시려는 계획을 일단 접으세요. 20년을 넘게 한 교회에서 열심히 봉사하셨는데 이런 일로 교회를 떠난다면 우리 교회는 무너지고 말 거예요. 집사님이 Q의 죽음이 원인이 되어 교회를 떠난다면 재혼인 저희 남편과 결혼을 한 저도 교회를 떠나야 하고, 부모의 이혼으로 엄마가 자살을 해서 죽은 명 집사도 떠나야 하고, 우리 모두는 떠나야 하는 거 아닌가요? 상처 없는 사람이 어디 있겠어요? 세상 사람들은 이런 일이 있으면 도망가고 회피하고 말면 그뿐이지만, 우리 그리스도인들은 하나님이 살아 계시는데 우리가 피하고 도망가 봐야 하나님 손바닥 아닌가요? 우리는 100% 연약한 죄인이잖아요. 이 죄인들이 도망칠 곳이 어디 있어요? 죄를 주님 앞에 들고 나아가 우리의 죄를 씻어 달라고, 부끄러움을 씻어 달라고, 사람들 속에서 이 수치를 가려 달라고, 용서해 달라고 기도하는 수밖에 더 있어요? 여기서 해결하지 못하면 다른 곳에 가서 다시 똑같은 문제를 만나 우리는 괴로워하며 방황하고 유리하며 살아갈 거예요. 장 집사님, 예수 보혈의 능력 안에서 우리에게 일어난 이 위기를 지혜롭게 이겨내 보아요. 하나님이 우리의 죄를 속량해 주시고 해방시켜 주시고, 자유를 주신다고 약속하셨잖아요!"

오 집사는 얼마 전만 해도 자살 사건은 교회에 있을 수 없는 일이니 홍 집사와 장 집사 부부가 떠나야 한다고 주장하지 않았던가? 지난번 교회에서 말거리가 되게 한 것에 대한 후회와 미안함을 상쇄하고 싶었던 모양이었다. 아마도 '예수 보혈'이라는 하나님의 말씀을 준비하고 구역원들에게 전하면서 스스로 생각과 마음이 변화되었을지 모른다고 나는 생각했다. 하나님 말씀은 역시 감정과 생각을 쪼개고 영혼을 쪼개어 우리를 변화시킨다는 명쾌한 진리 앞에서, 말에 말을 낳고 말거리를 양산하는 세상적인 선택 그 자체를 모방하지는 않는다는 것만으로도 역시 오 집사가 신앙인임이 느껴졌다.

오 집사는 신앙의 본질을 알고 있었다. 본질을 알고 있으니 오 집사의 입술은 진실을 말하고 있었다. 오 집사가 말하는 것이 아닌 것 같았다. 진실을 말하는 용기와 담대함은 오 집사의 입술을 붙들고 있는, 보이지는 않지만 우리 구역원 모두를 움직이시는 성령께서 하시는 일이라고 확신했다. 진심 어린 표정이었고, 마음이었고, 영혼 속에서 우러난 말이었다. 나를 비롯해 명 집사, 최 집사 등 구역원 모두 고개를 끄덕였고 호응했다. 명 집사가 누군가 질문을 던지지도 않았는데 자신의 이야기를 말하기 시작했다.

"장 집사님, 저도 엄마의 자살로 10년 넘게 힘들게 살았어요. 엄마가 남겨 주고 간 해결되지 않은 수치심은 우리 첫아이 양육에도 영향을 미치더라구요. 죽고 말면 그뿐이라는 마귀적인 생각이 저를 사로잡아서 아이를 충분히 사랑해 주지 못했어요. 아직도 순간순간 자유롭지 못하지만, 교회를 다니고 신앙을 갖고 나서부터는 사람들 앞에서 털어놓고 얘기할 수 있을 만큼 하나님 은혜 안에서 자유로워진 것도 사실이에요. 그렇게 되기까지 교회 성도들의 많은 중보기도와 사랑이 저를 그 문제로부터 벗어날 수 있게 해주었어요. 교회를 떠나지 마시고 우리 함께 신앙생활하면서 이 문제를 놓고 기도하면서 극복해 보아요. 사람들의 시선을 피해 사는 것은 세상적인 선택이고 가장 쉬운 선택이에요. 하지만 문제를 안고 견디며 이겨 내는 것은 더욱 어려운 선택이죠. 하지만 오늘 말씀처럼 예수 보혈이라는 큰 무기가 우리에게 있잖아요. 저는 예수님이 예수 보혈의 능력으로 우리 모두를 치유해 주실 것을 믿어요!"

친정 엄마의 자살을 경험한 명 집사의 말은 그 어떤 말보다도 장 집사에게 힘 있고 영향력 있는 위로였다. 나를 비롯해 오 집사와 최 집사는 장 집사를 위해 기도해 주었고, 명 집사는 방바닥에 엎어져 통곡하며 울고 있는 장 집사의 손을 꼭 잡아주며 등을 쓰다듬어 주었다. 오 집사는 장 집사가 흐느끼도록 둔 채, 눈물 어린 목소리로 구역 공과 4장에 기록된 네 번째 '예수 보혈'의 의미를 읽어 내려가며 전하고 있었다.

"네 번째 예수 보혈은 십자가 보혈입니다. 예수님께서는 아침 9시에서 오후 3시까지 십자가에서 고통을 당하셨습니다. 십자가에 못 박히신 예수님은 온몸이 피로 물들었습니다. 예수님께서는 최후로 '아버지 내 영혼을 아버지 손에 부탁하나이다'(눅 23:46)라고 하신 후에 운명하셨습니다. 예수님께서 운명하시고 난 다음에 로마 군인이 예수님의 옆구리를 찔렀습니다. 예수님께서는 이를 통해 물과 피를 다 쏟으셨습니다. 이 그리스도의 피가 오늘날 무엇을 외치고 있습니까? 성경은 말씀하십니다. '율법을 따라 거의 모든 물건이 피로써 정결하게 되나니 피흘림이 없은즉 사함이 없느니라'(히 9:22) 그러므로 예수 그리스도의 피는 죄사함에 대한 증거가 있습니다.

예수 그리스도의 피는 아담 이후에 우리가 가지고 있는 원죄[50]와 자범죄[51]를 정결케 해줍니다. 그러므로 예수 그리스도의 피의 공로를 의지하는 사람은 하나님의 진노와 심판을 면할 수 있습니다. 죄의 삯은 사망입니다. 죄를 지은 영혼은 죽습니다. 그러나 그 보혈을 의지하는 사람은 죄인에서 의인이 되었기 때문에 하나님의 심판에 이르지 않습니다. 아벨의 피는 자신의 억울함을 호소하고 있지만 예수님의 피는 인류의 구원과 축복을 호소하고 있습니다. 그러므로 기도할 때마다 예수 그리스도의 보혈을 주장하십시오. '예수 그리스도의 피로 저의 삶을 지켜 주옵소서!'라고 기도할 때, 사단 마귀의 세력이 우리를 해치지 못합니다. 오늘날에도 예수 그리스도의 피는 하나님의 보좌를 향해 호소하고 있습니다. 예수의

---

50 아담이 낙원에서 선악과를 먹지 말라는 하나님의 명령을 어기고 선악과를 따 먹은 죄를 말하며, 정녕 죽으리라는 경고를 무시하고 사탄에 의해 속임을 받아 선악과를 따 먹음으로 영은 죽고 육과 혼만이 남아 있는 인간들의 죄를 원죄라고 한다.

51 알게 모르게 스스로 지은 죄로서 시내산에서 받은 십계명의 율법을 100% 지키지 못한 죄, 예수님 믿기 전까지의 죄를 통틀어서 지은 죄를 자범죄라 한다. 예수를 구주로 영접하고 마음으로 믿고 예수의 피의 공로에 의지하여 회개하면 용서함을 받는다.

피는 복수를 부르짖는 피가 아닙니다. 예수님의 피는 사랑과 치료와 축복과 용서와 화해와 보호를 부르짖는 고귀하고 거룩한 피입니다. 우리는 이스라엘 백성이 어린양의 피를 문설주에 바름으로 죽음의 권세에서 놓여나고, 애굽의 압제에서 구원을 얻어 결국 젖과 꿀이 흐르는 가나안에 들어간 사실을 알고 있습니다. 이제 구역원분들은 예수 그리스도의 피를 믿음으로 받아들여 죄와 절망과 질병과 저주에서 해방을 얻고 축복의 땅을 향해 위대한 행진을 하게 되시기를 기도드립니다."[52]

구역 공과 1장부터 4장까지의 말씀은 끝이 났다. 구역원들은 하나님 앞에 자신의 문제와 가족 같은 구역원들의 문제 해결을 위해 진심으로 중보기도했다. 예수님의 십자가 보혈의 능력이 구역원 모두의 상처와 아픔을 치유해 주셨을 것을 믿었다. 오 집사는 대표로 마무리 기도를 드렸다.

"예수님, 예수님 보혈이 얼마나 권세가 있고 능력이 있는가를 배웠습니다. 이제 예수 보혈의 공로에 의지하여, 연약하여 죄를 저지를 수밖에 없는 우리의 수치와 죄와 허물을 들고 주님 앞에 나아가 고백했습니다. 이 시간 우리의 고백이 세상의 사단에 휩쓸려 집단의 구설과 말놀이에 휩쓸리지 말게 해주시고, 예수 보혈의 공로 속에서 온전히 우리의 상처와 아픔을 내어놓았사오니 치료해 주시고 회복시켜 주시옵소서. 서로의 아픔을 알았으니 주님께 은밀히 중보기도하게 해주셔서 감사합니다. 한 사람 한 사람의 진심 어린 중보기도가 하늘에 쌓여 주님께로부터 응답받아 우리의 모든 상처와 아픔으로부터 자유로워지며 회복을 누리는 삶을 경험할 줄로 믿습니다. 회복의 체험과 증거 때문에 2,000년 전

<hr />

[52] 엄진용 〈예수 보혈〉 설교.

예수님이 지금 이 순간에도 내 안에 살아 있으시다는 사실을 깨달아 알게 하옵시고, 예수님을 전하는 증인의 삶을 살게 하옵소서. 날이면 날마다, 우리가 호흡하는 순간마다 살아 계신 예수님의 은혜 안에 살 수 있도록 우리 구역 가족들 모두에게 복 주시기를 예수님의 이름으로 간절히 기도드립니다."

한 시간 반이 넘어서 구역 예배가 끝났다. 장 집사의 집을 나서는데 장 집사는 고맙다는 말을 몇 번씩 되뇌며 인사를 건넸다. 구역원들 모두가 부흥집회를 하듯 소그룹 모임에서 하나님 앞에 모든 것을 내어놓고 나니 마음이 가벼워진 모양이었다. 가식 없이, 자기 과장도 없이, 나를 비롯해 구역원 모두가 솔직했고, 진실했던 시간이 아니었던가? 카타르시스를 느끼게 할 만큼 성령께서 함께하신 정화된 예배였다고 나는 확신했다. 아침 햇살처럼 구역원들의 표정들은 더욱 밝아졌고, 표정에 미소와 온화함이 넘쳐났다. 나는 예수를 믿는 이들의 모임이 얼마나 아름다운 일인가를 생각했다.

인간적이고 육적인 감정들이 채워져 다시 일주일 후, 한 달 후, 세상의 육적인 피로 다시 물든다 할지라도 예수 보혈 안에서 사랑과 치료와 축복과 용서와 화해와 보호를 부르짖는 고귀하고 거룩한 피, 그 성스런 피를 우리의 인격과 영혼 속에 받아들인 이 경험 때문에, 반복적으로 이루어지는 이 성결한 경험 때문에, 우리는 예수를 떠나지 못하고 예수 그리스도 곁에 붙어살고 있지 않은가. 죄 지으면 또 죄를 고백하고, 용서해달라고 몸부림치면서 일평생 하나님을 아바 아버지라고 부르며 살고 있지 아니한가. 이 아바 아버지 때문에, 예수 그리스도의 삶을 전인격적으로 모방하고, 예수가 이 땅에 남겨놓고 간 '말씀'의 본질을 모방하고, 이것이 '기준'이 되어 우리는 흔들리지 않고, 그럼에도 불구하고, 하나님을 사랑하고, 이웃을 사랑하며 예수 그리스도를 부르짖으며 '건강'하고

'진정성' 있게 살려고 애쓰고 있지 아니한가? 진실은 진실을 낳고… 진실을 양산하며 진실을 확산한다. 진정성은 진정성을 낳고… 진정성을 양산하며 진정성을 확산한다. 이것이 내가 다니는 교회고, 내가 살고 있는 이 땅에 교회이지 않은가? 한 시간 반의 은혜를 잃지 않으려는 구역원 가족들의 화창한 침묵 속에서, 장 집사의 집을 빠져나오는 그 가벼운 발걸음 속에서, 전봇대 네온사인 아래로 교회까지 펼쳐져 있는 친정 동네 골목길 거리 위에서 나는 성령 예수 그리스도가 바로 옆에서 미소 짓고 있음을 느낄 수 있었다. 나는 마음속으로 외쳤다. 하나님, 땡큐!

부끄러움으로부터 자유, 사랑

회복 Q가 죽은 이후 1년이 지났다. 말씀 앞에서 참사랑교회 성도들은 매주 기도회 때마다 모두 속죄와 회개를 드렸고, 찬양을 드렸다. 선한 영의 충만한 기운이 참사랑교회에 퍼져 있던 무기력의 기운들을 서서히 밀어내고 있음을 나는 느낄 수 있었다. 다시 성도들은 즐거움과 기쁨을 회복했다. 홍 집사와 장 집사 부부는 교회를 떠나지 않았다. 홍 집사와 장 집사 부부를 향한 곱지 않은 시선과 수군거림 또한 여전히 남아 있었지만, 홍 집사와 장 집사는 극복해 가고 있었다. 자신들의 수치로부터 서서히 자유로워지기 위해 애쓰고 있었다. 한쪽 시선은 이들을 격려했다. 교회의 살림살이를 도맡았던 홍 집사는 서서히 살림살이에서 손을 떼려 했지만, 김 목사는 계속해서 회계를 맡도록 권했다. 대신 권사들을 세워 재정에 관여하고, 각 기관이 자율적으로 필요한 것들을 회의를 통해 합의하여 자율적으로 재정부에 올리도록 했다.

홍 집사와 장 집사 부부는 한결같이 주일 첫 예배 한 시간 전부터 나와 주보를 주며 성도를 맞이하는 봉사를 했다. 다른 어떤 권사나 집사보다도 철저히 예배 봉사를 부지런히 했다. 돈과 시간 관리에 누구보다도 철저한 것이 홍 집사였다. 그래서 교회는 항상 재정적으로 깨끗했다. 덕분에 김 목사는 재정에 신경을 쓸 필요가 없었다.

김 목사는 지난 5년 동안 무엇 하나 흠잡을 곳이 없는 홍 집사의 완벽주의를 불편해했던 것도 사실이었다. 하지만 Q가 죽은 이후, 김 목사는 홍 집사를 사랑하려고 애썼다. 홍 집사는 김 목사 자신보다 네 살이나 어린 동생이었다. 동생을 사랑하듯 사랑으로 섬기기로 작정한 모양이었다. 김 목사에게 선물한 체크무늬 홍적색 넥타이를 어느 날부터인가 홍 집사가 걸치고 다녔다. 보라색 와이셔츠 또한 홍 집사가 입고 다녔다. 김 목사에게 선물한 물건은 무감한 홍 집사에게 전해졌고 애정은 그렇게 번져 나가고 있었다. 명 집사가 마음먹고 산, 김 목사 사모에게 선물한 백화점 샤넬 스카프는 장 집사가 걸치고 다녔다. 성의를 무시해 기분 나쁘다고 명 집사는 쑥덕거렸지만, 선물이 선물을 낳는 모습에 나와 명 집사는 웃어넘기고 말았다. 오히려 김 목사와 사모를 더욱 존경할 수 있었다.

처음에는 황당했지만, 사랑을 전하고 싶은 그 마음을 알고 나니 흐뭇했다. 권위가 묻어 있는 예의 바르고 무뚝뚝한 사람에서 홍 집사는 미소 짓는 표정으로 수줍어할 줄 아는 어린아이 같은 순수한 표정으로 얼굴이 변해 가고 있었다. 주변 사람들의 실수를 넉넉히 인정하는 유쾌하고 여유로운 사람이 되어 갔다. 장 집사 또한 긴 슬픔을 걷어내고 1년 뒤 딸의 죽음에 대한 아픔을 이겨 내려고 심리상담공부를 시작했다. 분명한 것은 홍 집사 부부는 밝아지고 있다는 사실이었다. 어쩌면 참사랑교회에서 가장 사랑이 필요했던 사람들이 홍 집사와 장 집사 부부였는지도 몰랐다.

김 목사는 6개월 내내 사랑을 주제로 한 설교를 했다. 교회 안에 아무리 굳건한 믿음과 기도와 찬양 그리고 다양한 은사들이 넘쳐 은혜가 뜨겁게 채워져 있어도 성도 간의 사랑이 없으면 아무 소용이 없다는 사실을 잘 알고 있었기 때문이 아니었을까? 고린도전서 13장 1-3절에 나오는 "내가 사람의 방언과 천사의 말을 할지라도 사랑이 없으면 소리 나는 구리와 울리는 꽹과리가 되고 내가 예언하는 능력이 있어 모든 비밀과 모든 지식을 알고 또 산을 옮길 만한 모든 믿음이 있을지라도 사랑이 없으면 내가 아무 것도 아니요 내가 내게 있는 모든 것으로 구제하고 또 내 몸을 불사르게 내줄지라도 사랑이 없으면 내게 아무 유익이 없느니라"는 말씀처럼, 김 목사 부부가 표정이 달라지면서 홍 집사와 장 집사에게 사랑을 손수 실천하는 모습은 아름다웠다. 300명 정도 되는 교회에서 목회자의 활동비가 얼마나 나오겠는가? 성도들에게 받은 선물을 다시 사랑이 필요한 성도들에게 나눠 주는 모습은, 목회자가 말로도 사랑을 설교하고, 몸으로도 사랑을 설교하는 것이나 마찬가지였다. 영육이 균형을 이루는 깊은 영혼의 설교는 감동으로 다가왔다.

"사랑하는 자들아 우리가 서로 사랑하자 사랑은 하나님께 속한 것이니 사랑하는 자마다 하나님으로부터 나서 하나님을 알고 사랑하지 아니하는 자는 하나님을 알지 못하나니 이는 하나님은 사랑이심이라(요일 4:7-8).

남녀의 이성 간의 사랑이든, 가족 혈육 간의 사랑이든, 부부간의 사랑이든, 부모 자식 간의 사랑이든, 세상의 사랑은 조건적인 사랑입니다. 하지만 하나님의 사랑, 아가페는 무조건적인 사랑입니다. 아가페의 문자적 의미를 생각해 보겠습니다. 아가페는 사랑을 뜻하는 명사이고, '사랑하다'는 의미의 동사는 '아가파오'입니다. '아가파오'의 첫 번째 의미는 '기뻐하다'입니다. 사랑은 기뻐하는 것입니다. 언제 어디에서나 누군가를 생각하기만 해도 마냥 기쁘다면 그것은 그 사람을 사랑하기 때문입니다. '아가파오'의 두 번째 뜻은 '잘되기를 바라다'입니다. 입으로는 사랑한다고 말하지만 속으로는 상대가 잘못되기를 바라는 것은 사랑이 아닙니다. 부모가 대학입시를 앞둔 자녀를 위해 새벽부터 교회에 나가 기도하는 것은 사랑하는 자식이 잘되기를 바라기 때문입니다. '아가파오'의 세 번째 의미는 '귀하게 여기다'입니다. 사랑은 사랑의 대상을 귀하게 여기는 것입니다. 사랑하면 상대의 소유를 귀하게 여깁니다. 사랑하면 상대의 생각과 계획을 귀하게 여깁니다. 사랑하면 상대의 살아가는 방법과 행하는 일을 귀하게 여깁니다. 사랑하면 또한 상대가 자신과 다르다는 사실을 귀하게 여깁니다. 그래서 사랑하면 네가 틀렸다고 말하지 않습니다. 사랑은 서로 다름을 인정하고 존중하는 것입니다. 프랑스의 여성 문학가이자 철학자인 시몬느 베유는 '사랑은 상대와 자신의 거리를 사랑하는 것이다'라고 했습니다. 우리는 상대가 언제나 나 자신과 똑같기를 원합니다. 그래서 서로 부딪칩니다. 참된 사랑은 상대방과 자신의 거리, 즉 다름을 귀하게 여기는 것입니다. 그 거리가 길면 긴 만큼, 그 다름이 크면 큰 만큼 더 사랑하는 것입니다. 그래서 사랑은 아름다운 조화의 꽃입니다."[53]

영혼의 설교처럼, 김 목사 부부의 사랑의 실천은 성도들에게 모델링이 되어 사랑을 모방하도록 만들었다. 서로가 입지 않은 성한 옷들을 선물로 주고받도록 하는 붐이 한동안 일었다. 선물한 옷들을 서로가 입고 다님으로써 사랑이 확인되니 성도들은 서로에게 정을 느꼈고, 성도들은 교회 생활에 즐거움이 넘쳤다. 선물 교환은 어려운 이웃들에게 자신의 옷이 전달될 수 있도록 한 바자회의 시발점이 되었다.

바자회의 옷들은 중국으로도 가고, 베트남으로도 갔다. 선교지가 있는 곳이면 곳곳에 멋지고 성한 옷들이 전달되었다. 게다가 집에 묵혀 있

---

53   이재철 《성숙자반》 '사랑' pp.382-385.

는 신앙 서적과 생활필수품들이 전달되도록 바자회는 확장되어서, 선한 일을 하는 데에 큰 수단이 되고 있었다. 비교 경쟁을 일삼는 세상은 시기와 질투를 모방하고, 이간질과 거짓을 모방하고, 탐욕을 모방하도록 조장하지만, 김 목사가 전하는 '사랑'의 말씀은 사랑을 모방하도록, 그래서 선한 일에 모두가 앞장서는 분위기를 만들어주었다. 순수하게 자기 것을 내놓는 분위기에도 비교나 경쟁, 그리고 사심도 없을 수는 없겠지만, 악한 분위기가 10%라면 선한 분위기는 90%였다. 그래서 다툼이 적었다. 말 그대로 헌신만이 가득 채워져 있었다. 자기 주장과 자기 과시가 있다 할지라도 하나님의 사랑에 대한 김 목사의 설교 앞에서 모두가 교정되었을 것이 분명했다.

교회는 Q가 죽은 지 1년 만에 100여 명 이상이 더 전도되었다. 상가 교회에 앉을 자리가 없을 정도로 늘어 교회는 3부 예배까지 예배 시간을 늘렸다. 재정이 늘면서 교회는 초대 목사님이 돌아가신 후, 사모님의 사역비를 한꺼번에 지불하느라 집을 내놓으면서까지 지불했던 사역비를 모두 홍 집사에게 되돌려 주었다. 되돌려 줌으로써, 겉으로 보기에 홍 집사와 장 집사 부부에게만 치중되었던 헌신이, 교회가 세워진 지 20년 만에 신앙심이 좋은 안수집사와 권사들, 구역장들에게 공평하게 분배가 되어 교회 안에서의 봉사와 섬김은 균형 있게 펼쳐졌다.

재정이 넉넉해졌다 하여 김 목사 부부는 원래 들어올 때 받았던 사례비에서 사례비를 더 요청하지 않았다. 교회 건립과 구제와 선교를 위해 돈을 비축해 줄 것을 요청했다. 김 목사는 목회자가 사례비를 후하게 받는 대접을 통해 사람들 입에 말거리가 되고 시기나 질투 등에 휘말리는 것을 경계했다. 오히려 교회가 온전히 교회의 이름처럼 '참사랑'이 있기를 성도들에게 간절히 소망했다. 생활신앙의 실천덕목을 '사랑'으로 정하고, 꼭 실천해야 할 선한 사랑이 무엇인지를 고린도전서 13장 1-7절 말씀의 의미를 풀어서 알기 쉽게 전해 주었다.

"부모와 자식을 향한 애정이든, 연인들 간의 에로스적인 사랑이든, 친구들과 동료들의 우정이든, 우정과 사랑을 나누는 사이임에도 불구하고, 우정과 사랑을 나누는 사람들이 서로 사랑하지 않는 사람들보다도 더 많이 시기[54] 질투하고, 자랑[55]하며, 교만[56]하고, 무례[57]하고, 성을 내며,[58] 자기 유익[59]만 구하고, 악한 것을 생각[60]하고, 불의를 기뻐하는[61] 경우가 많습니다. 이것은 자기 중심적이고 이기적인 감정이며 행동입니다. 이러한 감정과 행동은 사람과 사람을 연합시키지 못하고 분리시켜 증오심과 폭력을 불러일으킬 수 있습니다. 하물며 사랑하는 사람들이 자기 중심적인 이기심을 갖고 우정과 사랑을 나눈다면, 그것은 올바른 우정도 아니고, 사랑도 아닙니다. 상대의 이기적인 행동으로 인해, 사랑하는데 미워하고, 미워하는데 사랑하는 애증(愛憎)의 감정만 키워 혼란을 겪을 뿐입니다. 사단은 서로 사랑하는 사람들의 혼란 속에 교묘히 파고들

---

54 사랑을 깨뜨리는 첫 출발점이자 원인이 시기이다. 시기는 그릇된 경쟁의식의 산물이기 때문에 항상 상대적인 우월감이나 열등감으로 인한 고통을 안겨준다. 경쟁의식 자체는 나쁘지 않다. 서로의 진보를 위해 경쟁하고 그 결과를 받아들여 축하와 격려를 나눈다면 그것은 아름다운 사랑의 행위이다. 경계해야 할 것은 그릇된 경쟁의식이다. 그릇된 경쟁의식은 경쟁을 열등감과 우월감의 발로로 삼기에 항상 시기가 뒤따를 수밖에 없다. 이재철 《성숙자반》 '사랑' p.386.

55 우리말 '자랑하다'로 번역된 헬라어 '페르페류오마이'는 허풍선을 뜻하는 '페르페로스'에서 파생되었다. 사람들의 자랑은 자기의 우월성을 과시하거나 반대로 열등감을 감추기 위해 자신의 행위를 계속 과장하게 되는 것이다. 내가 나의 행위를 자랑하고 과장하는 한, 사랑이 불가능하다. 이재철 《성숙자반》 '사랑' p.387.

56 교만하다라는 의미의 헬라어 '휘시오'는 '부풀리다', '부풀게 하다'라는 의미이다. 자기 행위에 대한 자랑이 반복되다 보면 자기 자신을 부풀리게 된다. 이것이 교만이다. 교만은 실제 자기 자신보다 훨씬 높고 큰 사람으로 착각하는 것이다. 다시 말해 자신이 앉아야할 자리보다 훨씬 높은 자리에 자신을 앉히는 것이다. 허상의 자리에 앉아 있는 사람은 어느 누구도 사랑을 할 수 없다. 이재철 《성숙자반》 '사랑' p.387.

어 분리시키고 찢어발겨 이별하도록 만듭니다. 또 다른 우정의 대상을 찾아, 사랑의 대상을 찾아보지만, 자기 중심적이고 이기적인 사고와 감정을 버리지 않는 한, 그 어디에서 그 어떤 누구를 만나도 진정한 우정과 사랑을 나눌 수가 없습니다.

사랑하는 성도 여러분, 진정으로 서로가 서로를 사랑한다면, 서로를 위해 오래 참고,[62] 온유[63]하며, 진리와 함께 기뻐[64]하고, 모든 것을 참으며, 모든 것을 믿으며,[65] 모든 것을 바라며, 모든 것을 견디며[66] 진리와 함께 기뻐하는 것입니다. 그것이 하나님이 원하시는 사랑입니다. 하나님은 우리에게 명령하십니다. '서로 사랑하라 내가 너희를 사랑한 것 같이 너희도 서로 사랑하라 너희가 서로 사랑하면 이로써 모든 사람이 너희가 내 제자인 줄 알리라'(요 13:34-35) 또 말씀하십니다. 사랑은 이웃에게 악을 행하지 아니하나니 그러므로 사랑은 율법의 완성이라고 하셨습니다. 참사랑교회 성도 여러분, 사랑이신 하나님께서 당신의 자녀인 우리에게 서로 사랑하라고 명령하십니다. 주님의 명령처럼 서로 사

---

57 '무례하다'라는 '아스케모네오'는 상대방에게 돌아가야 할 존경과 명예를 인정하지 않는다는 것이다. 한마디로 상대에게 이치에 합당하게 대우해 주지 않는다는 것을 의미한다. 사랑은 수고한 사람에게 정말 수고했다고, 감사를 표해야 할 대상에게 대단히 감사하다고 존경과 명예를 돌려주는 것이다. 이재철 《성숙자반》 '사랑' pp.387-388.

58 바울이 얘기한 성은 우리가 일상생활에서 내는 화를 의미하지 않는다. 헬라어 '파록쉬노'는 발작적인 분노를 뜻한다. 영어로 발작을 '페럭시즘'(paroxysm)이라 하는데 헬라어 파록쉬노에서 유래한 말이다. 자기 것에만 집착하는 사람은 자기 것이 해를 받는다고 생각하여 발작적으로 반응한다. '파록쉬노'는 날카롭게 하다는 의미이다. 따라서 발작적으로 분노하는 것은 결국 자기 자신뿐 아니라 타인에게 날카로운 흉기가 된다는 말이다. 이재철 《성숙자반》 '사랑' p.389.

59 '자기의 유익'이라 하면 자칫 경제적 유익이라고 오해하기 쉽다. 헬라어 '타 헤아우테스'는 본래 '자기의 것'이라는 뜻이다. 그러므로 자기에게 속한 모든 것—기분, 감정, 몫 등 무엇이든 자기 것만 일방적으로 구하는 것이다. 이재철 《성숙자반》 '사랑' p.388.

랑하십시다!"

　김 목사는 타인을 사랑할 때 선한 사랑과 악한 사랑을 분별하도록 풀
어주고 있었다. 말씀 속에는 하나님 앞에 자기를 낮추고 겸손하고 겸허
한 사랑을 이웃에게 행하라 의미를 내포하고 있었다. 이것이 행해졌을
때 악은 사라지고, 우리에게 사랑은 보일 듯 보이지 않을 듯 유정물처럼
순수하고 평화스럽게 평강을 안고 고요한 강물처럼 흘러들어 온다는
사실이었다. 누군가가 나에게 사랑이 무엇이냐고 물어본다면, 나는 예
수가 '예수 보혈'로 인간들의 악을 씻겨 내듯이, 사람을 사랑한다는 것은
상대의 악을 씻겨 내는 작업이라고 말하고 싶었다. 불필요한 것을 제거

60　'생각하다'라는 헬라어 '로기조마이'는 '숙고하다', '계산하다'라는 뜻이다. '악'은 한마디
로 '공동선'을 해치는 것이다. 공동선을 해치는 악을 심사숙고하고 어떻게 해칠 수 있는
것인지 계산하는 이유는 간단하다. 그 사람이 자기의 유익만 구하는 독선적인 인간이
기 때문이다. 우리가 정말 사랑의 사람이 되기 위해서는 항상 공동선을 앞세워야 한다.
이재철 《성숙자반》 '사랑' p.390.

61　'기뻐하다'라는 헬라어 '카이로'는 매우 기뻐하는 상태를 의미한다. 불의를 기뻐하는 이
유는 간단하다. 불의를 저지를수록 자기에게 더 유익하다고 여기기 때문이다. 불의를
저질러 죽음과 같은 손해를 본다면 아무도 불의를 저지르지 않을 것이다. 세상의 많은
사람들은 불의를 통해 더 큰 유익을 누리지만 하나님께서는 마지막 날 결코 그냥 넘기
지 않을 것이다. 사랑은 모두를 생각하는 힘이기에 설령 자기에게 유익해 보인다 해도
불의를 기뻐할 수는 없다. 이재철 《성숙자반》 '사랑' p.390.

62　'오래 참다'라는 헬라어 '마크로뒤메오'는 대항하고 싶지만 힘이 부쳐 체념하는 참음부터,
능히 상대를 제압할 수 있는 힘이 있음에도 불구하고 스스로 억제하는 참음까지 모두 포
함하는 단어이다. 참지 못하면 사랑은 끝이 난다. 사랑은 일단 참고 보는 것이다. 성령님
의 열매에도 오래 참음이 있다. 동일한 단어이다. 이재철 《성숙자반》 '사랑' p.392.

63　헬라어로 '크레스튜오마이'이다. 이 단어는 친절하다는 뜻이다. 일단 참으면 또다시 만
나도 친절하게 대해줄 수가 있다. 하지만 참지 못해 분노를 발산해 버리면 상대를 다시
만나도 예전 관계로 되돌아가기 어렵다. 참아야 평상심 속에서 친절할 수 있고, 친절하
게 대하는 한 사랑은 지속된다. 이재철 《성숙자반》 '사랑' pp.392-393.

하고 순수한 원석만 남아 스스로를 맑고 밝게 빛으로 보여 줄 때, 아름다움과 순수함이 흘러들어 와 인간에게 사랑이 느껴지지 않는가. 100% 죄성을 갖고 있는 인간에게서 아름다움과 사랑을 지속적으로 느끼기 위해서는 그 사람의 악을 씻겨 내야만 가능한 일일 것이다.

그런데 이기적이고 악한 사람들은 '악' 자체를 즐기고 탐하지 않는가. 탐욕임에도 불구하고 사랑한다고 표현하지 않는가. 상대주의적인 '선'만 있을 뿐, 윤리적인 절대 기준점이 없으니 악하다는 사실 자체를 인지하지 못하는 경우가 허다하다. 사랑이 없으니 '악'[67]인데 사랑한다고 하니 교묘하고 모호하다. 이것도 옳고 저것도 옳으니 혼란스럽고, 혼란스런 세계에서는 부끄러움과 수치의 감정이 없는 것이 당연한지도 모른다. 또한 부끄러움과 수치의 감정이 없다는 것은 자신의 내면에 순수하고도 선한 사랑은 없고, 사람의 사랑조차도 실리를 위한 이용가치로만 여기려

---

64 헬라어 '성카이로' 자체가 '…와 함께 기뻐하다'는 뜻이다. 사랑은 진리 자체를 기뻐하는 것을 넘어 진리 때문에 진리로 인해 기뻐하는 것이다. 이재철 《성숙자반》 '사랑' p.393.

65 '믿다'에 해당하는 헬라어 '피스튜오'로 하나님을 믿는다고 할 때 '믿다'와 동일하다. 사랑은 여러 가지가 미흡함에도 불구하고 하나님의 귀하신 뜻이 이루어질 것을 믿는 것이다. 그래서 수직적인 관계가 확립되지 않고서는 사람을 사랑하기가 어렵다. 수직적인 관계의 확립 속에서만 하나님을 믿기에, 여러 장애물 속에서도 사람을 믿을 수 있는 것이다. 이재철 《성숙자반》 '사랑' pp.394-395.

66 '참는다'는 말은 헬라어로 '스테고'인데 '덮어 준다'는 의미이다. 이 스테고에서 파생된 '스테게'는 지붕을 뜻한다. 사랑은 상대의 약함, 추함, 허물을 덮어 주는 지붕이 되는 것이다. 마치 노아의 세 아들 중, 셈과 야벳이 포도주에 취해 하체를 드러내고 잠든 아버지의 허물을 덮어 드린 것과 같다. 하지만 또 다른 아들 함은 밖에 나가 아버지의 허물을 떠벌렸다. 함은 아버지를 사랑하지 않는다. 사랑하는 사람의 허물을 덮어 주는 것은 그의 허물이 지배당하지 않는 것이다. 이재철 《성숙자반》 '사랑' p.394.

67 흠과 죄와 죄의식, 허물은 모호함과 혼란스러움에서 발생한 결과물이다. 모호함과 혼란스러움은 악의 상징이다. 폴 리쾨르 《악의 상징》 '모호함'

는 악한 사랑만 있을 뿐이라는 사실을 반증하는 일이다.

반면에 부끄러움을 느끼는 감정은 사랑이 있다는 것을 반증하는 일이다. 사랑하는 사람에게 잘하는 모습을 보여 주고 싶어 수치를 꽁꽁 숨겨두다가 잘못을 들켰을 때 빨개지며 부끄러워하는 사랑하는 이의 얼굴처럼, 아내 앞에 부끄러움을 느꼈다면 아내를 사랑하고 있는 것이고, 자식 앞에 부끄러움을 느꼈다면 자식을 사랑하고 있는 것이고, 친구 앞에 부끄러움을 느꼈다면 친구를 사랑하고 있는 것이다. 죄를 짓고, 죄의식을 느끼며, 죄를 겸허히 하나님 앞에 고백한다는 것은 하나님을 사랑한다는 것이다.

상대를 사랑하니 상대에게 잘 보이고 싶은 마음에 자신의 수치를 숨기고 싶은 것이고, 자신의 부끄러움과 죄를 알기에 '그럴 수 있다'는 공감으로 온유하게 참아주고, 믿고, 바라면서 겸허히 낮추는 것이다. 사랑이 율법의 완성인 이유가 여기 있다. 그래서일까? 2,000년 전부터 내려오는 '사랑하라'는 예수 그리스도의 명령은 미치도록 아름다운 본질이며 정의(justice)이지 않은가? 김 목사는 사랑이라는 정의을 6개월째 지치지 않고 반복적으로 전하고 있었다.

1년이 지나갔을 무렵, 교회 안에서 Q에 대한 얘기는 사라져갔다. Q에 대한 얘기를 한다 할지라도 그것을 금기시 여긴 것이 아니라, 보고픔과 그리움 때문이었다. 마른 듯하면서 새초롬하게 예뻤던 Q가 치는 피아노에 맞춰 소박하게 예배를 드리며 신앙을 키워 나갔던 그 시절이 그리웠다.

Q의 자살 사건으로 인해, 당장 사분오열이 되어 사람들이 빠져나가고 문을 닫을 것 같았지만, 참사랑교회는 오히려 바로 옆 상가를 얻어 교회 공간을 넓혔고, 교회의 재정 흑자로 인해 넉넉히 선교를 이어 갔다. 교회로부터 돈을 돌려받아 여유로워진 홍 집사 가정은 더 넓은 34평의 아파

트로 이사를 했다. 분명 교회는 부흥되어 가고 있었다.

홍 집사 부부의 표정을 보면 누가 1년 전 Q가 죽었다고 말하겠는가? 그것을 꼬투리 잡아 슬픔을 느끼게 하는 사람도 없었고, 여전히 슬픔을 느끼는 사람도 없었다. Q를 잊어 가고 있다는 것은 슬픈 일이었지만, 그 어떤 악이 다가와도 분열되지 않도록 악을 씻어 내면서 모든 것을 참고, 온유하게 믿으며 바란, 홍 집사와 장 집사에 대한 모든 성도들의 사랑 때문은 아니었을까? 홍 집사와 장 집사는 Q의 죽음을 슬퍼할 시간이 없을 만큼, 전도에 열심이었다. Q의 몫을 다 합쳐서 봉사할 정도로, 직장 일을 하면서 열심히 지역 전도와 해외 선교에도 참여했고 앞장섰다.

'자살'이라는 모순 속에서 삶의 허무를, 죽음의 무의미를, 천국의 무의미를 느낄 수 있었겠지만, 말도 안 되는 딸의 죽음은 그들에게 '구원'의 중요성을 실감하는 역설적 사건이었던 것이 분명했다. Q의 죽음 이후, 홍 집사 부부에게 죄도, 구원도, 천국도, 은혜도, 사랑도 모두 실제였다. 그래서였을까? 참사랑교회 성도들은 홍 집사 부부의 열정을 모방하여 홍 집사 부부를 따라 전도에 발 벗고 나섰다. 홍 집사 부부에게 딸의 죽음은 더 이상 수치심이 아니었다. 그렇게 방치해서는 안 된다는, 그렇게 죽으면 안 된다는 커다란 깨달음이었고, 교훈이었다. 또한 구원과 가까워지기 위해서는 어떻게 해서든 열심히 살아야 한다는 것을 가르쳐 준 '실제'였다. 이 '실제' 안에서, 교회를 새롭게 정신 나게 한 대상으로서, Q는 멋지게 사람들 마음속에 부활하여 살아 있었다.

나는 가끔 생각했다. Q가 허위적이고 이중적인 신앙 속에서 껍데기로 살았다고 고백하는 홍 집사 부부의 희생양이었을까? 버리면 그뿐인 세상의 희생양 메커니즘의 하나였을까? 부모뿐만 아니라 교회를 변화시키고 회복시킨 예수님처럼, 거룩한 희생양으로 재탄생한 것이었을까? 아무도 알 수 없을 것이다. 두 개의 눈밖에 없는 피조물인 인간의 시각 안에서 판도라의 상자 속을 누가 알 것인가? 악을 선으로 이끌어 가시는, 기적을 창조해 가는 하나님만이 아실 뿐이었다.

단지, 피조물인 인간의 입장에서는 희생양의 의미를 어떤 가치로 바라볼 것인가? 새로이 부활의 가치로 볼 것인가? 희생양 삼고, 희생양이 되도록 길들이고, 희생양의 대체물을 끝없이 찾아다니는 세상의 악한 희생양 메커니즘 그 자체를 모방할 것인가? 이것은 피조물인 인간, 우리의 선택이었다. 어떤 삶을 살 것인가? 피조물임을 인식하고 하나님을 인정하고 하나님을 믿을 것인가? 하나님을 믿지 않을 것인가?

참사랑교회 성도들은 Q의 죽음을 새로이 부활시켜 놓았다. Q를 아는 모든 이들이 자신들의 삶을 건강하게 챙겨가고 있다는 사실이었다. 2,000년 전, 예수 그리스도가 인간의 모든 고통을 짊어지고 십자가에 못 박혀 죽지 않았던가? 때문에 세상의 어떤 고통이 온다 할지라도 기쁨으로, 감사로 재창조해야 하는 것이 예수 그리스도인들의 삶이 아닌가? 그래야만 하는 것이었다. 이것이 부활 메커니즘이기에 예수 그리스도인들은 재창조된 부활의 삶으로 살아야 하는 것이었다.

1년이 지나자, 나는 남편이 섬기고 있는 남양주에 있는 '복 있는 교회'로 교회를 옮겼다. 복 있는 교회에 옮겨가자마자 성가대, 주일학교 등으로 봉사하며 교회를 섬기느라 참사랑교회 성도들과는 거의 연락을 주고받지 못했다. 10여 년이 지나는 동안, 단지 친정 엄마를 통해 간간이 소식을 들을 뿐이었다. 교회는 속도를 타고 서서히 부흥해 가고 있다고 했고, 몇 년 후 들려온 소식은 집사님들의 자녀 누구누구는 대학에 들어갔고, 누구누구는 시집을 갔고, 누구누구는 취직을 했고, 누구누구는 시집 가서 아이를 낳았고, 누구누구는 교회를 떠났다는 것이다. 교회의 주역이 되었던 안수집사들만 있었던 교회에서 홍 집사는 장로가 되었고, 장 집사와 명 집사, 최 집사 모두 권사가 되었다는 것이다. 세대를 거쳐 가며 교회는 이 모양 저 모양의 일들을 겪으며 30년의 역사를 이어 가고 있었다. 결국 교회의 역사 또한 인간의 역사로 기록되어질 것이다. 하지만 한 교회를 오래도록 다니면서 믿음 안에서 살아가는 성도가 바라보는 교회의 역사는 고통스럽고 불행한 사건이 일어난다 할지라도, 그 사건 자체가 하나님의 자비와 은혜의 역사 안에서는 스치듯 지나가는 '바람결'에 불과하다는 것을… 그리고 그것은 하나님을 믿는 하나님 자녀들의 역사라는 것을… 그리고 그것은 지치지 않고 인간들을 사랑하는 예수 그리스도의 사역(使役)[68]의 역사라는 것이었다.

그리스도의 영, 자유

영적 체험 '복 있는 교회'로 옮겨와 신앙생활을 한 지 10년이 지났다. '복 있는 교회'는 말씀을 전하다가 중간중간 찬양을 하는 부흥회 형식처럼 예배를 이끌어 가는 곳이었다. 담임목사인 여 목사는 여장부처럼 목소리에서 카리스마가 물씬 묻어나오는 치유 은사가 있는 사람이었다. 초창기 2, 3년 동안 교회는 전도를 목적으로 3개월에 한 번씩 한 달간 부흥회를 자주 열었다. 일주일 중 목요일과 금요일 이틀 밤 9시에서 11시까지 철야 예배 시간을 부흥회 시간으로 정했다.

여 목사는 본인이 부흥집회를 인도하지 못하면 말씀을 깊이 있게 전달하는 목사님들을 초청하여 부흥회를 이끌어 갔다. 교회 멤버들은 다른 교회처럼 수요 예배, 철야 예배, 주일 예배를 규칙적으로 드렸고, 이 외에 나머지 부흥회 겸 철야 예배는 여 목사에게 하나님이 주신 치유 은사

---

68   하나님의 부름을 받아 사람들을 사랑하고 섬김으로 하나님께 구원받도록 인도하는 행위가 사역이다.

로 인해, 교회 성도들뿐만 아니라 대구, 제주도, 광주 등 지방에서까지 타지인들까지 모여들어 예배를 드렸다.

옮긴 지 3년 동안 교회의 프로그램에 무심한 듯, 선데이 크리스천으로서 주일 예배만 열심히 드리고 있었던 나에게, 남편은 타 교회의 임직을 맡고 있는 목사, 사모, 장로, 권사, 집사들이 부흥회에 참석하여 치유를 받고 돌아간다고 가끔씩 전해 주었다. 남편은 어느 날 말했다.

"철야 예배에 참석해 봐. 사람들이 병을 치유받아. 당신도 갑상선염이 있잖아. 애가 아토피도 있으니까 한번 데리고 가봐!"

나는 남편의 얘기를 귀담아듣지 않았다. 직장 때문이었지만, 교회가 동기가 되어 남양주까지 이사를 오도록 해놓고 직장을 그만둔 후, 신학교만 열심히 다니고 있는 남편이 미워 퉁명스럽게 말했다.

"당신 학교에 가 있는 동안, 유치원 왔다 갔다 하면서 내 일까지 하면 하루가 지쳐 가는데, 무슨 수로 철야 예배를 가! 게다가 애가 아토피라 먹는 거 입는 거 하나하나를 관리하려면 나도 힘이 들어."

갑상선염으로 인해 피곤을 일찍 느끼는 나는 오후 9시에서 10시면 잠이 들어 버렸다. 게다가 새벽이면 가려운 몸을 긁어대는 아이로 인해 잠을 깼다. 잠복고환 수술 후 네 살부터 후유증으로 아토피를 앓고 있는 여섯 살 아들에게 맞는 환경과 음식을 맞춰 주기 위해 하나하나 신경 쓰는 일만으로도 하루 일과가 힘이 들고 지쳐 나가떨어졌다. 이런 이유를 대고 나는 철야 예배를 드리지 않았다. 남양주라는 낯선 세계에서 이웃을 사귀는 것도 쉽지 않았지만, 영적으로도 무기력해져 가고 있었다.

남편은 신학교에서 공부를 마치고는 가끔씩 철야 예배를 드리고 새벽 두세 시쯤 늦게 돌아왔다. 참다 참다가 나는 불만을 터뜨렸다.

"집에서도 드릴 수 있는 예배를, 왜 그리 교회에서 예배를 드려야만 치유가 일어난다고 믿어? 하나님이 교회에만 살아 계셔?"

나는 남편의 신앙생활이 광적이라고 몰아붙였다.

"당신이 열심히 기도하는데 나는 왜 갑상선이 낫지를 않아? 애 아토피도 그렇구. 기도하면서 병이 낫도록 그 방법을 찾는 일도, 병을 관리하는 일도 하나님이 하시는 일인데 왜 꼭 교회 가서 예배만 드리면 모든게 해결된다고 봐? 그럼 병원이 왜 있어? 지나치면 기복적인 것이고 예배 중독일 뿐이야."

나는 남편에게 가족과 함께 있어 줄 것을 요구했다. 착한 남편은 내 요청대로 공식 예배를 참석하는 것 외에는 일주일에 한 번만 철야 예배에 참석하고 있었다.

그런데 주일날 예배를 나가면 성도들은 부흥회 겸 철야 예배에서 기도를 받고 병을 치유받았다는 고백들을 주고받았다. 이 이야기들은 금세 나에게로까지 전해져 왔다. 일주일 내내 병 치유를 위해 교회에 기거하며 부흥회에 참석하는 성도들도 있었다. 나는 모두가 미친 신앙생활을 하고 있다고 비판했다. 나는 남편에게 말했다.

"여기가 기도원이라면 모를까… 교회에까지 기거하는 것은 좀 문제가 있지 않아? 온 성도가 부흥회를 위해 헌신해야 한다는 식으로 말하는 것은 옳지 않아! 병 치유 은사만이 은사야? 여기는 보편타당한 상식적인 교회가 아냐?"

나는 평범한 교회가 아니니 참사랑교회로 다시 돌아가자고 설득하던 차였다. 하지만 의대생임에도 불구하고 정신분열을 앓고 아무 곳에서나 깔깔거리며 웃고, 휘이 소리를 내며 돌아다니던 M 청년이 말짱한 정신이 되어 교회 봉사를 하고 있는 모습을 보았다. 그제야 나는 2,000년 전 예수님이 귀신을 쫓아내던 사역이 오늘날에도 가히 이루어지고 있음을 내 눈으로 직접 경험하면서, 나는 치유의 은사에 관심이 열리기 시작했다. 대장암 말기로 온몸이 회초리처럼 말라 있어 거의 죽음 직전에

'복 있는 교회'로 오신 R 장로 또한 병 치유를 받고 교회 생활을 신실하게 하고 있었다.

환자들의 회복을 눈으로 확인한 나는 그제야 어린 아들을 남양주에 와서 사귀어 둔 이웃집 동생에게 맡기고 목요 철야 예배에 참석했다.

철야 예배가 시작되고 늘 그렇듯이 말씀과 찬양이 한 차례씩 이어지면서 예배는 깊어져 갔다. 말씀이 거의 끝나가고 기도회만이 전격적으로 이루어지면서 100여 명이 넘는 성도가 온 육신의 열정을 다해 몸부림치며 기도하는 모습을 봤을 때, 나는 충격을 먹고 말았다. 찬양이 쉼 없이 흘러나오고 내가 알 수 없는 수많은 방언으로 그들은 기도하고 있었다. 어떤 이들은 조용히 묵상으로, 어떤 이들은 자신의 머리를 치면서, 어떤 이들은 가슴을 치면서, 어떤 이들은 울면서 소리쳤고, 어떤 이들은 바닥에 구르면서, 어떤 이들은 바닥을 치면서, 어떤 이들은 자신을 때리면서, 어떤 이들은 납작 엎드려, 어떤 이들은 빙빙 돌면서, 어떤 이들은 온 몸을 흔들고 춤을 추면서… 말 그대로 진동이었다. 눈을 감고 있었지만, 그들은 몸부림치고 있었다. 술에 취한 사람들처럼 광란으로 보였지만, 그들은 분명 기도하고 있었다. 마치 원시인들이 한가운데 불을 피워놓고 빙빙 돌면서 알 수 없는 언어로 소리를 치고 온 육신을 흔들어 대며 춤을 추듯, 신을 불러들이는 신접을 하듯이 신을 향해 나아가는 인간의 몸부림이었다. 영혼의 소리를 듣기 위해 철야 예배에 참석한 성도들의 행위는 가장 동물적으로 다가가 하나님의 영혼과 교접하고 독대한다는 사실에, 나는 커다란 방망이로 머리를 한 방 맞은 기분이었다.

그런데 그들의 영혼은 너무나 아픈 모양이었다. 어찌 보면 가장 이성적이고, 지성적인 사람들이 자신들의 아픈 영혼을 은밀히 드러낼 수 있는 곳이 남양주의 이 작은 교회였다는 사실이 더 충격인지도 몰랐다. 영과 육의 치유를 위해 그들은 예수 그리스도가 영이시기에 주의 영이 계신 곳에 와서 무릎을 꿇고 자신들의 죄와 허물을 고백하고 있었고, 죄와 허물로부터 자유로워지기 위해, 자신의 몸뚱아리에 붙어 있는 육적인 병 치유를 위해, 이미 타락해 버린 영혼의 치유를 위해, 변화되지 않는 자신의 완고한 악을 씻기 위해, 어디로 가야할지 모를 방황하는 인생길에 하나님의 인도하심을 구하기 위해… 그들은 자신들의 전 존재를 내려놓고 은혜와 자비를 구하고 있었다.

부흥회에 참석한 바로 그날, 나는 방언을 받았다. 알 올라올라 엘렐레… 알 올라올라 엘렐레… 나 또한 이 말의 의미가 어떤 뜻인지도 모르고 반복적으로 외치며 갑상선이 부어오른 내 목을 부여잡고, 내 가슴을 치며 하나님께 울며불며 자복하고 회개했다. 내가 내 깜냥 안에서, 내 의지로 살아오고 하나님을 평가했던 내 모든 죄를 자복했다. 내 자녀의 문제 또한 하나님이 주신 자녀임에도, 아이가 내 소유가 아님에도 불구하고, 내 의지로 자녀를 키우려 했던 죄를 용서해 달라고 기도했다. 자녀 양육에 하나님이 개입하셔서 키워 달라고 기도했다. 남편 또한 남편 위에 내가 서 있었음을, 가족에게 희생양이 된 남편의 상처 받은 삶이 주님 안에서 치유되게 해달라고, 주의 길을 가려고 공부하고 있는데 올바르게 하나님을 사모하고 경외하는 삶을 살도록 해달라고 기도했다. 입은 방언을 말하고 있었지만, 마음은 이렇게 기도하고 있었다. 하나님, 제 병을 고쳐 주세요! 그리고 우리 아이의 아토피도 치료해 주세요! 제 고통을 아시지 않습니까? 힘이 듭니다. 주님 고쳐 주옵소서! 우리 아이의 육신의 질병 또한 고쳐 주옵소서!

방언기도 생활을 하면서부터 10~20분 정도밖에 기도를 길게 하지 못했던 내가 2, 3시간 이상을 기도하고 있었다. 입으로 내뱉은 기도는 뇌에서 언어의 논리를 만들어야 하기에 기도가 길게 갈 수가 없는 게 사실이었다. 하지만 방언기도는 언어의 논리가 아닌 알 수 없는 비언어의 세계와 같았다. 내 속에 욕구와 욕망과 죄들을 아뢰면 하나님은 그 속에서 새로운 하나님의 말씀과 음성으로 내 기도를 이끌고 가셨다. 입으로 하는 방언은 오히려 무엇을 기도해야 할지 모르는 내 속의 복잡한 생각들을 단순화시켜 주면서 깊은 진심을 하나님께 고백할 수 있도록 해주었다. 게다가 나의 기도에 쉽게 몰입되어 들어갔다. 타인들이 내 기도를 알아들을 수 없기에 더 마음껏 소리치며 기도할 수 있었다. 입으로는 방언을 말하고, 마음속으로는 진심 어린 기도를 하고, 마음 너머 또 다른 4차원의 세계에서 하나님은 또 말씀하셨다. 그 말씀에 화답하면서 기도하는 것은 놀라운 영적인 세계와의 소통이었고 교감이었다. 기도는 하나님과 대화라는 사실이 체험되는 일이었다. 그러다 보니 기도가 길 수밖에 없었다.

이 깊은 기도 속에서 나는 나의 욕망을, 탐욕을, 죄를, 허물을 더 깊이 들여다볼 수 있었다. 아주 단순하게 자복할 것을 자복했고, 회개할 것을 회개했다. 내가 원하는 것이 정확히 무엇인지 깊은 내면을 들여다볼 수 있었다. 그것이 나 자신만을 위한 기복적인 악의 기도인지, 나와 이웃을 위해 모두에게 필요한 선의의 기도인지, 하나님의 뜻이 무엇인지 분별할 수 있었다. 분별이 되지 않은 것들은 성경 말씀을 찾아가며 하나님과의 대화 속에서 전해져 오는 하나님의 음성을 헤아리려고 노력했다. 게다가 방언 기도를 하다 보면 내 안의 상처와 아픔들에 몰입되면서 쉽게 눈물 기도가 터져 나왔다. 눈물 기도가 터져 나올 때마다 내 속의 응어리들이 빠져나가는 자가 치유가 일어나는 경험들을 하면서 나는 방언 기도를 인정했다.

체험 이후 정말 일상생활의 아주 작은 것들까지 하나님께 질문했고,

간구했고 기도했다. 하나님과의 대화 속에서 들려온, 그때마다 가르쳐 주신 하나님의 음성들을 나는 기록했다. 기록한 내용들은 2, 3일에 내에, 일주일 내에, 한 달 내에, 어떤 일은 두 달 내에, 1년 내에 하나하나 현실에서 그대로 이루어지는 것을 체험한 이후, 자고 깨어 앉고 일어섬을, 서고 걸어 다니고 호흡하는 모든 순간을 하나님께서 동행하신다는 것이 느껴졌다.

그리스도와의 동행을 인정하고 나니 아주 작은 채움 하나도 이제는 내가 한 일이 아니라 하나님이 채우신 것이었다. 이제 우연은 우연이 아니었다. 내 의식세계는 이제 하나님을 향한 경외와 사랑이 동시적으로 이루어졌다. 나는 하나님의 무궁한 또 다른 세계를 인정할 수밖에 없었다. 영적인 체험 이후 두 달 뒤, 남양주 근처의 백병원에 갔을 때 의사는 내게 말했다.

"갑상선 수치가 정상임에도 불구하고 왜 계속 약을 드십니까? 약을 이제 끊으셔도 되겠습니다."

갑상선은 수시로 재발하는 병이었지만, 나는 그 이후 한 번도 재발을 하지 않았다. 하나님을 전인격적으로 만나는 영적인 체험은, 일평생 하나님을 붙들고 살아가게 하는 하나님의 자비하심이 베푼 선물임이 분명했다. 특히 방언이라는 특별한 선물은 일상의 구석에 처박아 놓지 않았다. 신앙 속에서 실천하면서 생활신앙으로 이어 갔다. 그러다 보니 지, 정, 의, 영 모든 부분에 있어 나는 변화되고 있었다.

'거룩한' 희생양, 어린양 나는 늘 삶은 공평해야 한다고 여겼고, 되도록 많은 사람들과의 관계에서 공평해지려고 노력했고, 그래야 서로가 상처 받지 않고 희생양이 되지 않는다고 주장했다. 나를 대가 없이 희생양 삼으려는 사람들에 대해서 악인으로 전제를 내리고 되도록이면 피해 가고, 악인을 만나게 하신 하나님을 원망하면서 내 속에 큰 상처를 남겼다. 그런데 영적 체험 이후, 수용하지 못했던 지난날들이 미성숙하게 느껴졌다. 공평하신 하나님이심에도 불구하고, 거시적인 변화와 회복을 위해 누군가의 절대적인 '희생'이 필요할 때는 '초월' 위에서 하나님께서는 거룩한 '희생'의 역사를 써나간다는 사실을 인정했다. 물론 영적인 경험을 하고 나서도 꽤나 오랜 시간이 지나고 나서야 인정할 수 있었지만⋯. 그럼에도 불구하고, 영적인 체험 이후, 기도를 통해 하나님과의 깊은 소통을 이어 가면서 나는 더 이상 사람들에게 싸움닭처럼 공격적이지 않았다.

신학 공부만 전념하겠다고 선언을 하고 생계의 많은 부분을 나에게 책임 지운 남편에게 쌓여 가던 미움이 어느 날부터인가 점점 사라지기 시작했다. 나의 공격적인 습성과 기질이 드러날 때마다 나는 남편에게 '미안하다'고 말했다. 게다가 '고맙다'라는 말을 자주 했다. 이것이 나의 큰 변화였다. 남편 또한 나의 변화에 고개를 갸우뚱거릴 정도로 나를 관찰하고 있었다. 나는 남편이 연약할 수밖에 없는 인간으로 보이기 시작하면서, 게다가 내가 함부로 해서는 안 되는 하나님의 자녀라는 인식을 하게 되면서, 내가 남편에게 해준 만큼 남편에게서 되받아야 한다는 보상심리가 서서히 사라지기 시작했다.

인식의 변화는 간단했다. 정성껏 해줄수록, 거짓과 사기와 뒤통수와 희생의 대체물을 끝없이 채워질 것을 기대하는 것으로부터 막연하지만 하나님이 채워 주실 것이라는 절대적이고도, 신비한 믿음이 생겼기 때문이었다. "주라 그리하면 너희에게 줄 것이니 곧 후히 되어 누르고 흔들어 넘치도록 하여 너희에게 안겨주리라 너희가 헤아리는 그 헤아림으로 너희도 헤아림을 도로 받을 것이니라"(눅 6:38)는 말씀이 정말 믿어졌다. 이 믿음이 생기니 사람들에게 무엇인가를 해주어도 그것이 곧바로 돌아올 것이라는 기대 자체를 하지 않으니 마음이 편했다. 오히려 내가 누군가에게 무엇인가를 베풀면 하나님께서는 그것을 어떻게 다양한 방식으로 내게 갚아 주시는가에 주목했다. 하늘의 복을 사모하는 태도로 내 시각을 바꾸고 보니 우리들을 인도해 가시는 하나님의 경륜이 보였다. 신앙이 깊은 분들이 큰 꿈과 비전을 소망할 수 있는 것이 '하나님'이라는 절대자를 경험하면서 가능했다는 사실도 이해할 수 있었다.

우선적으로 나에게 드러난 변화는 내 속에 보상심리로부터 시작된, 사랑받지 못해서 오는 분노와 상처가 사라져가면서, 그제야 내가 하나님의 풍성한 은혜 속에 있다는 사실을 깨닫게 되었고, 기쁨과 평안이 찾아왔다.

수직적인 질서 위에 하나님이라는 기준을 분명히 잡고 가니까 하나님의 세계는 질서의 세계임을 체험적으로 알 수 있었다. 예를 들어 나는 A에게 주었다. A에게서는 돌아오지 않고 하나님은 B와 C를 통해 채워주고 계셨다. 하나님의 방법은 이런 식이었다. 다시 말해 신학교를 다니는 남편에게 학비를 대주고 생활비를 대주었지만 하나님은 A와 B와 C와 D와 E를 통해 나를 채워주셨다. 물론 그것은 공짜가 아니었지만 일거리를 통해 나를 채워주시는 하나님은 자연스럽게 남편을 채우고 계셨다.

이 질서를 경험하고 나니, 하나님을 인정하지 않는 세상의 인식체계들이 이해가 되었다. 큰아들을 희생양 삼는 것은 세상의 관념이므로 전혀 부끄러움이나 죄의식이 없는 시댁 식구들의 분위기 속에서, 스스로 살기 위해서라도 하나님을 부여잡은 내 남편! 하나님께서 얼마나 남편을 불쌍히 여기시는가를 느낄 수 있었다.

어린 시절부터 하나님을 믿으며 '하나님 은혜 안에서' 독립적으로 살아온 나를 통해 하나님께서 세상의 희생양으로 길들여진, 시댁 식구들로부터 피해를 당한 피해자인 남편을, 피해자인 남편의 피해자인 나를 통해 채워 가시는 것을 인정했다. 하나님께서는 피해자인 요셉을 오히려 애굽의 총리가 되게 해주시고, 육적으로는 용서하지 못해도 하나님의 이름으로 가해자인 형들을 용서하고, 형들의 자식들까지 먹여 살리는 승리의 권세를 주시지 않았던가? 피해자가 가해자들을 먹여 살려야 하는 이 역설! 요셉은 악을 선으로 바꿔가시는 하나님의 이름을 드러내지 않았던가?

세상의 희생양은 세상 사람들로 하여금, 단지 버림을 받고, 서로가 서로를 경쟁자로 보기에 서로를 희생양 삼고, 희생양이 되지 않기 위해 실리가 없는 곳은 본능적으로 피해 가려고 애쓰지 않던가? 믿음의 시각에서 보면 하나님을 믿게 된 남편은 이제 세상의 희생양이 아니라, 하나님의 거룩한 희생양, 어린양으로 거듭난 것이었다. 때문에 귀히 여기고 살아야 하는 사람이었다. 어린양 이삭에게 하나님께 제사드릴 실제 어린양을 아브라함에게 주셨던 것처럼, 하나님께서 사랑하시는 어린양은, 하나님께서 책임지시며 보호하시며 인도해 가신다는 이 귀한 '진리'를 깨닫는 데 결혼생활을 시작한 지 10년이 걸린 것이었다. 남편이 하나님께로 인도되어 가는데 아내인 나는 진정으로 필요한 도구였다. 때문에 피조물인 나는 하나님의 '구원'의 역사 속에서 작은 도구에 불과하다는 사실도 인정해야 했다. 하나님께서 영적인 체험을 하시게 한 이유가 여기에 있었던 모양이었다. 초월의 세계에서, 하나님께서는 당신의 은혜와 자비 안에서 나와 남편을 거룩한 어린양, 희생양의 역사로 다시 쓰고 계셨다. 하나님의 놀라운 은혜와 사랑이 아니라면, 우리는 여지없이 세상의 희생양일 뿐이었다.

복 있는 교회를 꽤나 오래 다녔음에도 불구하고 남편은 나처럼 드라마틱한 영적 경험을 하지 않았다. 그럼에도 불구하고 인간에게 구원이 왜 중요한가에 대해서 명확한 이유를 알고 있었다. 세상을 믿느냐? 하나님을 믿느냐? 세상을 사랑하느냐? 하나님을 사랑하느냐? 세상을 두려워하느냐? 하나님을 두려워하느냐? 이분법적 잣대는 정당했다. 하나님을 경외하지 않으면 '악'인 것이었다. 하나님을 경외하지 않은 세상은 악한 세상인 것이었다. 세상을 믿고 따랐는데 처절하게 희생양으로 버림받았으니 두려워서 세상으로 나아갈 수가 없는, 망설이는 성격이 되어 버린 나의 남편에게는 하나님께 구원받는 일이 그 어떤 일보다 중요한 우선순위임을 남편은 정확히 알고 있었다.

스스로가 변화되기 위해, 변화된 모습으로 하나님과 소통하기 위해 엄청나게 노력했다. 일주일에 한 번은 시간을 정해 놓고 금식기도를 했고, 아침저녁으로 기도 시간을 정해 놓고 하나님과 소통하려고 했다. 소통을 통해서 희생양 삼고, 자신의 분깃을 모두 빼앗아간 시댁 식구들에 대한 분노들을 십자가 앞에 내려놓았다. 남편은 더 이상 시댁 식구들에게 그 어떤 것도 기대하지 않았다. 마음이 평안한 모양이었다. 교회에서는 시간제 전도사로서 침을 놓을 줄 아는 자신의 은사를 갖고 사람들에게 봉사하면서 열심히 예수를 전할 뿐이었다.

신학교를 두 학기 정도 남겨 놓고 남편은 40일 금식기도에 들어갔다. 나는 금식기도를 하다가 아프거나 죽기라도 하면 어쩌나 하고 걱정이 되기도 했다. 하지만 남편은 40일 금식기도를 무사히 끝내고 돌아왔다. 뼈만 앙상히 남아 배짝 말라 초췌했지만 얼굴은 오히려 광채가 나고 있었다. 눈빛에 총기가 살아 있었다. 나는 그런 남편에게 권했다.

"40일 금식기도 하는 동안 하나님께서 함께하셨어? 얼굴에 광채가 나네. 하나님이 분명 살아 계시다는 게 확인되었으니까, 당신 나이도 있고, 다른 교회 전임전도사로 갔다가 부목사로 가면 나이가 50이 다 되어 가는데 언제 담임 목회를 해? 개척 교회를 시작해 보는 게 어때? 40일을 지켜 주셨는데…. 하나님이 순간순간마다 동행해 주시지 않겠어? 우리 목회를 시작합시다."

하지만 남편은 의외의 반응을 보이며 진지하게 나에게 말했다.

"당신이 평소 해주었던 말대로 주의 길을 가는 것을 멈춰야겠어. 40일 금식기도를 하면서 느낀 건데 하나님이 원하시는 길이 아니었어. 나에게 원하시는 것은 하나님 안에서 하나님의 인도하심대로 세상을 지혜롭게 살아가는 법을 배워가는 것이 가장 우선순위이지 않나 싶어. 그냥 취직을 해야겠어."

이 말이 떨어지는 순간 나는 오히려 혼란스러웠다. 주의 길을 가기 위해 신학교 4년, 신학대학원 3년까지 7년을 부지런히 달려왔는데…. 이 길을 멈추자는 애기를 그냥 한마디로 간단히 정리하고 있었다. 상의 한마디 없이 덥석 결론만 말하는 습성은 여전히 이기적이라는 생각이 들었다. 하지만 나 또한 지쳐 있었기에 더 이상 남편에게 목사 안수를 받을 때까지 신학대학원을 마치라고 말할 용기가 나지 않았다. 경제적인 안정이 찾아온다니 기뻤지만 한편 슬펐다. 7년의 시간을 어디에 가서 보상받아야 하는지, 다시 보상심리가 들끓어 올라왔다. 감정은 엉켜 나를 힘들게 했다. 감정이 가라앉을 새도 없이 주어진 상황에 순종할 수밖에 없었던 것은, 신학공부를 하며 아르바이트 자리를 얻으려고 그렇게 애를 써도 구해지지 않던 일자리가 남편이 결단을 내린 지 일주일 만에 구해진 것이다. 남편이 대학에서 전공했던 이공계 학부 전공 이력과 직장 경력이 인정되어 기계안전연구소에 이력서를 넣자마자 취직이 되었다. 남편은 일주일 안에 출근을 해야만 했다. 정리가 된 것은 남편이었고 마음의 혼란이 정리가 되지 않아 속을 끓이고 있는 것은 나였다. 목회자로 서기 위해 신학교를 다녔다고 생각했는데, 반평생을 하나님 '밖에' 살던 사람이 하나님 '안에' 들어와 살기 위한 신앙적인 정립을 하느라 신학교 안에서 7년 동안 훈련받았다는 것인지, 너무 큰돈을 지불한 것 같았다.

7년 동안 늘 남편이 세상을 향해 용기 있게 나아가지 못한다고 답답해했던 것도, 왜 그렇게 애씀에도 불구하고 주의 길이 열리지 않고, 열매가 없냐고 타박했던 것도, 지혜가 없어서 그렇다고 남편의 무능력을 타박했던 것도 사실이었다. 그러면서도 목회를 준비하는 주의 길을 가는 과정이 너무 힘들다는 사실을 간접적으로 말하고 싶었던 것이었다. 포기하라는 의미가 아니었다. 그런데 이제 고지(高地)까지 다 와서, 하나님이 주신 영적인 지위를 탈탈 털어 버리고 세상으로 나아가겠다는 것이었다. 할 수 있을 것 같은데 하지 않으니 나는 포기한 것이라고 말했는데, 남편은 주의 길을 가는 것을 멈추었다고, 또는 포기했다고 표현하지 않았다. 남편은 눈에 눈물을 가득 머금고 아내인 나에게 말했다.

"포기한 것도 아니고, 멈춘 것도 아냐. 목회를 해야만 주의 길을 가는 것은 아니잖아. 40일 금식기도를 하면서 우선순위가 무엇인지를 정확히 알고 하나님 안에서 진정으로 가족을 사랑하고 이웃을 사랑하면서 바르게 살아가는 것도 주의 길을 가는 거라는 걸 알았어. 하나님께서 그것을 깨닫게 해주셨어."

주의 길! 남편은 본질을 말하고 있었다. 목회자가 되었든 평신도가 되었든, 하나님을 사랑하는 절대적인 우선순위와 네 이웃을 사랑하면서 살아야 하는 것. 남편의 말 한 구절 한 구절은 더 이상 세상으로부터 버림받은 피해의식이 많은 희생양의 언어가 아니었다. 깊은 영성을 갖고, 하나님 안에서 새로이 태어난 거룩한 희생양의 언어였다. 남편은 변화되어 있었다. 평범하지만, 가장 특별하게, 하나님 안에서 하나님의 어린 양으로 살겠다는 또 한 번의 결단이었다. 하나님의 자녀로서, 남편으로서, 아빠로서, 아들로서, 형으로서, 오빠로서, 동생으로서, 사회인으로서 그 역할을 잘 감당하고 세상에서 진정한 영향력을 끼치며 하나님께 영광 돌리는 삶을 살겠다는 의지였다. 7년의 시간을 40일 금식기도와 함께 내려놓은 것이었다. 그리고 직장을 선택하여 세상 속으로 들어가고 있었다.

　모태에서부터 하나님 안에서 살아온 나에게 '세상'은 악함의 상징으로서, '경계'의 대상이었다. 세상이 악한 것 같으면 금세 하나님의 세계로 들어와 하나님 안에서 보호받으려 하는 것은 나의 본능이었다. 그리고 나는 힘이 약하니 대신에 주님께서 주님의 권세로 내가 가야 하는 길에 악한 장애물이 있으면 물리쳐 달라고, 정오의 햇살처럼 나의 가야 할 길을 밝혀 달라고 얼마나 열심히 기도했던가. 그때마다 하나님은 내게 말씀해 주셨고, 말씀 안에서 나를 부족함이 없도록 안위하시고 보호하지 않으셨던가? 그래서 세상을 무서워하지 않고 잘 살아오지 않았던가? 그래서 더욱 용기 있게 예수를 모르는 남편과 선뜻 결혼하지 않았던가? 아내인 나를 좇아 교회를 다니다가 하나님을 뜨겁게 만난, 내 남편의 신앙 여정! 나는 힘이 들었지만, 아내인 나보다도 더 깊은 신앙을 간직하여 어느덧 나를 인도해 가고 있는 남편이 되어 버린 진짜 남편! 나는 남편의 머리가 아닌 심장이 되어 순종해야 하는 아내일 뿐이라는 사실을 지각하면서 엉켜지고 복잡한 감정에서 벗어날 수 있었다.
　이제 남편에게 세상의 의미는 달랐다. '세상 안에서'의 '세상'이 아니라 '하나님 안에서'의 '세상'이었다. 하나님 안에서의 세상은 "내가 사망의 음침한 골짜기로 다닐지라도 해를 두려워하지 않을 것은 주께서 나와 함께 하심이라 주의 지팡이와 막대기가 나를 안위하시나이다"(시 23:4)다윗의 시처럼, 남편이 사망의 음침한 골까지를 다닐지라도 주의 지팡이와 막대기가 어린양인 남편을 안위하는 하나님의 세상이었다. 게다가 하나님 아버지 안에서 '주의 길'의 의미를 새롭게 정립한 가치야말로 하나님께서 남편에게 부어주신 정오의 햇살이었다. 삶의 어떠한 위치에 있든 하나님께서 하나님의 나라를 일구어가시는 데 하나님의 작은 도구로서 살겠다는 강력한 의지는 세상의 가치가 아니었다. 예수 그리스도인의 가치였다. 그리고 그리스도의 빛이었다.

> "내가 아버지 안에 거하고 아버지는 내 안에 계신 것을 네가 믿지 아니하느냐 내가 너희에게 이르는 말은 스스로 하는 것이 아니라 아버지께서 내 안에 계셔서 그의 일을 하시는 것이라"(요 14:10).

여호와는 남편의 목자시니 남편에게 부족함이 없습니다. 하나님께서 남편을 푸른 풀밭에 누이시며 쉴 만한 물가로 인도하여 주십니다. 영혼을 소생시키시고 하나님의 이름을 위하여 의의 길로 인도해 주십니다. 남편이 사망의 음침한 골짜기로 다닐지라도 해를 두려워하지 않을 것은 주께서 함께하심으로 주의 지팡이와 막대기가 남편을 안위해 주실 것을 믿습니다. 주께서 원수의 목전에서 남편에게 상을 차려주시고 기름을 남편의 머리에 부으셨으니 남편의 잔이 넘칠 것을 믿습니다. 하나님의 평생에 선하심과 인자하심이 반드시 남편을 따르리니 남편이 여호와의 집에 영원히 살 것입니다.

남편은 주일날 교회에서 오후 늦게까지 동네 노인들에게 무료급식 봉사를 했다. 정말 얼굴에 기쁨을 한 아름 안고 허허거리며 봉사를 하고 돌아왔다. 월요일 새벽 5시면 출근하는 남편을 바라보며, 베란다로 들어오는 새벽의 햇살은 나를 묵상하게 했다. 하나님의 세계 안에 내가 있는 한, 내 가족이 있는 한, 내 이웃이 있는 한, 내 교회가 있는 한, 놀랍고 신비한 하나님의 세계는 언제나 역동이라는 사실이었다. 하나님의 영은 우리 안에서 역동적으로 살아 역사하시며 어떤 방식으로든, 나와 남편이 변화된 것처럼, 세상을 좇아 악인으로 살 수밖에 없는 우리 모두를 하나님의 자녀로 변화시키고 있었다. 그게 여호와 하나님 아버지의 힘이었고, 예수 그리스도의 능력이었고 성령의 도우심이었다.

하나님을 믿는 믿음의 세계 안에서, 우리 모두가 하나님의 사랑과 은혜 안에 있다는 것은 하나님의 보호 아래 있는 것이 아닌가! 이 보호 아래서 악한 세상으로부터 건져 올림을 받는 구원의 역사는 이미 시작된 것이다. 이제 악한 세상에서 하나님을 의지 않고 상처를 주는지도 모르고 서로가 서로에게 희생양을 삼아대며 살아가는 시댁 식구들이, 나의 사랑하는 친구들이, 이웃들이 하나님의 보호하심 아래 들어와 살 수 있도록 해야 한다는 나의 대명제를 위해, 나는 무릎 꿇었다. 나의 기도의 세계 안으로 가족을, 친구들을, 동료들을, 이웃들을 끌어모았다.

하나님의 은혜 안에서 하나님의 보호하심 아래 있는 것이 구원이라면, 그들을 하나님께 올려 드리는 나의 기도가 사랑의 표현이라면, 기도의 목적은 충분했다. 말씀 한 구절이 생각났다. "새가 날개 치며 그 새끼를 보호함같이 나 만군의 여호와가 예루살렘을 보호할 것이라 그것을 호위하며 건지며 뛰어넘어 구원하리라 하셨느니라"(사 31:5). 나는 진심으로 기도하기 시작했다. 하나님의 영이 그들에게 임하기를 바라면서….

辯__부끄러움과 회복 사이에서

인간은 부끄러움의 존재 기차가 레일을 따라 철로에 서 있는 10명을 향해 빠른 속도로 다가오고 있다. 10명 중 한 명을 넘어 뜨려 희생양으로 삼아야만 기차가 멈추고 나머지 9명이 살아날 수 있다. 그렇지 않으면 모두가 죽어야 한다. 10명 중에서 한 사람의 희생양은 누가 되어야 하는 것인가? 죽을 날 얼마 남지 않은 노인, 힘을 쓰지 못하는 어린아이, 가족이 없는 백수, 한쪽 다리를 쓰지 못하는 장애인 등등. 에이즈 신약이 한 알밖에 없다. 10명 중 오직 한 사람만이 그 약을 먹고 살아남을 수 있다. 누구를 살릴 것인가? 차세대를 이끌고 갈 똑똑한 어린아이, 뱃속에 쌍둥이를 임신한 임산부, 실력 있는 의사, 국민합의를 이끌어 에이즈 신약을 다량 만들어 낼 수 있는 정치가, 수천억 자산가… 이 문제 앞에서 이성적으로는 모두가 '공리(公利)'를 바탕으로, 다수의 생명을 살려야 한다는 '선(善)'의 원칙적인 기준을 갖고 선택을 내려야 한다고 주장할 것이다. 하지만, '선의(善意)'의 선택을 내려 '한 사람'이 죽고 9명이 살아남았다 한들, 9명이 죽고 '한 사람'이 에이즈 약을 먹고 살아남았다 한들, '그가 죽었기 때문에 내가 살 수 있었다'는 생존의 법칙으로 정당성을 부여한다 한들, 의로운 죽음으로 미화시킨다한들, '나'의 생명이 살기 위해 '한 생명을 죽였다!'는 것은, 원칙도 아니고, 기준도 아니고, 사실이다. 이들 가운데 어느 누가 살아남았다 한들, 이들에게 수치심이 사라질 수 있을까? 정체절명의 숨죽이는 수치의 고통을 일평생 끌어안고 살아가야 하는 것은 똑같은 숙명일 것이다.

이 세상은 '원칙'과 '기준' 투성이다. 사회집단이 합당하다고 여겨 약속으로 정해 놓은 원칙들을 어기는 순간, 인간에게는 수치심이 발생한다. 한 예로, 어느 사회에서는 이혼을 하는 것이 수치이지만, 어느 모계 사회에서는 이혼을 하는 것이 당연한 것인 것처럼, 또 결혼문화가 매매혼인 경우에서는 제1부인, 제2부인, 제3부인 등 여러 명의 부인을 거느리는 것이 남성의 권력을 과시하는 수단이 될 뿐, 수치일 수 없다는 것이다. 이렇듯 사회와 집단의 문화적 특성에 따라 수치심 또한 문화적 특성에 맞게 상대적으로 다르게 느껴진다. 그럼에도 불구하고 나는 또 말하고 싶다. 집에서 키우는 개 한 마리도 정을 들이며 키우는 생명임에도 불구하고 키우던 생명을 잡아먹었다는 사실에 수치심, 부끄러움이 없을 수 없다는 것이다. 남성들의 권력을 과시하기 수단으로 '여성'을 백화점에 진열된 명품처럼 이용했다는 것은 여성의 인권을 무시했다는 사실도 부인할 수 없을 것이다. 이렇듯 문화적인 특수성을 인정한다 할지라도 한 생명이 '존중'되지 않는 문화는 여전히 미개한 문화임을 인정할 수밖에 없다. 그렇다면 사회의 질서와 안녕이 이루어진 진보된 사회라 할지라도 원칙과 기준을 가지고 선택을 내렸다 한들, 어기는 순간, 인간의 근원적이고도 본능적으로 솟아올라 오는 뿌리 깊은 부끄러움, 수치에서 자유로울 수 있을까?

아담과 하와가 선악과를 따 먹은 이래, 인간은 부끄러움, 수치심을 원죄처럼 심장 중심부에 지니고 살아야 하는 존재가 되었다. 게다가 인류가 진보 발전되어 갈수록 인간은 끝없이 수치를 양산하는 존재이기도 하다. 한 사회가 발전되었다는 것은 사회의 질서가 강화되어 안녕과 질서를 유지해 간다는 것이지만, 이 질서를 어겼을 때에 발생되는 개인의 수치심이든, 집단적 수치심이든 또 사회 심장 중심부에 이 수치심이 큰 억압기제처럼 흘러, 그것 자체가 사회의 질서를 유지하고 회복시켜 가는 힘이 된다는 것 또한 사실이다.

이것은 성경에 나타난 구약과 신약의 현실에서도 똑같이 적용된다. 포도주를 먹고 술에 취해 자식들이 보는 앞에서 벌거벗고 누워 곯아떨어진 노아도, 자기를 지키기 위해 자기 부인을 누이라고 속인 아브라함도, 형제들의 질서를 무시하고 형들의 권위에 도전하고 우위에 서고 싶은 속내를 여실히 드러낸 요셉도, 예수의 십자가 죽음 앞에서 배신하고 도망쳐 버린 예수의 제자들도, 예수를 핍박했던 사도 바울도 성경 인물 중 어떤 누구도 이 수치심, 부끄러움 앞에서 자유로울 수 있는 사람은 단 한 명도 없었다. 오죽하면 사도 바울이 "우리는 나으냐 결코 아니라 유대인이나 헬라인이나 다 죄 아래에 있다고 우리가 이미 선언하였느니라 기록된바 의인은 없나니 하나도 없으며"(롬 3:9-10)라고 말하지 않던가?

하지만 성경의 인물들은 오히려 하나님의 말씀을 어긴 수치심, 이 부끄러움 때문에 하나님의 용서와 자비, 은혜를 구했다. 하나님께 용서받은 그 은혜 때문에 하나님의 자녀로 거듭나 회복된 삶을 살지 않았던가? 게다가 성경의 중심 인물이 되어 하나님의 말씀을 계시로 전하며, 그들이 전하는 말씀은 수억만 년을 이어 오늘날까지 전파되고 있지 않은가? 이 원칙과 기준 앞에서 죄지을 수밖에 없는 연약한 인간이라는, 나아가 부끄러워할 수밖에 없는 존재라는 사실 그 자체는 본질이다! 이 본질 때문에 본능적으로 하나님을 찾는 것이며, 동시에 하나님의 자비와 은혜를 덧입고 사는 것일 게다.

사랑의 균형, 하나님의 은혜 자식을 향한 부모의 애정[69]도, 남녀 간
의 에로스[70]적인 사랑도, 선후배 동료 친구 간의 우정[71]도, 강아지 한 마
리를 사랑하는 것도 인간들이 하는 사랑에는 폭력성이 존재할 수밖에 없
다. 휴가지에 가서 강아지를 버리고 오고, 아버지가 딸을 강간하고, 엄
마와 다툰 후 아들이 엄마를 죽이고, 연인이 서로 바람을 피우고 떠나가
며, 동료와 친구 사이도 배신을 하고 사기를 치며 뒤통수를 치고…. 폭
력이 난무하는 것이 인간의 우정이고 사랑이다. 사랑을 하면서도 고통
을 주는 것이, 고통을 주면서도 사랑을 하는 것이 인간의 사랑이다. 그

---

69 애정은 우리의 마음을 넓혀 준다. 자연적인 사랑 중에 가장 보편적이고, 가장 덜 까다
로우며 가장 폭이 넓은 사랑이다. 이 애정은 나의 필요를 채우기 위한 사랑이다. 리어
왕은 딸들을 사랑했다. 사랑했다는 것은 지독하게 딸들에게 사랑받기를 바랐기 때문이
다. 자기를 사랑해 달라고 다그치는 전혀 사랑스럽지 않은 사람들의 끝도 없는 요구, 아
무리 부모를 보살펴주고 순종해도 끝도 없이 요구만 해대는 가히 흡혈귀 같은 탐욕스런
사랑으로 가득 찬 애정은 가장 본능적인 사랑이면서 가장 동물적인 사랑이다. 이 또한
가장 동물적인 욕망이다. 그래서 동물적인 애정의 질투심은 격렬하다. 애정 안에는 증
오의 씨앗이 들어 있다. C.S. 루이스 《네 가지 사랑》 '애정' pp.63-100.

70 에로스의 경지는 모든 사랑 중에서 가장 신의 사랑을 닮았다. 그래서 사랑의 종교의 빠
져들게 만든다. 하지만 에로스는 모든 사랑 중에서 가장 단명하기로 악명이 높은 사랑
이다. 세상은 온통 그의 변덕스러움을 원망하는 소리로 가득하다. 이런 변덕을 가진 에
로스지만 늘 자신의 영원성을 확인한다. 사랑하는 사람들은 늘 상대방에게 일평생 충
실하겠다고 결심을 품고 맹세한다. 단 한 번의 도약으로 에로스는 자아라는 높디높은
벽을 훌쩍 뛰어넘고, 인간의 욕망 자체를 이타적이 되게 한다. 애쓰지 않고도 이웃을
자신처럼 사랑하게 된다. 하지만 이 에로스는 혼자 힘만으로 사랑을 지속해 갈 수 없
다. 지친다. 그래서 멈추고 배신한다. 에로스적인 속성이다. 에로스는 도움을 받을 필
요, 다스림을 필요로 하는 사랑이다. 에로스는 하나님께 순종하지 않으면 죽거나 악마
가 된다. 사랑 안에 마음의 독으로 서로를 괴롭히며, 각자 받는 일에만 혈안일 뿐, 한
사코 거부하며, 서로를 질투하고 의심하며, 분을 품고 휘어잡으려고 하며 자신은 자유
로워지려고 하면서 상대에게는 자유를 허락하지 않는다. 서로를 고문한다. 고문하면서
사랑한다. C.S. 루이스 《네 가지 사랑》 '에로스' pp.192-196.

래서 사랑을 온전히 믿지 못하고 사랑하고 있으면서도 사랑을 두려워하지 않는가? 게다가 인간은 육적으로 온전히 사랑하지도 못함에도 불구하고 육적인 '사랑' 그 자체를 우상 숭배처럼 떠받든다. 마치 사랑 그 자체가 전부인 듯이, 그래서 사랑하는 아내와 어머니, 자녀, 친구가 하나님을 사랑하면 하나님은 곧바로 동등선에서 라이벌, 경쟁자가 된다. 아내와 부모가, 자식이 자신보다 하나님을 더 사랑하면 어떻해 해서든 하나님만 바라보는 그 시각을 자기에게로 돌려, 자기만 바라보도록, 하나님께로부터 다시 뺏어 오기 위해 시기와 질투를 유발한다. 이는 곧 영(靈)과 육(肉) 간의 전쟁이며 무질서 그 자체다. 무질서한 세계에는 폭력이 유발될 수밖에 없다.

결국 인간이 행하는 어떤 육적인 사랑에도 타인과의 거리 두기에서 균형을 이루기가 쉽지 않기에 폭력과 그로 인한 수치심이 존재할 수밖에 없다는 사실도 본질이다. 그래서 '거리가 필요하다!' 그래서 人間이지 않은가? 인간과 인간 '사이에', 공의로우신 하나님의 사랑이 임재해야 함은 곧 '정의'다.

인간의 사랑이 폭력적이며 불완전하다는 것이 본질이라면, 인간의 사랑이 균형을 이루기 위해서는 어떻게 해야 하는가? 하나님의 은혜와 자비하신 사랑이 절대적으로 필요함을 주장하는 C. S. 루이스는 다음과 같이 설명한다.

71   우정은 가장 덜 태생적이고, 가장 덜 본능적이고, 가장 덜 육적이며, 가장 덜 생물학적이고, 가장 덜 필수적이다. 모든 의무로부터도 자유롭고, 질투로부터도 자유로우며, 타인의 필요로 하는 것으로부터도 자유로우며, 가장 탁월하게 영적이다. 하지만 이 우정은 양면성을 갖고 있다. 우정은 선한 사람은 더욱 선하게 하며 악한 사람들은 더욱 악하게 만든다. 참된 우정은 서로의 아름다움과 긍정을 바라보는 눈이다. 그래서 우정은 하나님께서 사용하시는 수단이다. C.S. 루이스 《네 가지 사랑》 '우정' pp.132-154.

"하나님은 사랑이시다. 하나님의 사랑은 선물로 거저 주시는 사랑이다. 선물로 주시는 사랑은 은혜로 오는 것이며 자비하심이라고 부르는데 모두가 동의할 것이다. 우리 안에는 하나님의 사랑은 전혀 사랑스럽지 못한 것도 사랑하도록 만든다. 나병환자, 범죄자, 원수, 저능아, 늘 토라져 화가 나 있는 사람, 자기보다 우월한 사람, 자기를 조롱하는 사람, 모두를 사랑할 수 있게 해준다. 역설적이게도 하나님은 인간이 선물의 사랑을 할 수 있도록 해주신다. 사랑 자체이신 하나님의 사랑은 하나님을 전혀 모르는 이들 안에서도 이들을 통해 자비를 베풀어 일하신다. 게다가 초자연적인 선물의 사랑을 주시는 분이다. 즉 우리가 필요로 하는 그 이상의 필요를 채워주시는 분이시다. 은혜로 주어지는 초자연적인 필요의 사랑을 채워주심으로써, 우리 자신이 전적으로 하나님을 의지하며 살아가도록 삶의 태도를 바꿔놓으신다는 것이다. 우리 안에 우리의 자유와 능력과 가치가 있다는 최후의 주장을 버리고 하나님 안에서 진정한 자유와 능력과 가치를 갖게 될 때, 우리 자신이 사랑스럽지 못함에도 불구하고 용서와 동정과 사랑을 받을 수 있는 것은 하나님의 자비하신 사랑 때문이다. 하나님의 자비를 누리고 있다는 사실 그 자체, 사랑받는 것은 사랑스럽기 때문이 아니라, 사랑 그 자체이신 하나님의 사랑 안에 속해 있기 때문에 선물의 사랑 뿐만 아니라 필요의 사랑도 채워주시는 것이다."[72]

순결한 원형의 감정, 부끄러움 생존의 세계에서, 체면과 품위를 지키기 위해서라도, 실리를 지키기 위해서라도, 자신의 수치를 드러내고 고백하는 사람은 별로 없다는 것이다. 혹 고백한다 하더라도 그것은 자

---

72   C.S. 루이스 《네 가지 사랑》 '자비' pp. 199-227.

신에게 유리하기 때문일 수 있다. 이렇듯 인류의 역사 이래 인간의 이중성은 DNA의 유전 인자로서 선천적으로 타고난 속성이다. 사랑과 우정과 의리와 공의와 공리와 연합과 평화를—이타주의를 아무리 부르짖는다 할지라도 과학적으로도 증명된 이기적인 DNA를 타고난 인간이, 타인을 위하는 것은 곧 나 자신을 위한 것일 뿐이다. 때문에 생존 경쟁에서 이기고 살아남고 싶은 욕망으로 인해—불의, 추악, 탐욕, 시기, 살인, 분쟁, 사기, 악독, 비방, 교만, 배신, 우매함, 무정함과 무자비한—악한 현실이 양산되는 것은 당연한 일인지도 모른다. 물건을 팔아 얻은 부로 사회적 지위를 누린다면 오히려 인간적이다. 그런데 오늘날 가장 성스러워야 할 종교의 현장 또한 '성결'과 '거룩함'을 팔아서 부와 명예와 사회적 지위를 누리고, 그 지위를 영속화하기 위해 영역 싸움을 벌이는 등 엄청난 탐욕과 분쟁이 난무하지 않은가! 그런데 나는 또 말하고 싶다.

종교의 현장이든 종교의 현장이 아니든, 생존의 세계에서 온전히 거룩할 수 있는 인간은 아무도 없다는 사실이다. 부와 명예 앞에 흔들리지 않을 사람이 아무도 없듯이, 삶을 쉽게 모방하는 모방적 존재인 우리 자신이 그 현장 속에 있다면 우리 자신은 우리가 비판하는 그들보다 더욱 더 '빼앗고' '지키기' 위해 치열하게 싸울 것이라는 것은 불을 보듯 뻔한 일이다. 그래서 삶은 전쟁인 모양이다. 그런데 나는 또 말하고 싶다.

악한 현실에서 악을 저지르고 부끄러움도 없이 부끄러움을 감춘 채, 살아가는 인간들이, 절체절명의 상황에서 빠져나갈 구멍도 없이 악을 숨긴 채, 절대자 앞에 서야만 했을 때, 절대자와 동등하게 대면하여 갑론을박을 할 인간이 누가 있겠냐는 것이다. 물에 빠져 'Help me, GOD!'을 외치며 본능적으로 창조 하나님을 인정하는 인간이 하나님을 대면하면 순간, 먹으면 정녕 죽으리라고 했음에도 불구하고 선악과를 따 먹은 아담과 하와처럼, 하나님이 두려워 얼굴을 들지 못하고 나무 뒤에 숨어 부끄러워하고 있지 않을까?

이 부끄러워할 수밖에 없는 존재인 인간에게 2,000년 전 "주 예수를 믿으라 그리하면 너와 네 집이 구원을 받으리라"(행 16:31)는 복음이 들어왔다는 사실을 수억만 번을 들었다 한들, 진저리나게 지겨운 이야기가 결코 아님을 말하고 싶다. 그것은 본질이고, 진실이기 때문이다. "그(예수)는 우리를 위하여 자신을 버리사 향기로운 제물과 희생제물로 하나님께 드리셨느니라"(엡 5:2)며 예수 그리스도 보혈의 희생이 인간의 수치와 죄와 허물을 대속하고, 자유와 해방을 주었다는 사실은 곧 진리이기 때문이다. 이것은 '인간이 인간된 삶'에서 '하나님 안에 인간된 삶'으로 회복된다는 혁명적인 굿 뉴스, 말 그대로 복음(福音)이다. 이 복음 외에 인간에게 더 무엇이 필요하랴!

이 복음을 받아들이는 순간, 인간의 삶은 선하고 아름답고 복되게 회복될 수 있다. 연약한 죄인으로 산다 할지라도 그것은 은혜의 하나님을 의지하여 죄를 고백하고, 용서받고 산다는 사실이다. 어쩌면 허물이 많은 죄인인 것 자체가 은혜이다. 죄인이기에 누리고 살 수 있지 않은가! 게다가 나만 용서받는 것이 아니라 도저히 용서할 수 없고 품을 수 없었던 인간을, 하나님의 긍휼을 덧입고 그 긍휼로 비로소 용서하고 품고 사랑할 수 있다는 것이다. 이렇듯 하나님의 은혜와 사랑을 누리고 살기 위해서는 하나님 앞에 100% 죄인임을 인식해야 하고, 죄인임을 인식하기 위해서는 잎새에 이는 바람에도 괴로워하는 하나님이 태초부터 인간들에게 주신 순결한 원형의 감정, 부끄러움을 잃지 말아야 한다는 사실이다. 이 부끄러움을 잃는 순간, 나 자신도 잃고 하나님도 잃어버린다. 부끄러움이 살아 있다면 그것은 하나님께서 하나님을 바라보도록, 하나님 앞에 나아가 나의 죄를 고백하도록 주신 감정일 것이다. 부끄러움은 나를 회복하고 나와 하나님의 관계를 회복할 수 있는 은혜의 감정이다.

이 은혜 속에서, 죄를 용서받은 우리는 모든 부끄러움으로부터 자유로워지지 않던가!

하나님의 원형을 회복한 인간에게 성경은 분명, "벌거벗었으나 부끄러워하지 아니하니라!"(창 2:25) "주는 영이시니 주의 영이 계신 곳에는 자유가 있느니라"(고후 3:17)고 약속해 주시고 있다. 부끄러움으로부터 인간이 자유와 해방을 누릴 수 있으며 나아가 부끄러움으로부터 자유로워졌기에 오히려 하나님의 풍성하신 은혜 아래서 인간들과 사랑의 조화를 이루며 진실하게 '자유인'으로 살아갈 수 있다는 것이다. 이처럼 기쁜 소식이 어디 있는가!

말씀의 본질을 '정의'로 인식하면, 우리의 DNA는 늘 진실하게 생각할 수 있고, 말할 수 있고, 느낄 수 있고, 우리의 DNA는 진실한 삶이 된다고 믿는다. 하나님 앞에, 가족 앞에, 친구 앞에, 이웃 앞에 진실한 삶, 진실과 진실을 소통하는 삶에 그 어떤 부끄러움과 수치가 남아 있겠는가? 커다란 경계를 그은 구획 안에서도 자유로이 날아다니며 생존의 삶을 펼치는 갈매기처럼 자유로이 인간관계를 이어 가지 않겠는가? '하나님 안에서, 하나님의 자녀'로 어떠한 부자유도 없이 자유로이 관계를 확장해 가며 하나님 나라를 일구며 살아간다는 것은, 또다시 회복한, 영원히 회복한 삶일 것이다! 이 삶이 너와 내가, 그리고 우리의 공동체가 함께 원원할 수 있는 길이라 분명 믿는다! 우리들의 위대한 민족 시인 윤동주 또한 구한말에 너무도 간절히, 순결하게 이 '부끄러움'이 없기를 바랐던 까닭은 여기에 있을 것이다.

이 글을 마무리하며, 나와 나의 가족, 친구들이, 이웃과 민족이, 하나님의 나라가 회복되기를 간절히 바라는 마음으로 〈서시〉를 노래해 본다.

서시

죽는 날까지 하늘을 우러러
한 점 부끄럼이 없기를,
잎새에 이는 바람에도
나는 괴로워했다.
별을 노래하는 마음으로
모든 죽어가는 것을 사랑해야지
그리고 나한테 주어진 길을
걸어가야겠다.

오늘 밤에도 별이 바람에 스치운다.

에필로그

　　이보다 더 좋을 수는 없다! 자본집단, 보험사를 그만둔 후 꽤 오랜 시간이 지났음에도 불구하고 '나'는 여전히 J를 만나지 못했다. J를 만나 J의 맑은 눈을 보며 내가 거짓말을 했다고 말하지 못했다. 감성이 물씬 담겨 있는 J의 목소리가 그리워 아주 가끔씩 전화를 하여 안부를 묻고 통화를 할 뿐이었다. 뱀꼬랑지처럼 빠져나가 무책임하게 행동했던 양 지점장도, 잘나가고 있었음에도 불구하고 보험사를 떠나간 C 팀장도, 이간질의 선두주자가 되어 사람마다 자기 편으로 끌어들이기 위해 애를 썼던 D 팀장도 여전히 만나지 못했다. 모두 만나 진실을 이야기하고 '미안하다'고 말을 하고 싶고 듣고 싶은데… 만난다면 무슨 이야기를 어디에서부터 해야 할 할 것인가? 단지 모두가 생존을 위해 만났을 뿐이었다.

　상도(商道)의 세계에서 원칙만 지키며 일할 수 없다는 것을, 그리고 그 생존 세계에서도 사랑하고 미워하고 배신하고, 시기하고, 질투한다는 것을, 그리고 자신들이 살아가기 위해 누군가를 도와주고 배려하고 돌보며 살아간다는 것을, 그렇게 해야만 일이 성사되어 생존 세계에서 살아남을 수 있음을 그리고 그게 일이었음을 '나'는 이해했고, 그들을 용서할 수 있었다. 그리고 그들 또한 '나'를 그런 차원에서 용서했을 것이라고 믿는다. '나'를 비롯해 우리 모두가 "세상일이 다 그렇지." 하고 우리의 자유의지로 서로를 용서하고 다시 사랑하려고 하는 것은, 분명 어느 자본집단에 갔을 때 '나'를 비롯해 우리는 또다시 누군가를 '희생양'을 삼고 시기하고 질투하며 싸우고 배신하며 그렇게 살아가리라는 것이다. 근원적인 문제를 해결하지 못하고 무의식적으로라도 반복적인 행위를 하고 반복적인 선택을 하며 살아간다는 것은 고통이다. 그럼에도 불구하고 간절히 바라는 것이 있다면 이 고통을 반복하지 않기를… 나는 '나'와 '우리'들을 위해 기도한다. 단지 단순하게 우리의 '이익'을 위해 우리가 누군가와 싸우고, 의리를 지키지 못하고 배신하고 거절한 행위들로 인해 누군가에게 상처를 준 '우리' 자신의 부끄러운 수치들을 하나님 앞에 나아가 고백하기를, 그래야만 비로소 용서받고 순결해질 수 있다는 것을 말하고 싶다. 하나님께서 용서해 주신 그 '용서함'으로 '타인'을 용서했을 때, 타인에게 용서받았을 때, 우리는 좀더 타인들과 깊은 소통을 할 수 있으며, 긍휼의 마음으로 더 깊이 애정을 교류하며 사랑할 수 있음을 전하고 싶다.

'나'의 친구 B는 연락이 끊긴 채로 살아 있는지 죽어 있는지조차 알 수가 없었다. B의 남편 회사가 있었던 강남에 가서 직접 수소문을 해보았지만, 회사는 도산을 한 후 실체도 없이 사라져 버렸다. B의 언니를 찾아가 보았지만, B의 언니조차 회사를 옮겨 버렸다. 친정집도 어디론가 이사를 가버려 그 실체를 확인할 수 없었다. 마치 고액을 넣었던 일은 처음부터 없었던 일인 듯이 모든 상황은 '無'였다. 단지 흔적이 남아 있다면 형편이 어려울 때 가입한 10년 납 10만 원짜리 연금이 떠돌아다닌다는 것이었다. 혹 해약하기 위해서라도 보험사에 전화하지 않을까 싶어 알아보았지만, 그 실효된 연금의 흔적만 보험사 전산 어디엔가 떠돌아다닐 뿐, B와 연락할 방도를 찾을 길이 없었다. 두려워서 보험사에 전화조차 못하는 B는 어디에서 어떻게 살아가고 있을까? 부디 '나'의 친구 B가 가장 세상적인 방법인 지독한 도피의 삶을 살고 있지 않기를 기도드린다. 하루라도 빨리 두려움과 수치를 하나님 앞에 들고 나아가 고백하기를 간절히 기도드려 본다. 하나님께서 B의 삶의 모든 문제들을 직접적으로 간섭하셔서 거룩하신 하나님을 경험함으로 그 삶이 자유해지길 소망한다.

생존의 어려움을 이기지 못하고 남편과의 부부관계를 거부한 아내인 '나', 아내를 때리고, 보이게 보이지 않게 폭력을 행사함으로 공격적인 방어벽들을 갖고 살아가는 부부는 결국 이혼을 선택했다. 그들은 분명 서로를 사랑하는 부부였다. 그런데 생존의 위기 앞에서 무너지고 말았다. 생존 세계에서 살아남는 하나님의 지혜가 부족했을 뿐, 삶이 회복될 때까지 서로가 좀 더 시간을 갖고 그 고통을 견디었어야 했다. 그런데 그들은 그렇게 하지 못해 안타까웠다. 부부임에도 불구하고 서로가 서로에게 의지가 되어 주지 못한 것은 분명 부끄럽고 미안한 일이었는데, 그들은 단지 분노했을 뿐이었다. 시간이 흘러 그 공격적인 분노와 방어벽들이 서서히 사라졌을 때 서로가 서로에게 진심으로 미안해지리라! 아내와 남편 모두에게 자신의 선택이 삶의 두려움으로 남아 끝없이 방황하는 삶을 살지 않기를 소망한다. 이 부부가 하나님 앞에 나아가 삶의 두려움들을 고백함으로 두려움을 극복하고 삶의 회복이 이루어지길 간절히 기도드린다.

하나님을 만나 '주의 길'을 가겠다며 가장의 의무를 다하지 못한 남편과 그 길을 인정하지 못한 아내인 '나', 집안에서조차 처절하게 희생양이 된 남편을 이해할 수 없었지만, 결국 아내에게 남편을 이해한다는 것은 남편의 어린 시절 자라 온 환경과 성장과정을 이해하는 일이었다. 시부모를 이해해야 했고, 시동생과 시누이를 이해해야 했다. 가족과 안정적인 삶의 터전을 이루기 위해 치열하게 살아온 남편! 남편에게 남은 것이 아무것도 없이 '희생양'의 의미만 남았다는 것을 알았을 때 남편은 분노했다. 가족 안에서 희생양은 자식들을 위해서 엄마와 아빠, '시부모'였어야 했는데, '남편'을 희생양 삼았다는 상식적이지 않은 사실 앞에… 아내인 '나'는 가족 모두를 이해하는 것은 너무나 참기 어려운 고통이었지만, 결국 남편의 가족을 긍휼히 품었다. 큰아들에게 분깃을 남겨 주지 않고 자신의 노후를 위해서 자신의 분깃을 먼저 챙긴 시어머니! 일평생 유복자로서 자라고 이기적인 남편에게 사랑받지 못하고 살아온 시어머니의 노후를 책임지고 돌보고 있는 것은 분명 시동생이었다. 남편이 가족을 위해 10여 년을 애썼으면, 그 나머지는 시동생의 몫이었다. 결국 시어머니는 편안한 노후를 보내고 있지 않은가! 희생양이 되지 않기 위해 몸부림칠 뿐, 삶은 어떤 방식으로든 공평하다는 사실이었다. 간절히 바라는 것은 부디 시어머니가 엄마로서 자신이 짊어져야 하는 희생의 몫을 '큰아들'에게 지운 것에 대한 부끄러운, 그 수치를 들고 하나님 앞에 가기를 소망한다. 그래야 천국이 보다 가까워진 노년에 가장 순결하게 자유로이 하나님 곁에 가지 않겠는가! 그리고 자식을 향한 사랑을 이 땅에 남겨놓고 떠나가지 않겠는가!

20년 만에 만나 서로에게 솔직하게 자신의 모습을 드러낸 친구 Y와 '나'는 30년 지기로서 어느 누구보다도 잘 지내고 있었다. 힘든 시간 동안 Y는 하나님을 만났고, 하나님 앞에 나아가 자신의 두려운 감정들을 고백하면서 하나님의 은혜 안에 '자유함'을 경험하고 있었다. 그때마다 Y는 '나'에게 와서 하나님이 역사하신 일들을 얘기해 주고 하나님 말씀을 나누었다. Y와 '나'는 육적인 친구로서의 관계만이 아니라 영적인 동반자로서의 진정으로 친밀한 관계를 이어 가고 있었다. 어린아이처럼 하나님께 나아가는 Y의 모습은 아름답고 참으로 순결했다. 이런 친구를 둔 '나'는 참으로 행복하다!

Q가 자살한 이후, 참사랑교회 성도들 모두에게 Q는 그리움으로 남아 있다. 그리고 Q의 부재는 이제 일상이 되었다. 일상 속에서 삶은 또 역동이 되어 하루하루 흘러간다. Q의 부모님은 필리핀 선교사가 되어 선교의 현장에서 그 누구보다도 성공적인 선교를 펼치고 있었다. 먼저 떠나 보낸 딸자식에 대한 아픔, 그리스도인으로서 부모의 역할을 다하지 못한 것에 대한 그 빚을, 사명을 다해 선교를 펼치는 것으로 갚고 있는 것은 아닐까? 고통은 분명 은혜여서 삶을 좀더 성숙하게 하고 풍성하게 한다는 것은 사실이었다. '나'의 남편이 7년 동안 긴긴 고통을 딛고 하나님 앞에 바로 세워진 평신도 사역자가 된 것처럼, 생존의 삶을 살아가는 《부끄러움으로부터, 자유》에 나오는 모든 인물들에게 하나님의 사랑과 은혜가 임하길 기도한다.

생존의 세계에서 '위기'가 왔을 때 우리 중 어느 누구도 두려워하지 않을 사람이 없다. 나무 뒤에 피해 있지 않을 수 없으며, 하나님의 얼굴을 올려다볼 수 있는 사람은 없다. 저질러진 수치 앞에 단지 부끄러울 뿐이다. 하지만 도망치지 말자! 어느누구에게 탓을 하거나 '희생양'을 삼지도 말자! 엉뚱한 것에 빠져 부끄러움으로부터 도피하지도 말자! "네가 어디 있느냐"는 하나님의 소리에 응답하여 하나님 앞에 머리를 조아리고 무릎 꿇고 나아가기만 하면 된다. 그렇지 않으면 우리는 일평생 '악인'으로 살아야만 한다. 이 악인이 되지 않기 위해서라도 우리의 하나님께서 하나님을 바라보라고 주신 원형의 감정, 부끄러움들을, 그 두려움들을 솔직하게 고백하는 것이다! 두려운 감정을 주신 분이 하나님이시니 두려움들을 하나님께 돌려드리기만 하면 된다. 자비로운 하나님께서 다가오셔서 예수 보혈의 피로 우리의 아픔을, 우리의 부끄러움들을, 우리의 두려움들을 씻어주시고, 회복시켜 주시며, 생존의 세계에서 모든 '부끄러움으로부터 자유'로워지게 해주실 것을 믿는다. 그리고 건강하고도 멋진 삶을 살아가도록 우리 모두를 축복해 주실 것을 믿는다. 은혜이지 않은가. 이보다 더 좋을 수는 없다!

새벽 종소리가 되어

'부끄러움'을 주제로 글을 쓰기 시작한 것은 이미 6년 전부터였다. 남편이 사역의 길을 가겠다고 신학교를 들어간 후, 나는 어느 순간 목회자 사모가 되어 있었다. 게다가 《자녀의 인생을 형통케 하는 자녀 축복 기도문》이 7만 부, 조지 워싱턴 커버 박사의 일대기 《아주 특별한 땅콩 이야기》가 1만 부 넘게 나가면서 나는 명실공히 작가의 대열에 끼어 있었다. 게다가 남편이 사역을 시작한 이래 나는 돈을 벌어야 했으므로 수원에다가 벌인 '구유선 작가의 논술교육학원'으로 인해 고등통합논술 선생이라는 타이틀까지 갖게 되었다. 소위 사모와 작가와 논술 선생이라는 타이틀을 거머쥐고 살아가고 있었다. 하나는 예수 그리스도를 위해서, 하나는 작가로서의 나를 위해서, 하나는 생존을 위해서 얼굴을 수시로 바꿔 가며 힘이 들었음에도 불구하고 힘이 든다는 생각조차 못한 채 생활하고 있었다. 당시, 나는 대필을 원하는 유명 정치인부터 유명 대학교 총장, 아이의 문제로 학원을 찾아오는 학부모님들, 그리고 교회 집사님, 권사님들, 장로님들에 이르기까지 다양한 부류들을 만날 수 있었다.

그런데 관계가 조금씩 친밀해지면서 그들은 나에게 아주 쉽게 자신들의 은밀하고도 깊은 수치들을 털어놓기 시작했다. 누군가는 다른 남자와 바람이 나 얽힌 간통의 문제를, 누군가는 고부간의 갈등을, 누군가는 남편의 폭력의 문제를, 남편의 무능을, 누군가는 동성애의 문제를, 누군가는 사기를 당하고 사기를 친 문제들을, 누군가는 생계의 문제를, 누군가는 성격장애의 문제를, 누군가는 형제들과 벌어진 재산 싸움의 문제를 털어놓았다. 어떤 이들은 직접적으로 나서서 도와주기를 바라는 이들도 있었다. 한 번에 끝날 일들이 아니었다. 문제가 해결될 때까지 그들은 다가와서 이야기했고, 조언을 구했고, 중보기도를 해주기를 바랐다.

당시에 나는 30대 중반이었다. 사역자로서의 사명감 때문에라도 그들의 수치를 하나님 앞에 들고 나아가 그들의 삶에 치유가 일어나길 간절히 중보기도해 주었고, 실질적으로 도울 수 있는 것은 도와주었다. 사역자로서 하나님께서 나의 중보기도에 어떻게 역사하시는가를 지켜보는 일 또한 기쁨이었고, 즐거운 일이기도 했다.

그런데 문제가 해결되지 않은 채 진행 중이거나, 문제가 해결되었다 할지라도 어느 정도 시간이 지나면 관계가 이어지기는커녕 피하거나 연락을 끊는다는 것을 경험하면서 나는 때때마다 상처를 받곤 했다. 이것으로 인해 나는 사람들이 견딜 수 없는 수치심을 풀어 대야만 하는 것에 대해, '감정을 풀어 대는 대상인가? 실컷 이용만 하다가 버리는 것인가?' 하고 피해의식에 젖을 정도였다. 이때부터 나는 인간의 본능적인 속성들이 궁금해졌고, 철학과 심리학 서적을 탐독하기 시작했다. 〈회피〉〈거절감〉〈두려움〉〈불안〉〈열등감〉〈탓〉〈기억〉〈자존심〉〈나르시스〉〈이중성〉〈모멸감〉〈시기심〉〈질투〉〈기싸움〉〈희생양〉〈악의 심리〉 등 50~60권이 넘는 심리학 서적을 읽으면서 얻은 대략의 결론은, 인간은 하나님을 바라보지 않고 저지른 일들로 인해 자신 속에 있는 부끄러움과 수치, 죄와 허물 등 그 어떤 것에도 스스로는 결코 자유로워질 수 없다는 사실이었다. 단지 인간의 행동패턴 속에 감춰진 진실은, 자신의 '수치'를 감추기 위해 어떤 이들은 타인에게 공격적으로 탓을 하거나 투사를 하고, 어떤 이들은 회피와 도피로, 어떤 이들은 이중성으로, 방어벽을 치고 살 뿐이라는 것이었다. 나아가 자신의 '방어벽'을 풀어 헤치고 그 '수치'를 솔직히 고백한다 한들, 자신이 저지른 수치 때문에 '부끄러움'이 밀려올 때마다 그들은 가인처럼 유리하고 방황하며 도망 다니든가, 아담과 하와처럼 두려워 나무 뒤에 숨어 있을 뿐이라는 것이었다. 감정만 복잡하게 살아갈 뿐, 이는 태초 이래 인간의 원죄에서 오는 선천적인 행동패턴들이었다. 이 패턴들은 나의 행동에도 엄청나게 숨겨져 있는 것이기에, 철학과 심리학 공부는 나의 내면을 속속들이 들여다 볼 수 있는 시간들이기도 했다.

인간의 '수치'와 '수치심'을 안고 살아가는 인간들의 행동패턴들 뒤에 숨겨진 근원적인 '두려움'을 이해하기 시작하면서, 나는 나 자신을 이해할 수 있었고, 나에게 수치들을 고백해 놓고 떠나간 이들의 행동들이 이해되었다. 그러면서 그들의 '연약함'들이 밀물처럼 내 속에 들어와 긍휼이 여길 수 있는 '깊은 마음'들이 생겨나기 시작했다. 예수 그리스도가 이 땅에 남겨 놓고 간 '구원의 의미'가 얼마나 소중하고 귀한 것인가를 깨달으면서 비로소 나는 나에게 수치를 털어놓은 이들을 위해 진심으로 중보기도할 수 있었다. 그리고 수치에 묶여,

수치심에 내재된 부끄러운 감정들에서 자유롭지 못한 사람들을 만날 때마다, 수치에 묶인 사람들이 특정 소수가 아니라 대부분 누구나 갖고 있는 다수의 문제라는 사실 앞에 꼭 한 번은, 부끄러움을 주제로 글을 써보고 싶었다. 그리고 6년이 지난 지금 결실을 맺게 된 것에 하나님께 감사와 영광을 올려 드린다.

 '부끄러움으로부터, 자유'라는 주제를 드러내기에 가장 좋은 글의 양식이 무엇일까를 고민하다가 우선은 재미나고 진정성 있게 읽혀지기를 바라는 마음에서 안티스토리(Anti Story), 즉 반소설(反小說)의 형태를 취했다. 기존의 소설 형식에서 벗어난 '반소설'은 반은 이야기이고 반은 부끄러움과 수치의 문화를 연구해 놓은 이론 근거들과 성경 말씀을 바탕으로 한 나의 기독교 의식이 담겨져 있다. 부디 반소설 형태를 통해 재미와 감동, 부끄러움으로부터 자유로워지기를 바라는 예수님의 마음이 독자들에게 잘 전달되어지기를 간절히 기도한다.

 특히, 지난 6년간 인간의 삶에 치유와 회복이 일어나기 위해서 '예수 그리스도의 보혈'의 의미가 얼마나 중요한 것인가 가르쳐주신 제일좋은교회 엄진용 목사님께도 진심으로 감사드린다. 목사님 설교의 '보혈'과 '그리스도의 은혜', 두 주제는 두 갈래의 생명수가 하나로 합쳐져 은혜와 감동의 바다가 되어 전달되어왔다. 그래서 매주 눈물로 하나님 앞에 나아갈 수 있었으며, 나 자신과 타인을 가슴으로 품을 수 있는 용기를 심어 주었다. 글을 쓰는 동안에도 머리가 아니라 가슴으로 쓸 수 있었으며, 이 글이 끝까지 마무리되는 데에 기독교 철학의 절대적이고도 중심적인 기저를 만들어 주셨다. 이번 《부끄러움으로부터, 자유》의 '공저'가 하나님의 은혜 아래 겸허히, 가장 따뜻하게, 가장 솔직하고 유머스럽게, 가장 자유롭게, 한국 기독교를 위해

'한국기독교총연합회' 총무 일을 하시면서 제일좋은교회에서 목회를 펼쳐 가고 계시는 엄진용 목사님께도 하나님 나라 확장을 위한 '하나님의 전신갑주'가 되어 주기를, 그리고 이왕이면 한국 기독교가 부끄러움이라는 하나님이 주시는 순결한 감정들을 햇살처럼, 한국 기독교 역사 속에 이어 나가기를 간절히 기도드린다.

이 글을 쓰는 동안, 물질적 지원을 아끼지 않은 아트엠의 김고연 대표님과 자료 수집을 도와주신 이미숙 전도사님, 나의 글을 보다 더 가치 있게 빛내 준 (주)홍성사에 진심으로 감사드린다. 끝으로 어린 시절부터 나를 있는 그대로 바라봐 준 나의 친구들, 가족들, 특히 글을 쓰는 동안 묵묵히 지켜봐 준 남편 조형통 님과 아들 조대희에게 사랑을 전하고 싶다.

서해 바다를 앞에 두고 새벽 4시면 일어나 서해기도원 출입구에 놓인 커다란 종탑의 줄을 잡아당겨 종을 쳤던 나의 어린 시절, 웅장하면서도 은은하게 울려 퍼져 가는 종소리는 온 마을 사람들과 새벽 바다를 깨웠다. 이 종소리로 기도원에서는 새벽 예배가 열렸고, 동시에 붉게 솟아오르는 희망의 아침이 열렸다. 부디 《부끄러움으로부터, 자유》가 새벽 종소리가 되어 '자유'의 삶을 살아가고자 하는 모든 이들에게 감동으로 전달되고, 인생의 해법을 찾는 귀한 책이 되길 소망한다.

2016년 9월 수원에서

구유선

죄인을 찾아오시는 하나님

동양사상에 군자의 덕을 나타내는 수오지심(羞惡之心)이라는 말이 있습니다. '악을 부끄러워할 줄 아는 마음', 즉 잘못된 일에 대해서는 부끄러워할 줄 아는 마음이 군자의 마음이라는 것입니다. 잘못되었으면 그 잘못에 대한 부끄러움과 수치를 느낄 수 있는 것은 정상적인 양심이 작동하는 지극히 인간다운 모습일 것입니다.

성경 속에서도 창세기 3장에서 하나님께서 금지했던 에덴동산 중앙의 선악과를 취함 속에서 하나님 앞에 범죄하게 된 아담과 하와의 모습을 볼 수 있습니다. 선악과를 따 먹은 후 눈이 밝아져 자신들의 벌거벗은 모습이 깨달아지고, 이에 부끄러워 무화과나무 잎으로 자신들의 치부를 가리운 것입니다. 그리고 곧바로 하나님의 낯을 피하여 동산 나무 사이에 숨는 일을 행하였습니다. 그것은 죄로 말미암아 그들 속에 일어나게 된 수치와 부끄러움에 따른 행동이었습니다. 이후 하나님께서 그들을 찾으시면서 왜 숨어 있느냐고 물으셨을 때, 아담은 자신이 하나님이 금지하신 선악과를 먹었고 그로 인해 자신들이 벗고 있었음을 알게 되었기 때문이라고 말했습니다. 그런데 아담은 이 모든 일이 하나님께서 자신에게 배필로 정해 주신 하와로 말미암았다고 하며 그 책임을 하와에게 전가하였습니다. 그것은 사실 겉으로는 하와의 책임이라고 말했지만 실제적으로는 그런 하와를 자신에게 주신 하나님께 그 책임을 돌리는 모습이었습니다. 이상의 스토리에서 본질은 이것입니다. 아담은 죄로 말미암은 부끄러움과 수치를 느끼고 알았지만, 결론적으로 죄를 회개하지는 않고 있다는 사실입니다. 진리를 말하는 것과 진리를 행하는 것은 다른 문제입니다. 아담은 사실을 말했지만 죄를 고백하지는 않았습니다. 죄로 인한 부끄러움을 깨달았지만, 그 부끄러움을 처리하는 방법에서 실패했던 것입니다. 정직한 심령으로 죄의 부끄러움을 회개함 속에 정면으로 대하는 것이 아닌 책임 전가라고 하는 부끄러움으로부터의 도피를 선택한 것입니다. 아담의 모습은 인류의 모습을 대표합니다. 창세기의 논지는 인류의 역사 속에 같은 일이 일어나고 있다는 것입니다. 하나님의 낯을 피해 숨고자 했던 아담처럼 인간은 그 부끄러움으로부터 도피하고 있는 것입니다. 그 도피의 역사는 가인의 후예들(창 4장)의 역사를 통해 이어져 간 것입니다.

죄로 말미암은 부끄러움으로부터의 도피 역사는 타락 속에서 의의 하나님과 인간의 단절이 일어나게 했고, 동시에 인간 스스로도 하나님의 형상이 담겨진 진정한 자기 자신과도 분리되는 자기 분열의 역사를 시작하게 만들었습니다. 이는 인간 속에서 이전에 없던 노이로제, 열등감, 불안감, 절망감, 자살 충동 등으로 나타나게 되었습니다. 이러한 자기 자신과의 분리는 당연한 귀결로서 인간과 인간과의 관계도 깨어지게 만들었습니다. 인간과 인간 사이에 발생하는 갈등과 반목, 시기 등으로 '둘이 한 몸으로 살아가야' 할 참된 인간관계까지 파괴되어진 것입니다. 부끄러움을 정면으로 응시하지 못한 인간의 역사가 이 같은 삼중 단절, 삼중 파괴의 역사로 흘러가게 된 것입니다. 그러나 하나님은 이러한 인간에게 소망으로 다가오셨습니다. 하나님의 낯을 피해 숨어 있던 아담에게 '네가 어디 있느냐' 부르시며 찾아오신 것입니다. 그야말로 죄인을 찾아오시는 하나님이신 것입니다. "네가 어디 있느냐"(창 3:9) 하시며 죄와 부끄러움으로부터 숨어 있는 죄인을 찾아오시는 하나님이십니다. 그 하나님은 '여인의 후손'(창 3:15)으로서 이 땅에 내려오신 예수 그리스도입니다. 진리요 생명이신 예수 그리스도 안에서만 우리의 모든 부끄러움은 참 자유를 얻게 될 것입니다. "진리를 알지니 진리가 너희를 자유롭게 하리라"(요 8:32). 사탄은 인류 속에서 부끄러움으로부터 도피를 조장하며 하나님 안에 있는 것이 인간의 삶을 제한하고 구속(拘束)시키는 것으로 호도해 나갑니다. 부끄러움 앞에서 눈 감고 도피하는 것이 자유롭게 사는 길로 여기게 하는 것입니다. 그러나 '부끄러움으로부터의 자유', 그 참된 자유의 길은 그리스도 안에서 구속(救贖)받아 그리스도에게 구속(拘束)되어진 인생 속에만 열려져 있습니다. 하나님은 인간이 죄의식에 묶여 부끄러움 속에 있는 것이 아니라 사랑하고, 투쟁하고, 용서하고, 변혁해 나가는 참된 자유의 삶을 주기 원하시는 분이십니다. '회개하라 천국이 가까이 왔다'고 하신 인류를 향한 예수의 복음 선언은 우리에게 도덕적으로 살라고 말하기보다 용서받았다는 사실을 알리신 것입니다. 예수 안에서 우리 안에 놓인 죄의 부끄러움이 용서받은 자유의 승화를 경험함 속에, 오늘도 이 땅 위의 그리스도인들이 궁극적 현실(리얼리티)로 맞이해야만 하는 죄와 사망의

세속 역사 속 우주론적 삶의 무게들을 넉넉하게 감당해 나갈 수 있는
복된 자유의 걸음이 계속되기를 간절히 기대해 봅니다.

2016년 9월 수원에서
제일좋은교회 담임목사
엄진용

부끄러움으로부터,
자유

2016. 10. 21. 초판 1쇄 인쇄
2016. 10. 28. 초판 1쇄 발행

지은이 구유선·엄진용
펴낸이 정애주
국효숙 김기민 김의연 김준표 김진원 박세정
송승호 오민택 오형탁 윤진숙 이한별 임승철
임진아 정성혜 조주영 차길환 한미영 허은
펴낸곳 주식회사 홍성사
등록번호 제1-499호 1977. 8. 1.
주소 (04084) 서울시 마포구 양화진4길 3
전화 02) 333-5161
팩스 02) 333-5165
홈페이지 www.hsbooks.com
이메일 hsbooks@hsbooks.com
페이스북 facebook.com/hongsungsa
양화진책방 02) 333-5163

ⓒ 구유선·엄진용, 2016

• 이 도서의 국립중앙도서관 출판예정도서목록(CIP)은
서지정보유통지원시스템 홈페이지(http://seoji.nl.go.kr)와
국가자료공동목록시스템(http://www.nl.go.kr/kolisnet)에서
이용하실 수 있습니다.(CIP제어번호: CIP2016025006)

ISBN 978-89-365-0340-6 (03230)